安徽省哲学社会科学规划项目成果

本书系安徽省哲学社会科学规划青年项目"长三角金融基础设施合作共建及其经济效应研究"（项目批准号：AHSKQ2022D023）的结项成果

长三角金融基础设施建设及其经济效应研究

张海军 ◎ 著

中国纺织出版社有限公司

内 容 提 要

完善的金融体系对经济增长具有诸多好处，金融基础设施建设能够促进金融体系的完善，从而直接或间接推动经济发展。本书旨在探究长三角金融基础设施建设水平与经济高质量一体化发展之间的关系。本书通过深入分析长三角金融基础设施建设的现状以及长三角地区经济高质量一体化发展的现状，从影响因素层面研究如何有重点地改进以促进经济建设。此外，还从本地效应和"本地—邻地"空间效应角度展开实证分析，揭示完善金融基础设施建设是如何影响经济高质量一体化发展的。最后，从多方博弈视角研究区域间错综复杂的利益关系格局，分析影响区域金融基础设施合作共建的关键因素并提出引导机制，从而为形成一个更为有效融合的区域金融合作体制提供一个实现方案，推进长三角城市群更高质量一体化发展。

图书在版编目（CIP）数据

长三角金融基础设施建设及其经济效应研究 / 张海军著 . -- 北京：中国纺织出版社有限公司，2025.3.
ISBN 978-7-5229-2501-1

I. F832.75；F127.5

中国国家版本馆 CIP 数据核字第 20253EE995 号

责任编辑：李立静　哈新迪　责任校对：王蕙莹　责任印制：储志伟

中国纺织出版社有限公司出版发行
地址：北京市朝阳区百子湾东里 A407 号楼　邮政编码：100124
销售电话：010—67004422　传真：010—87155801
http://www.c-textilep.com
中国纺织出版社天猫旗舰店
官方微博 http://weibo.com/2119887771
河北延风印务有限公司印刷　各地新华书店经销
2025 年 3 月第 1 版第 1 次印刷
开本：710×1000　1/16　印张：15.5
字数：253 千字　定价：99.90 元

凡购本书，如有缺页、倒页、脱页，由本社图书营销中心调换

前　言

　　本书综合运用金融发展理论、经济增长理论、协同理论、系统论、共生理论、博弈理论、区域经济学理论、新经济地理学及空间地理学的城市群（都市圈）理论，考量长三角金融基础设施建设水平与经济高质量一体化发展之间的关系，探析长三角各政区间存在行政壁垒条件下，合作的影响因素和促成合作的机制。本书实证研究与理论构建并重，通过深入分析长三角金融基础设施建设的现状以及长三角地区经济高质量一体化发展的现状，从影响因素层面研究如何有重点地改进以促进经济建设。本书还从本地效应和"本地—邻地"空间效应角度展开实证分析，以揭示完善金融基础设施建设是如何影响经济高质量一体化发展的。不止于此，本书从多方博弈视角研究区域间错综复杂的利益关系格局，由此分析影响区域金融基础设施合作共建的关键因素并提出引导机制，从而为形成一个更为有效融合的区域金融合作体制提供一个实现方案，推进长三角城市群更高质量一体化发展。

著者

2024.12

目 录

绪 论 ··· 001
 第一节 选题背景与研究意义 ····································· 002
 第二节 核心概念界定 ··· 006
 第三节 研究内容与方法 ··· 008
 第四节 创新与不足 ··· 012

第一章 金融基础设施建设促进经济发展的理论逻辑 ············ 015
 第一节 理论基础 ··· 016
 第二节 文献综述 ··· 030
 第三节 金融基础设施建设促进经济高质量一体化发展的机制 ··· 037

第二章 长三角经济发展和金融基础设施建设的现状与问题 ····· 041
 第一节 长三角经济发展现状与问题 ····························· 042
 第二节 长三角金融基础设施建设的现状与问题 ················ 060
 第三节 长三角金融基础设施建设与经济发展的协调度分析 ···· 068
 第四节 本章小结 ··· 076

第三章 长三角金融基础设施建设对金融体系的影响 ············ 079
 第一节 研究概述与假设 ··· 080
 第二节 计量模型与变量选取说明 ································· 083
 第三节 实证检验与分析 ··· 089
 第四节 本章小结 ··· 106

第四章 长三角金融基础设施建设对经济发展的影响 ············ 107
 第一节 理论分析与研究假设 ······································· 108
 第二节 计量模型与变量选取说明 ································· 110
 第三节 实证检验与分析 ··· 115
 第四节 本章小结 ··· 134

第五章 长三角金融基础设施建设的空间溢出效应分析：
基于经济高质量一体化发展视角的检验 ………………… **135**
第一节 研究假设 …………………………………………… 136
第二节 研究设计 …………………………………………… 137
第三节 计量结果与分析 …………………………………… 140
第四节 本章小结 …………………………………………… 157

第六章 长三角金融基础设施合作建设的效果模拟 ………… **159**
第一节 博弈视角下的长三角金融基础设施建设合作 …… 160
第二节 提升金融基础设施生态系统共生度的对策与效果模拟 … **175**
第三节 促进金融基础设施建设主动合作的对策与效果模拟 … **181**
第四节 本章小结 …………………………………………… 195

第七章 结论与政策启示 ………………………………………… **197**
第一节 结 论 ……………………………………………… 198
第二节 政策启示 …………………………………………… 202

参考文献 ……………………………………………………………… **207**

附 录 ……………………………………………………………… **228**
附录1 长三角地区绿色 GDP 效率测算 ………………………… 228
附录2 长三角地区经济增长质量指数测算 …………………… 233
附录3 长三角地区经济发展质量指数测算 …………………… 236
附录4 长三角地区经济一体化指数测算 ……………………… 238

后 记 ……………………………………………………………… **239**

绪　　论

　　绪论包括四节，第一节描述了经济高质量发展和经济发展新格局时代背景下的区域战略以及从金融基础设施角度分析长三角高质量一体化发展的现实意义；第二节对本书涉及的核心概念进行界定；第三节阐述了本书的主要研究内容、研究方法、框架与章节安排和技术路线；第四节介绍本书内容的创新与不足之处。

第一节 选题背景与研究意义

一、选题背景

(一) 经济深化改革与经济发展新格局

改革开放以来,中国在快速实现工业化进程的同时全面深化融入全球体系,深刻改变着全球经济格局。然而近年来,中国内外部经济环境发生较大改变:从内部环境看,中国正处于经济增长速度换挡、经济结构深度调整和前期刺激政策效应正反交替的"三期叠加"的关键转型阶段。从外部环境看,中国面临的外部风险挑战增多,如全球经济下行风险持续增大、贸易保护主义盛行和逆全球化趋势抬头等,此外以美国为首的西方国家对华全方位的经济发展遏制趋势愈演愈烈,对中国对外经济发展造成冲击。在此背景下,我国明确提出"要加快构建以国内大循环为主体、国内国际双循环相互促进的新发展格局",这一发展新格局顺应了中国经济结构的调整,是应对当前全球复杂经济形势的必然选择,也符合中国经济发展新阶段推动经济可持续、高质量发展的内在需求。事实上,在构建国内国际双循环相互促进的新发展格局背景下,从国内循环角度探究如何实现经济高质量发展显然更具必要性和现实意义。作为中国体制环境最优、经济活跃程度最高、经济产业基础最好和创新能力最强的地区,推进长三角地区经济高质量发展对率先形成国内国际双循环新发展格局、构筑新时代全方位开放格局、实现引领中国经济高质量发展具有示范效应和重要意义。

(二) 区域协调发展的空间布局优化

推进区域协调发展是历年中央政府的重点工作之一,也是实现经济高质量发展的重要保障。尽管中国区域发展战略实现了由非均衡发展战略向区域协调发展战略转化,但区域发展不平衡和不充分的问题一直是经济实现高质量发展的制约因素。改革开放后,中国实施了区域非均衡发展战略,即充分发挥东部地区的优势,大力发展东部地带,由此带动内陆地区进一步发展。这一政策取得了巨大的成功,东部地区发展迅速,在一定程度上也带动了中西部地区发展,但这一区域发展战略布局造成了东西部地区经济发展差距逐渐拉大。自20世纪90年代以来,中国政府致力于推动区域经济协调发展,一些推动区域协调发展的战略相继推出,如"西部大开发"战略(2000)、东北地区等老工业基地振兴战略(2003)和中部地区崛起战略(2006)等。此外,经济发展步入新常态以来,为更高质量推进经济协调发展,中国政府先后提出了"一带一路"倡议(2013)、京津冀协同发展战略(2014)、粤港澳大湾区建设战略（2019）等，这些发展战略极大地促进了中国区域协调发展的空间布局的优化，对推动中国区域经济协同发展、实现经济高质量发展具有十分显著的重要意义。总体而言，新时代和双循环新发展格局下，以大城市为中心的"大都市圈"和城市群协调发展战略是实现区域经济协同发展的重要途径，也是区域协调发展战略的新内涵和新特点。对比来看，在众多城市群中，长三角城市群的经济发展水平更高，具体而言：长三角对全国 GDP 的贡献率远高于珠三角和京津冀等地区，且领先优势仍在不断扩大；长三角是中国共同富裕的示范区，经济协调发展水平更高；从产业发展角度看，长三角在高端制造业、现代服务业、战略性新兴产业、金融服务业等方面具有绝对优势。可见，长三角地区是中国城市群高质量发展的领头羊，故加快长三角经济高质量一体化发展不仅对于长三角而且对全国都具有重要意义。

（三）长三角一体化国家战略定位与金融禀赋优势

2019 年 12 月《长江三角洲区域一体化发展规划纲要》的发布正式确立了长三角一体化发展的国家战略地位。在此之前，如何推动区域协同发展，在理论上已经被广泛讨论，如从产业合作、要素和资源合作互换、服务贸易开放、资源优势等角度。但对某一区域而言，其一体化发展策略需要结合特定的禀赋结构、地域特征、区位条件、资源禀赋、产业结构等因地制宜地开展。

金融是长三角城市群有别于其他城市群的独特禀赋优势。具体而言，长三角是我国金融机构最集聚、金融要素市场最完备、金融开放最前沿的区域之一，在金融发展方面具有独到的优势，如上海是中国的金融中心，具有较强的金融资源集聚效应；杭州致力于打造中国的金融科技中心，成为长三角区域性金融服务中心，加速改变传统金融的商业模式、业务范围和服务效率，且杭州所创新的新兴金融元素具有较强的辐射作用和溢出效应；苏州 2020 年成为中国数字货币首批试点城市，足见苏州的金融改革具有较强的引领效应。总体来看，相较其他城市群和地区，长三角的金融发展水平和经济发展的协同程度更高，故从金融体系完善角度切入分析长三角一体化效应具有重要意义。

（四）金融服务经济高质量一体化发展的现实要求

长三角地区经济高质量一体化发展战略目标的实现离不开金融体系的支持，任何经济要素的流动转换都需要依赖金融的媒介作用。长三角是中国金融资源集聚的高地，其相对发达的金融市场为促进经济繁荣发展提供了有力的支撑，尤其是在当前金融科技快速发展并被广泛应用于金融领域的背景下，长三角的金融体系协同发展和金融基础设施都存在着一些需要完善之处。首先，地区间的金融市场协同发展程度远低于经济发展的协同程度，区域内金融发展水平也愈发不平衡且极化趋势显著，显然不利于经济的健康发展。其次，尽管长三角地区在金融基础设施领域做出了努力，但短板显存，妨碍了金融高质量服务实体经济功能的发挥。例如，2020年 12 月出台的《长三角生态绿色一体化发展示范区银行业金融机构同城化建设指引》指出可以尝试在长三角一体化示范区内推进金融机构同城化建设、引导跨省域银行业务发展，以进一步降低金融要素流通和交易成本，旨在营造良好营商环境，但这一政策的推行仅在部分金融中介机构和小部分区域推行，涉及面窄，难以形成规模优势和推广经验。此外，未能建立满足高质量一体化发展的金融配套设施，具体而言，存在缺乏支持区域产业智能化转型升级的金融支持系统、未能形成促进区域民营企业合理发展的金融支持体系、未能搭建保障资金高效运作的金融平台以及未能构建支持金融机构跨行政边界经营的金融制度和法律保障体系。由于存在这些短板，当前金融基础设施建设显然难以满足经济高质量一体化建设的需求。

综上所述，推进长三角经济一体化的过程中，金融体系的完善工作必须先行。长三角肩负着"成为带动我国经济发展和改革开放的龙头"的历史使命，在推进一体化高质量发展过程中，需要优先建成一套服务于一体化发展的金融体系。从这一角度看，加强金融基础设施建设不仅是长三角金融体系完善的内在要求，也是长三角地区经济高质量一体化发展的现实需要。因此本研究旨在对长三角地区的金融基础设施的现状与问题进行分析的基础上找出影响长三角金融基础设施建设的因素，以期提出促进长三角金融基础设施建设的政策建议。从更高层面上看，本研究对中国经济高质量发展和现代化经济体系的建设也具有重要意义。

二、研究意义

完善的金融体系对经济增长具有诸多好处，如有助于提高支付结算效率、提高储蓄水平、促进储蓄向投资有效转化、提高生产效率、风险分散、促进金融高质量服务实体经济发展等。著名的金融抑制理论和金融深化理论在一些发展中国家得到广泛成功地应用更是说明了金融体系完善与经济增长之间存在显著的正向作用。一直以来，金融发展与经济增长之间的关系备受学界关注，对此不同学者从金融中介、金融政策与制度、金融结构等角度的讨论广泛证实了上述观点。然而遗憾的是，作为金融体系的中枢和金融交易支柱的金融基础设施却较少被学界讨论。金融基础设施在金融生态完善建设中具有支柱性地位，正如第十次中央全面深化改革委员会会议指出"金融基础设施是金融市场稳健高效运行的基础性保障，是实施宏观审慎管理和强化风险防控的重要抓手。要加强对重要金融基础设施的统筹监管，统一监管标准，健全准入管理，优化设施布局，健全治理结构，推动形成布局合理、治理有效、先进可靠、富有弹性的金融基础设施体系。"本书认为金融基础设施建设将促进金融体系的完善，从而直接或间接推动经济发展，故从这一角度看，本书分析长三角金融基础设施建设的经济高质量一体化发展效应具有理论和现实意义。

（一）理论意义

第一，在金融发展理论框架下，金融体系的发展往往具有较强的区域性特征，区域金融协同融合发展是实现金融资源在区域内效能最大化的必要保障。现有文献的研究指出金融结构、金融效率、金融市场等都是影响金融高质量服务经济发展的重要因素，缺少深层次因素的挖掘。作为金融市场运行的核心，从金融基础设施建设与完善的角度分析其对金融结构、金融功能和金融协同融合的影响具有重要的理论意义。在长三角一体化发展的宏观背景下，从理论上阐述完善区域金融基础设施建设对金融结构完善、金融体系功能完善和金融体系融合发展的影响，是对金融发展理论的深入理解。

第二，在金融功能理论、空间外部性理论和博弈理论等基础上，分析区域金融基础设施合作的基础与动机、合作的领域与路径以及合作的直接经济效益与外部性，从而尝试构建金融基础设施建设合作的理论框架，丰富了金融市场微观结构的相关研究。

第三，既有研究从金融开放、金融集聚、金融创新等角度的分析证实了金融市场良性发展是经济一体化发展的必要路径和有力保障，但需要充分认识到保障金融市场良性发展最根本的要素是完善的金融基础设施。遗憾的是，既有的研究鲜有涉及金融基础设施的经济一体化发展效应，本书从这一视角展开分析，丰富了金融发展与经济发展之间关系的相关研究。

（二）现实意义

第一，金融服务实体经济发展是金融的使命和本质要求，长三角经济高质量发展离不开高质量、合理化的金融体系，更需要区域金融市场全方位合作的支持。尽管长三角地区经济一体化程度实现了突飞猛进的发展，但金融市场在协同发展方面严重滞后，主要体现在长三角各城市之间金融发展不均衡，行政壁垒下的金融跨地市服务阻碍颇多，地方分治模式下金融资本流动受阻等[1]。从长远角度看，加强金融基础设施建设（如搭建区域性质的征信平台、投融资平台、完善政策法规等）将有效促进长三角地区金融体系完善和金融协同融合水平提升，进而最大限度地发挥金融体系的投融资、支付结算和资源配置功能，提高服务经济发展能力。本书借助博弈模型分析了各地区在金融基础设施建设方面的博弈策略选择，从而为如何加强金融基础设施合作提供决策依据。

第二，在构建金融基础设施建设水平、经济高质量发展（增长）水平和经济一体化发展水平的量化指标体系基础上测算相应指标，并运用计量方法分析加强金融基础设施建设与金融结构、金融体系功能、金融协同融合和经济高质量一体化发展之间的关系；进一步从金融基础设施建设水平（金融基础设施生态系统共生度）影响因素角度提出促进金融基础设施建设水平提高的政策建议，从而为完善长三角金融基础设施生态系统提供科学依据和现实指导。

---

[1] 张炜.金融一体化助力长三角高质量一体化发展［EB/OL］.中国经济时报.［2019-06-17］.https://baijiahao.baidu.com/s?id=1636513468132772157 0&wfr=spider&for=pc.

第三，在地区间经济联系日趋紧密的背景下，经济发展之间存在较强的空间联系。故本书在分析长三角金融基础设施建设的经济发展效应基础上，进一步分析长三角经济发展和金融基础设施建设对其他省市（邻近省份、长江经济带等）的空间溢出效应，对引导我国形成"点—线—面"高质量区域协调发展模式具有一定的现实意义。

第二节 核心概念界定

一、金融基础设施

金融基础设施（Financial Infrastructures，FI）是金融市场稳健运行的重要保障，是宏观审慎管理和防控系统性金融风险的重要抓手。金融基础设施的含义具有广义和狭义之分，狭义上的金融基础设施主要是指金融市场基础设施（Financial Market Infrastructure，FMI）。顾名思义 FMI 是功能范畴领域内的基础设施建设，要求广泛参与金融交易，具有普适化的服务能力。根据国际清算银行国际支付结算体系委员会和国际证监会组织联合发布的《金融市场基础设施原则》（以下简称 PFMI2012），金融基础设施指参与机构之间的多边系统，主要涵盖支付系统、中央证券存管、证券结算系统、中央对手方和交易数据库五类，旨在便利货币交易及其他金融交易的清算、结算与记录。广义上的金融基础设施是金融市场基础设施的外延含义，其范畴不仅包含金融市场基础设施，还应包含各种为金融活动提供服务的系统和为保障金融市场运行的硬件设施与制度，如金融技术、金融安全网、法律环境、信用环境、会计制度准则、投资者保护制度等。

根据《统筹监管金融基础设施工作方案》，中国金融基础设施统筹监管范围包括金融资产登记托管系统、清算结算系统、交易设施、交易报告库、重要支付系统、基础征信系统等六类设施及其运营机构，该定义基本与 PFMI2012 一致。

需要特别指出的是，尽管广义上的金融基础设施面面俱到，但其更像是"金融生态"的含义，显然不利于研究的开展，也不利于相关政策的制定。尤其是在互联网金融时代，金融基础设施具有特殊的内涵，如大数据、云计算、人工智能等现代信息技术的快速发展和在金融领域的大量测试、应用及推广，打造了大量新型金融基础设施，从而提升了金融效率，降低了服务成本，实现了金融普惠。此外，作为区域金融基础设施建设的研究，本书从研究可行性角度将金融基础设施界定为参与金融市场运作的企业以及金融系统中有助于完善金融服务、提高金融普惠的实体机构，如金融机构、金融中介机构、政府部门、应用和提供金融技术企业等，这些实体经济之间相互合作促进形成了一个金融基础设施生态系统。

二、长三角地区

长江三角洲（the Yangtze Delta）是长江入海之前的冲积平原，是中国经济实力最强的经济中心之一、中国打造世界级城市群的区域。长三角具有地理空间意义上的行政区范围和社会经济发展意义上的经济合作区域两个维度含义。

1. 地理空间维度

1992年以江浙沪16座城市为主体的长三角城市群概念被提出以来，长三角地区经过了多次扩容，至今范围已经涵盖三省一市全部区域。根据国家发展改革委（2010）发布的《长江三角洲地区区域规划》，长江三角洲地区主要由上海市、浙江省和江苏省的16座城市组成。2014年国务院印发的《关于依托黄金水道推动长江经济带发展的指导意见》首次明确将安徽省纳入长三角城市群，参与长三角一体化发展；2016年6月国家发展改革委和住房城乡建设部印发的《长江三角洲城市群发展规划》进一步扩大长江三角洲城市群范围，即包括上海市、江苏省的9座城市、浙江省的8座城市和安徽省的8座城市，共计26座城市。2019年12月国务院印发《长江三角洲区域一体化发展规划纲要》，将江浙沪皖27座地级市确立为中心区。

2. 经济社会发展维度

长三角经济合作区脱胎于20世纪80年代的上海经济区，雏形为1985年国务院划定沪苏浙三省市内的15座地级以上城市。1992年建立的长江三角洲15个城市协作部门主任联席会议制度正式确定了长三角地区经济合作框架。随后经过多次扩容，长三角经济合作的版图逐渐扩大。随着"长三角一体化"上升为国家战略，2019年10月在长三角城市经济协调会第十九次会议上正式将安徽省全域纳入长三角城市经济协调会。

综上，本书所指的长三角区域为江浙沪皖三省一市全域。

三、金融协同融合

"协同"一词源于古希腊，意为协调、整合与优化。融合是更高层面的协同，其本质上是系统内相关要素通过横向协调与合作，使系统从无序到有序逐渐演化的过程。发展则是与协调相对的过程，是指系统内部纵向更迭由量变到质变的发展过程。融合本质上是系统内相关要素协调一致地向最终目标——一体化转化的过程，也可指一体化的状态。因此，协同融合是以协调、合作和互相优化为基础，对系统内不同主体和要素之间发展的结构、效率和速度等进行优化的过程。

本书将这一概念延伸到区域金融范畴，即区域金融协调融合是地区金融市场及金融体系内的各主体承认彼此之间的发展差距，但依然以合理协调为基础，通过发挥各自比较优势、合理展开分工合作、互助促进，使区域内不同地区金融市场在发展速度、规模、效率、结构等方面得到全面优化发展。换言之，区域金融协调发展的本质在于区域内各地区协调与配合，如通过促进相互合作、制定统一的金融政策等方式，达到要素有序流动、金融资源合理配置、收益合理分配等效果，进而实现金融一体化发展。

四、经济效应

经济发展体现了经济、社会、环境等诸多方面的内容，如人口、产业发展、经济增长、生态环境、营商环境等。经济效应最直接的体现是经济增长，当前经济增长逐渐由数量优先转向质量优先，故可从两个方面考察经济增长效应，一是经济增长的数量规模与速度快慢，即侧重从量的视角衡量经济增长的水平高低；二是从经济增长质量的视角揭示经济增长的品质优劣，这是数量增长概念的外延，强调了经济高质量增长，体现了新时代的新思想与新变化。数量与质量并行是经济高质量增长的核心要义，这一背景下，经济高质量发展效应是指在国民经济总量扩展的基础上，通过经济发展促进各方面改进，实现经济运行更平稳、经济运行更高效、经济结构更加均衡、民生福祉更全面、经济循环更高质量运转的发展。从区域经济发展角度看，经济效应的内涵还应体现为区域经济高质量一体化发展。从区域经济高质量一体化发展的逻辑上看，区域经济高质量增长和区域经济一体化发展之间存在一定的顺序。首先，应是促进区域经济一体化发展；其次，在这一过程中注重区域经济增长的质量，即"一体化"中谋求"高质量增长"。

综上，根据本书研究的内容和目的，本书从区域经济发展角度将经济效应界定为经济高质量增长效应和经济一体化发展效应，这一界定契合国家长三角一体化发展战略的内在要求。

第三节　研究内容与方法

一、研究内容

本书围绕长三角经济发展中的金融基础设施建设这一主题，综合运用多种科学的研究方法，从理论和实证角度试图对以下几个方面展开分析：一是分析长三角金融基础设施建设和经济高质量一体化发展的现状与存在问题；二是从金融结构、金融功能和金融协同融合发展视角，实证分析金融基础设施建设促进金融体系完善的效应；三是分析长三角金融基础设施建设对经济增长质量、经济发展质量和经济一体化发展的影响与机制；四是从都市圈、长江经济带和邻近省份等空间维度分析长三角金融基础设施建设促进经济高质量一体化发展的溢出效应与影响因素；五是基于博弈理论和统计方法，从理论上分析金融基础设施合作共建的影响因素，并基于金融基础设施建设的指标测算与分解，提出合作引导策略和完善措施，并评估政策实施可能产生的完善效果。本书的研究框架和技术路线如图1-1所示。本书的研究框架共五个部分，含七章内容，具体如下。

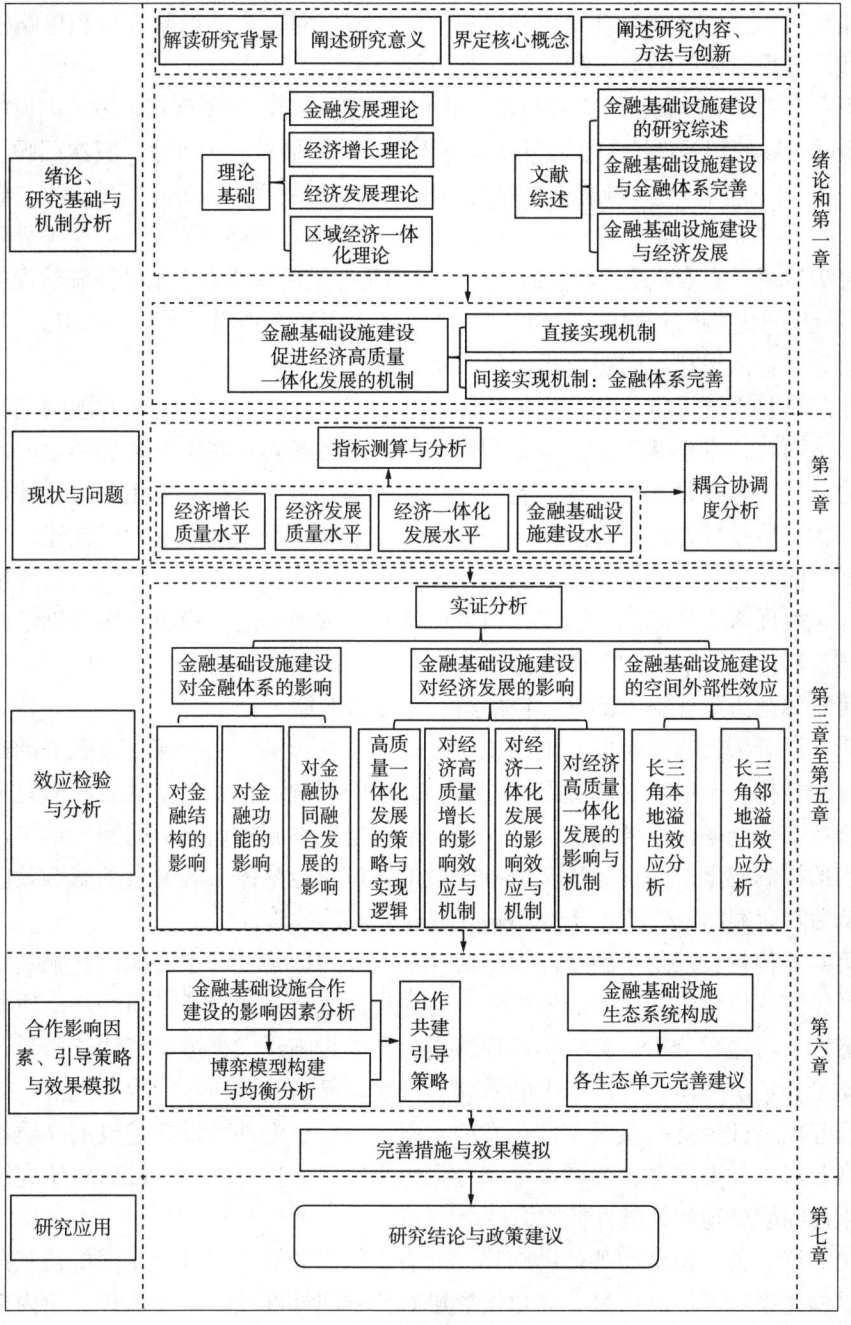

图1-1 研究内容框架和技术路线图

第一部分阐述本书的研究起点，包括绪论和第一章。

绪论首先基于长三角一体化发展的国家战略和长三角金融禀赋优势介绍选题背景和研究意义；其次对本书所涉及的核心概念进行界定，主要包括金融基础设施、长三角地区、金融协调融合发展和经济效应；而后对研究的思路方法和思路框架进行阐述；最后对研究的创新和不足进行总结。

第一章为理论逻辑。首先介绍论文研究的理论基础，主要梳理金融基础设施建设促进金融发展的相关理论和金融基础设施促进经济发展的相关理论；其次回顾国内外学者对相关问题的研究，梳理金融基础设施建设的相关研究、金融基础设施与经济发展关系的相关研究、金融基础设施建设与金融体系完善的相关研究，基于学界研究现状和现实问题，总结评述了当前研究存在的不足；最后阐述金融基础设施建设促进经济高质量一体化发展的直接和间接实现机制，在此基础上得出研究的切入点。

第二部分为现状与问题分析，包括第二章。

第二章基于统计方法测算相关指标阐述长三角经济发展和金融发展的现状与问题。具体而言，本章基于共生视角测算长三角金融基础设施生态系统共生度，以表征金融基础设施建设水平；在借鉴既有文献的基础上，通过构建相关指标评价体系对经济增长质量、经济发展质量、经济一体化发展水平和金融基础设施建设水平进行测算；同时通过测算金融基础设施建设水平、经济发展质量、经济增长质量和经济一体化发展水平之间的耦合度、协调度和相对发展程度，指出金融基础设施建设的现实迫切性，为下文的实证分析和政策效果评估提供研究基石。

第三部分为实证检验部分，包括第三章至第五章。

第三章分析长三角金融基础设施对金融体系的影响，主要探讨金融基础设施建设对金融结构、金融功能和金融协同融合发展的影响。首先借鉴既有的研究选取适当的指标表征金融体系各变量；其次基于金融基础设施建设指数的测算结果，并选取适当的控制变量，实证分析金融基础设施建设对金融体系各变量的影响效应与机制；最后对研究结论进行内生性问题处理和稳健性检验。

第四章分析长三角金融基础设施对经济发展的影响，即主要探讨金融基础设施建设对经济高质量一体化发展的影响。首先运用实证方法对长三角经济高质量一体化发展的逻辑进行分析；其次实证检验金融基础设施建设促进经济增长质量、经济发展质量和经济一体化发展水平的效应，再次以经济发展质量指数和经济一体化指数的交互项表征经济高质量一体化发展水平，检验金融基础设施建设的高质量一体化发展效应，并考虑金融发展水平和金融体系完善的传导机制；最后对研究结论进行内生性问题处理和稳健性检验。

第五章为长三角金融基础设施建设的溢出效应分析。本章旨在探析长三角金融基础设施建设对经济高质量一体化发展影响的空间外部性，主要从长三角内部和与长三角发展存在关联效应的外围地区展开。具体而言，一是内部视角：从地级市之间的地理距离、经济距离、经济关联结构角度构建空间权重矩阵，随后采用空间杜宾模型（SDM）进行探讨；二是外部视角：通过搜集与长三角地区经济和地理紧密的地区的经济数据作为样本，在测算相关指标基础上，分析长三角金融基础设施建设能否促进邻近地区的金融基础设施完善与经济发展。

第四部分为博弈分析、完善措施与效果分析，包括第六章。

第六章主要进行两个工作：一是使用博弈模型分析影响金融基础设施建设合作的影响因素及引导策略、提出长三角金融基础设施生态系统完善的措施；二是使用统计分析与实验研究方法模拟引导策略和完善措施的政策效果。具体而言：首先，在厘清长三角金融基础设施建设中利益主体的基础上，通过构建非均衡博弈模型、纳什均衡博弈模型和演化博弈模型分析长三角金融基础设施合作建设的成本与收益，旨在分析金融基础设施合作共建中各利益主体达成合作的影响因素，并对主动合作的引导机制进行初步探索。其次，结合金融基础设施生态系统构成和博弈模型推导部分的阐述提出完善长三角金融基础设施水平的建议，并运用统计分析和 Matlab 数值模拟仿真模拟方法对政策措施实施的可能效果进行评估。

第五部分为结论与政策启示，包括第七章。

第七章主要是对前文研究结论进行总结性评述，同时基于特征事实、理论研究和实证分析结果，从提升区域金融基础设施建设水平、促进长三角经济高质量一体化发展等角度，提出引导长三角地区加强金融基础设施建设合作的政策建议。

二、研究方法

为分析长三角金融基础设施建设促进经济高质量一体化发展的效应，并评估金融基础设施建设完善措施实施的效果。本书采用文献分析、定性分析与定量分析相结合的方法，借助 STATA、Matlab、Geoda 和 Arcgis 等计量工具处理和分析数据，检验长三角金融基础设施建设促进地区金融体系完善和促进经济高质量一体化发展的效应和实现机制，并从溢出效应角度考虑长三角金融基础设施建设能否促进邻近地区的金融基础设施建设水平和经济高质量一体化发展，具体如下。

1. 文献归纳总结法

在阅读大量相关文献的基础上，首先对金融基础设施的内涵外延与作用进行阐述，并归纳当前文献对金融基础设施建设、金融功能、金融协同融合发展程度、经济增长和经济一体化的度量方法，在此基础上寻找适合的度量指标，构建评价长三角金融基础设施建设水平和经济高质量一体化发展水平的指标体系，形成本书研究内容的创新点，使研究具有延续性。

2. 规范分析法

在对长三角经济发展的分析中，运用理论与现实相结合的规范分析方法进行详细解读。梳理现有研究对金融基础设施建设的研究和测算结果，对金融基础设施完善促进金融体系完善和经济高质量一体化发展的机制进行分析；根据金融基础设施生态系统共生度的测算与分解，提出相应的完善措施；在理论推导中考虑影响长三角金融基础设施合作的因素，全面理解和分析长三角金融基础设施合作建设中面临的难题，进而提出具体的引导与改进措施。

3. 实证研究法

本书主要采用统计分析方法、空间计量方法、GMM 估计法、门限分析方法、数值模拟仿真等进行实证研究。首先，运用统计分析方法对长三角金融基础设施建设水平、长三角经济高质量增长和长三角经济一体化发展水平等重要变量进行测算。其次，运用 OLS 模型、固定效应模型、非动态面板门限模型等计量模型分析金融基础设施建设水平提升对金融体系完善和经济高质量一体化发展影响的因素、机制和效应。再次，采用空间计量分析方法，从更大的空间上分析金融基础设施建设促进经济高质量一体化发展的"本地—邻地"溢出影响效应，从而探究推动经济高质量一体化发展的空间逻辑。最后，运用统计分析、理论推导和数值模拟仿真方法，分析长三角金融基础设施生态系统各子系统的相对重要性并提出完善策略、通过理论推导提出并分析提升金融基础设施合作共建的引导措施和可能的效果，并基于统计分析方法和 Matlab 数值模拟仿真动态评估完善策略和引导措施的经济效果。

第四节　创新与不足

一、本研究的创新之处

既有的研究大多关注于金融发展与经济增长和金融发展与经济一体化发展之间的关系，但本书研究内容与既有文献不同，除关注上述问题外，更关注于微观层面的影响因素与效应，拓展和丰富了现有的研究。具体而言，本研究的创新之处体现在以下几点。

第一，创新指标体系的量化方法。指标的选取与量化对研究的开展至关重要，本书在借鉴既有研究基础上，选择合适的方法对长三角金融基础设施建设水平、经济增长质量、经济发展质量和经济一体化发展水平等核心指标进行评价与测算，旨在使指标评价更为科学。例如，本书将在共生视角下，借助生物学中生态种群的概念与含义，从企业层面、金融机构与金融市场层面、金融中介机构层面和政府部门层面构建了金融基础设施生态系统，进而评价金融基础设施建设水平；其次通过构建相应的评价指标体系评价长三角经济高质量发展水平、金融协同融合发展水平、经济一体化发展水平等，同时对变量之间的耦合情况、耦合协调情况和相对发展情况进行分析，从而为本书的理论与实证研究提供支撑。

第二，从研究内容和视角上看，本研究在既有相关研究基础上进行了大量的拓展和延伸且切入视角和观点较新。本书从金融市场功能完善角度切入，分析金融基础设施完善对区域金融体系和经济发展的影响，而既有研究多关注金融发展与经济增长的关系，鲜有从金融基础设施建设对金融体系完善影响角度展开讨论，且除关注经济增长外，本书还关注金融基础设施建设对经济增长质量和经济一体化发展水平的提升效应。此外，本书不仅从地级市层面考虑金融基础设施完善对地区经济高质量一体化发展的影响，还从长三角城市群内部关联（都市圈）以及长三角城市群外部关联角度分析金融基础设施建设的经济高质量一体化发展效应，这也是对既有研究的一个重要补充。

第三，本书重点探讨地区间金融基础设施建设的主动合作多方博弈与引导措施，并评估引导措施对合作均衡的影响效应。理论分析部分通过构建收益矩阵和复制动态方程的形式系统分析博弈均衡点的影响因素，并重点探讨引导长三角地区主体之间合作的措施，这与既有研究基于理性人假设做出的分析存在显著差异。实证分析部分本书使用 Matlab 数值模拟仿真方法评估政策措施的效果，从而使研究更加完备，结论更为可靠。

二、本研究的不足之处

本研究的不足之处主要体现在以下几个方面。

首先，既有研究对金融基础设施建设的讨论相对较少，分析金融基础设施建设对经济发展影响的文献更是凤毛麟角，尤其缺少实证方面的经验证据支持。尽管本书尝试在研究方法和内容上进行创新，但实证方法仍然可能不是最优的，研究观点依然有待学者继续完善。

其次，指标的量化方法方面的创新是借鉴既有研究基础上形成，尽管指标量化的结果较好，但其科学性和适用性仍有待后续检验。同时，实证分析中受限于样本数据的搜集和测算，本书中只选择了 27 座城市作为研究对象，显然未能覆盖全部地级市。虽然部分城市数据缺失并未影响到本书的主要研究结论（基于四省市、都市圈和长江经济带的分析与基于地级市样本分析的结论基本一致），但后续研究中需要进一步完善相关指标核算，使样本更具代表性。此外，虽然本书在实证层面检验了长三角金融基础设施建设对邻近省份和长江经济带的影响，但对其他与长三角地区在地理空间上不存在关联的区域是否同样具有溢出效应仍值得探究。

最后，本书的政策完善建议是基于对长三角的分析提出的，但这些完善措施是否能拓展到其他区域，如京津冀地区和珠三角地区等地区，同样值得后续研究。

第一章　金融基础设施建设促进经济发展的理论逻辑

> 本章内容分为三节，第一节介绍本研究的理论基础，涉及金融发展理论、经济增长理论、经济发展理论和区域经济一体化理论。第二节为文献综述，主要对金融基础设施、金融基础设施建设对经济发展的影响、金融基础设施建设对金融体系完善的影响三个方面对既有的研究进行总结及文献评述；第三节为机制分析，基于文献部分的梳理，提出长三角金融基础设施促进经济高质量一体化发展的机制，形成本书研究的理论基石。

第一节　理论基础

金融服务经济增长是长久以来学术研究的方向，从货币诞生开始，金融发展理论就随着经济的发展不断丰富完善，故本节第一部分将对金融发展理论进行简要回顾。既有研究指出，无论是何种促进社会发展的政策，其落脚点都应该是经济效率和社会福利的充分提升。一国或地区的社会福利的改善体现在两个方面，一是在数量层面上体现为国民经济总量的扩张，即经济增长；二是在质量层面上体现为经济效率提升、经济结构优化、社会结构改善和人民生活条件及生活品质的提升，即经济发展。当前中国所提的经济高质量发展，正是经济发展理论在中国的实践与发展。故本节第二部分和第三部分将对经济增长理论和经济发展理论进行梳理；第四部分对区域经济一体化理论进行梳理。这些理论是后续章节分析区域经济发展以及分析金融与经济发展关系的理论基础。

一、金融发展理论

学术界对金融发展理论的研究由来已久，金融发展理论经历了从无到有，从有到成体系的发展历程，随着经济社会的变迁和发展，金融发展理论也在不断丰富发展。

（一）金融发展理论的萌芽阶段

金融发展理论萌芽阶段主要阐述了货币金融在经济中的作用。货币，作为经济生产生活中使用最广泛的金融要素，成为早期学者关注的重点，可以说，货币理论的发展奠定了金融发展理论的思想基础。早在14世纪中叶，法国经济学家尼科尔·奥雷斯姆在其著作《论货币的最初发明》和《货币的产生、本质和变化》中就阐述了货币质量对经济的发展的影响，其中《论货币的最初发明》也被认为是第一本系统论述货币的著作。英国经济学家约翰·罗的《论货币和贸易：兼向国家供应货币的建议》系统论述了货币对一国经济的重要性，尽管该书对货币和财富没有明确严格区分，但他的货币理论为后代经济学家提供了无尽的启迪。系统分析货币金融对经济发展影响的文献可追溯到 Bagehot 和 Schumpeter 的著作。其中 Bagehot 在《朗伯德街货币市场的描述》中指出银行体系可以通过改变储蓄等低效率的投资来促进产业升级。随后瑞典经济学家 Wicksell 开创性地提出了货币经济理论，认为货币金融对经济发展和商业经济发展具有重要的影响，该理论也得到了如哈耶克、林达尔等经济学家的修正和发展。Schumpeter 在《经济发展理论》中指出金融发展与经济增长之间存在紧密相连的关系。他们的观点反映了金融与经济之间相互影响的两个角度，为后来学者深入研究经济金融发展问题奠定了基础，诞生了如 Keynes 的总量观点和 Robinson 的"实业引导金融"观点。

早期文献著作中关于金融发展与经济增长关系的研究较为零散，未能形成研究框架和理论体系，但却为后来经济学家的研究提供了坚实基础。

（二）金融发展理论的创立

正如上文分析，20世纪50年代以前的金融发展理论主要是基于货币金融而展开，研究方法上大多基于定性分析，显然缺少基于定量角度的深入分析。随着第二次世界大战的全面结束，西方资本主义国家经济兴起，金融在经济中的作用逐渐凸显，金融业从原有的经济模式中脱离出来，以独立的经济构成部门参与经济运作。同时金融学的研究方向也得以丰富和发展，研究方向从最初的货币银行学逐渐向金融结构和金融市场等方向转变，且定量研究逐渐成为金融学研究的重要方法，为金融发展理论的发展、丰富和完善提供了经验证据支撑支持。在对金融和金融发展规律的分析中，大批学者从经济增长角度对金融发展问题展开讨论，从而开创了金融发展理论。

严格地讲，Gurley 和 Shaw 合作的著作如《经济发展的金融方面》《金融中介机构与储蓄投资》和《金融理论中的货币》是现代金融发展理论的开创性研究成果，正式揭开了金融发展理论的研究序幕，他们系统阐述了金融与经济、金融机构在货币和储蓄中的作用、金融资产与金融机构区别等问题。其后，帕特里克在《欠发达国家中的金融发展与经济增长》一文中首次提出了金融发展和经济发展存在因果关系，认为金融发展与经济增长之间的作用存在两种模式：一种是供给引导型（Supply-leading），即在经济发展的初期，金融发展将领先于经济增长，从而带动经济增长；另一种是需求追随型（Demand-following），即随着经济增长趋于稳定，将会拉动金融业的发展。然而，帕特里克的分析没有指明金融发展与经济增长之间究竟存在何种因果关系，这也被后来的经济学家称为"帕特里克之谜"，这一谜题也是金融发展理论的重要思想来源，指引着后来经济学家开展更为深入的分析。

（三）金融发展理论的系统形成与发展

西方经济学家不断尝试解释"帕特里克之谜"，推动了金融发展理论深化与发展，形成了以戈德史密斯（Goldsmith）为代表的金融结构理论、以麦金农（McKinnon）和爱德华肖（Shaw）为代表的金融抑制和金融深化理论、以 King 和 Levine 为代表的内生金融发展理论和以 Bodie 和 Merton 为代表的金融功能理论四种代表性金融理论。即便如此，经济学家对金融发展理论的发展并未停止，他们从政治制度、宗教、自然资源禀赋角度的探讨进一步拓展了金融发展理论，使其具有极强的时代特征和生命力。

1. 金融结构理论

比较金融学的开山鼻祖 Goldsmith（1969）认为金融发展的本质是金融结构的转变，在其经典著作《金融结构与经济发展》中将金融结构与金融发展之间的关系表述为金融理论的职责就在于找出决定一国金融结构、金融工具和金融交易流量的主要因素，并阐明这些因素怎样通过相互作用而促进金融发展，同时他还认为金融结构是金融机构和金融工具的总和，研究金融发展的趋势就是要厘清金融结构的变动趋势。当然，Goldsmith 对金融发展理论的贡献不只局限于开创性地提出了金融结构理论，他还为金融发展提供了一套理论分析框架和量化指标体系，创造性地提出了量化金融发展和金融结构的指标——金融相关率（Financial Interrelations Ratio，FIR），且证得金融相关率（FIR）与金融发展水平呈现出高度的正相关关系。基于此，后来学者分析了发达国家和发展中国家的金融发展问题，结果都说明了金融相关率这一指标具有普适性。作为研究金融发展问题最具影响力的理论之一，金融结构理论为分析金融发展与经济增长之间关系的研究提供了新的视角。在这之后，Levine（2000）、Allen 和 Gale（2001）等经济学家在分析金融结构对经济影响过程中形成了金融结构"两分法"理论，该理论也是现代金融结构理论的重要组成部分。

2. 金融抑制理论与金融深化理论

早期的金融发展理论大多集中于对发达国家的经验分析，故传统的货币金融理论在欠发达国家的适用性普遍偏低，应用性仍需拓展。受经济发展的影响，欠发达国家的金融发展与经济增长问题也逐渐显现。《经济发展中的货币和资本》和《金融发展中的金融深化》被认为是现代金融发展理论的开山之作，具有划时代的意义，也标志着金融发展理论的系统形成。

McKinnon 和 Shaw 在研究发展中国家金融发展和经济增长关系的基础上，分别从金融抑制和金融深化角度系统论述了金融发展尤其是货币金融系统与经济增长之间的关系。他们的研究指出金融抑制源于国家对金融市场的过度干预，尤其是政府部门对金融机构（银行业）的政策约束，如实施利率限价、高额准备金制度以及信贷配给政策等，这些政策严重阻碍了银行体系和金融市场的发展，从而不利于经济的增长。对此 McKinnon 和 Shaw 均主张政府放弃对金融体系的过度干预，实施以放松利率等价格管制为核心的金融深化改革，进而实现金融发展与经济增长的良性循环，这便是金融抑制理论和金融深化理论的核心内容。

金融抑制理论和金融深化理论的提出，对发展中国家的金融改革和金融发展产生了重大影响，不止于此，发达国家也纷纷寻求金融深化改革，掀起了全球金融市场和金融体制改革的浪潮，同时金融抑制理论和金融深化理论也奠定了金融研究的理论基石。相关学者在此基础上开展了一系列理论拓展性研究和实证研究，如在打破原有封闭经济的基础上，Kapur 从劳动力和资本角度、Mathieson 从投资数量角度修正和扩充了金融发展理论；Galbis 和 Fry 实证分析了发展中国家金融深化与经济增长之间的联系，总结了这些国家在金融深化方面的经验教训，为应用金融深化理论指导发展中国家经济增长提供了实践经验。

3. 内生金融发展理论

金融深化理论的实践并未如预期那样顺利，拉美等发展中国家先后开展了金融自由化改革，但最终都以失败而告终。金融学家开始重新审视金融发展理论的 M-S 范式，他们认为 M-S 范式的金融发展理论以储蓄投资为主要分析内容，且他们的金融深化是金融自由化和金融发展中的金融深化，而非金融发展与经济增长关系中的金融深化，同时也普遍忽视了金融体系的信息传递、资源配置和风险控制等功能，大大削弱了金融发展理论的价值。但囿于 M-S 范式的金融发展理论框架，在之后的很长一段时间内，经济学者在该框架下进行了大量的实证分析，但实质上没有推动金融发展理论进一步发展，直到内生经济增长理论提出后才改善了金融发展理论停滞不前的状况。

20 世纪 80 年代，以罗默为代表的内生经济增长理论走进了经济学的殿堂，并备受经济学家的推崇。受内生经济增长理论的启发，金融学研究者开始将内生经济增长理论引入金融自由化理论，从效用函数角度入手，建立了包含各种微观基础的模型来研究金融体系和金融市场的形成机制问题，并在此基础上分析了对经济增长的影响机制和作用效果，从而创立了内生金融发展理论。

内生金融发展理论推动金融发展理论进入了新的发展阶段。King 和 Levine 的著作跳出了过往以发展中国家为主要分析对象的传统，他们利用包含发展中国家和发达国家在内的研究样本寻求一般意义上的金融发展理论，这一开创性研究奠定了内生金融发展理论的重要理论基石。在这一时期，产生了多个具有代表性的内生金融发展理论模型，如 Bencivenga 和 Smith 从流动性风险（不确定的金融环境）角度、Schreft 和 Smith 从信息不对称（空间分离和有限的交流）角度、Dutta 和 Kapur 从流动性偏好和流动性约束角度、Greenwood 和 Smith 从不完全竞争市场角度（成本因素）、Byrska 从金融中介机构等方面不断丰富拓展了内生金融发展理论的内涵，使得理论假设更符合现实经济金融环境。

为解释发展中国家金融自由化改革普遍失败的现象，以 Hellmann 等学者为代表的经济学家创立了金融约束理论。针对发展中国家金融自由化改革失败的现象，金融约束理论将矛头指向了金融过度自由化改革，认为发展中国家通常不具备金融自由化改革的条件，主张政府部门采取金融约束政策对金融市场和金融体系进行适度干预，如采取利率控制、市场准入管制和竞争管制等。可见，金融约束理论为发展中国家和经济转型国家的金融自由化改革提供了一条可行路径。

4. 现代金融发展理论的拓展与深化

King 和 Levien、Rajan 和 Zingales 以及 Demirgc-kunt 和 Maksimovic 等学者从理论和实证层面证实了金融发展和经济增长之间的影响与因果关系,但对金融发展的研究并未止步于内生金融发展理论。内生金融发展理论依然没有解决诸如为什么金融发展水平相当的国家在经济增长率方面存在差距？不同金融市场活动主体和金融组织形式谁更有助于经济发展？影响金融发展和金融功能发挥的因素有哪些,这些因素具体如何影响金融发展？基于这些问题,经济学家进一步提出了金融功能理论和新制度金融发展理论。

(1) 金融功能理论

自 Merton 和 Bodie 提出金融发展的功能主义观点以来,从金融功能角度展开的研究层出不穷,Levien 在 Merton 和 Bodie 研究的基础上首次提出了金融功能理论。金融功能理论认为,分析金融发展对经济增长的作用首先需要厘清金融具有哪些功能,同时指出,在金融与经济良性互动过程中不断完善的金融体系功能是金融发展对经济增长影响的决定性因素。金融功能理论具有两个基本假定,一是相对金融机构而言,金融功能具有相对稳定性,通常不会随着经济环境的改变发生变化；二是金融功能是金融机构和金融体系优化的最终体现,相较于金融组织机构,金融功能的优越性更强。Levien 进一步指出金融具有五大基本功能,即便利支付结算功能、聚集和分配资源的功能、风险分散功能、信息挖掘功能和解决激励不足问题的功能,其中金融的支付结算、资源配置和风险分散也被后来学者公认为是金融的三大核心功能。

(2) 新制度金融发展理论

金融功能理论仅从金融功能角度关注了经济发展对金融发展的影响,并没有考虑除经济因素之外其他因素对金融市场、金融体系和金融功能的影响,如国家制度、法律法规建设情况、竞争与垄断水平、社会发展情况等。于是,经济学家开始关注金融发展理论自身的发展、演进趋势与影响因素,从而形成了新制度金融发展理论,如 Porta 等从法律制度角度的分析认为一国或地区法律制度越完善则金融市场越发达；Rajan 和 Zingales 的研究指出,在存在不当竞争的情况下,既得利益者为维护利益实施的一系列阻碍金融发展的措施是不同地区金融发展存在差距的原因。此外一些学者从自然资源禀赋、社会发展情况、国家发展历史和地区文化宗教习俗等角度开展了丰富的研究。总之,新制度金融发展理论形成于对金融发展影响因素的探讨,而这也是现代金融发展研究的前沿领域之一,指引后来学者在该领域不断深耕探索。当前,金融体系正处于数字化转型阶段,这一新特征将赋予金融发展理论新的内容和生命力,值得科研人员进行深入研究。

二、经济增长理论

经济增长通常被定义为一国或地区财富的增长水平,即一段时间内产品和劳务的总价值,可以说,经济增长描述了社会总产出或经济活力的变动情况。经济学家对经济增长开展了丰富的研究,旨在揭示经济增长的规律、分析影响经济增长的因素、机制和途径。

经济增长理论的形成和发展主要经历了三个阶段:第一阶段为经济增长理论的奠基阶段,以斯密、李嘉图和马尔萨斯为代表的经济学家重点关注了财富如何增长以及实现经济长期稳定增长需要哪些条件和机制,形成了古典经济增长理论。第二阶段是经济增长的因素分析阶段,以拉姆齐、索洛、斯望以及萨缪尔逊等为代表的经济学家开始关注实现经济增长的条件,产生了影响后世经济学家探索经济增长的经典理论模型——索洛经济增长模型。第三阶段以罗默为代表的经济学家将技术进步作为内生影响因素引入经济增长理论模型,并探讨了长期中经济持续增长的影响因素与机制,从而开创了新经济增长理论,即内生经济增长理论。

(一)古典经济增长理论

古典经济增长理论奠定了现代经济发展理论的理论基石和思想渊源,其诞生于重商主义时期,并突破了重商主义时期的货币幻觉现象,将研究重心从流通领域转向物质生产领域,进而探索经济增长的影响因素和机制。具体而言,亚当·斯密的《国富论》最早关注了经济增长问题,指出资本积累和劳动分工对经济增长的重要性,形成了劳动分工理论和资本积累理论。大卫·李嘉图的《政治经济学与赋税原理》继承发展了亚当·斯密经济增长理论的核心观点,但其经济增长理论的核心思想和研究重点集中于收入分配领域,指出收入分配对经济增长至关重要,并提出了影响后代经济学研究的边际报酬递减规律。也正是边际报酬递减规律的存在,李嘉图悲观地认为经济增长长期中将处于停滞状态,但事实证明经济增长并没有停滞,反而发展速度不断提升,这也吸引了后来的经济学者的研究兴趣。与李嘉图一样,马尔萨斯对经济增长也持有悲观态度,在其著作《人口原理》中悲观地指出经济发展不会带来生活水平的改善,他认为由于土地报酬同样具有递减规律,生产物资将难以满足人口增长的需求,从而将打破经济均衡,将引起贫穷和饥荒,阻碍经济发展。这一时期,马克思在《资本论》中系统阐述了社会资本再生产和流通理论体系,并建立了第一个经济增长理论模型,在经济增长方面作出了开创性贡献。

事实上,古典经济增长理论可追溯到有效需求理论,这一理论首次见诸马尔萨斯的《政治经济学原理》一文,但有效需求理论在很长一段时间没有得到重视,直到 1936 年凯恩斯在其著作《就业、利息和货币通论》中才对有效需求理论进行了系统的阐述。尽管凯恩斯在这一著作中没有明确提出经济增长理论的具体含义,但在阐述有效需求理论过程中指出了消费、投资、政府购买和净出口均能拉动经济增长，这一经典著作也被视为现代宏观经济学的开山之作。此后，众多学者对经济增长的实现机制进行了广泛而深入的研究，其中最具代表性是经济学家哈罗德和多马提出的经济增长模型，他们几乎在同一时间提出了各自的经济增长模型，且都聚焦于资本和劳动对经济增长的作用，内涵基本一致、形式也极为相似，因此也被称为哈罗德—多马经济增长模型（Harrod-Domar model）。不过除形式上存在些许差别外，二者在分析方法上也存在区别，具体来说，哈罗德经济增长模型以投资—储蓄方法为基础，而多马经济增长模型以有效需求原理为分析基础。哈罗德—多马经济增长模型将经济学的研究期限从短期扩展到长期，指出长期中经济增长取决于储蓄率和资本产出比率。

（二）新古典经济增长理论

哈罗德—多马经济增长模型的缺陷是显而易见的，模型假设过于简单，如劳动资本按照特定比例投入生产且不存在相互替代性、规模收益不变和不存在技术进步等，显然模型所指的均衡是不稳定的，而上述假定一定程度上也违背了经济发展的一般规律。但是，现代经济增长理论是在哈罗德—多马经济增长模型基础上不断修正拓展而成，其中罗伯特·索洛在1956年和1957年分别发表的两篇论文《对增长理论的贡献》《技术变化与总生产函数》以及特雷弗·斯旺1956年发表的论文《经济增长和资本积累》开辟了新古典经济增长理论。索洛—斯旺经济增长模型摒弃了哈罗德—多马经济增长模型中的初始条件假设，借助柯布—道格拉斯生产函数进行修正完善，认为劳动和资本之间存在替代效应，这一前提条件使得索洛—斯旺模型更接近现实。同时，模型也指出可以改变资本产出比，实现经济增长率的长期稳定，即主张资本积累是经济长期增长的关键因素。此外，模型认为技术进步是外生的，驱动经济长期增长除促进资本积累外，更需要依靠技术进步和知识积累，即长期经济增长仅取决于外生的技术进步。索洛经济增长模型也得到了其他经济学家的发展，产生了拉姆齐—卡斯—库普曼斯模型和戴蒙德模型。但这些副产品模型的雏形依然是索洛模型，这些共同构成了新古典经济增长模型，核心观点是当市场达到均衡时将实现产品市场、劳动力市场和金融市场的有机统一。

自索洛—斯旺经济增长模型提出以来，一直到20世纪80年代中期，新古典经济增长理论在经济增长理论中的主导地位从未被撼动。但新古典经济增长理论也面临着一些质疑和挑战：首先，新古典经济增长理论认为资本积累和技术进步是经济增长的原因，但是资本积累具有边际报酬递减性质，因此经济增长将不能持续，显然不符合经济发展现实；其次，模型假设人口增长率和技术进步率是外生的这一假定最受经济学者质疑，可以说，增长率的外生化假设是新古典经济增长理论缺陷的集中体现。

（三）内生经济增长理论

索洛—斯旺经济增长模型存在的缺陷促使经济学者们不断修正发展，而修正的方向主要就是针对增长率内生化，尤其是技术进步内生化，从而使经济增长理论研究又一次进入繁荣阶段。罗默的《收益递增和长期增长》和卢卡斯的《论经济发展的机制》被认为是新经济增长理论的开山之作，两本著作分别从知识积累和人力资本角度对经济增长的动因展开了深入讨论。其中，罗默的内生经济增长理论起源于"技术为公共产品"这一思路，主要贡献在于内生知识增长。即提出了具有外溢性知识的经济增长模型，假定知识源于物质资本投资，作为中间产品，知识的运用使技术具有外溢性，从而在生产过程中形成规模效应，打破了索洛—斯旺模型中资本边际报酬递减的假定。卢卡斯的贡献在于将人力资本积累内生化，即强调了人力资本要素积累在长期经济增长中的作用，认为人力资本的积累弥补了物质资本要素边际报酬的下降，从而实现了经济的长期增长。

内生经济增长理论的发展远未止步，以 Aghion 和 Howitt、Caballero 和 Jaff 以及 Englmann 为代表的经济学家开始关注技术进步创造性破坏的作用，他们的贡献在于将创新内生化，形成了内生创新增长理论，同时标志着新熊彼特主义（neo-Schumpeterism）在内生经济增长理论发展方面的复兴。自此学界开始从创新视角重新审视经济增长的原因和内在机制，着重探究技术创新和技术进步促进经济增长的微观机制，如市场结构、企业的组织行为等。此外，收敛问题也成为内生增长理论研究的重要内容。Barro、Mankiw 以及 Evans 等学者从不同的政策和制度角度展开了讨论，发现长期中经济增长率存在收敛趋势，但 Howitt 学者指出知识溢出和研发投入将带来长期生产率的提高，且能溢出至其他国家或地区。同时，值得一提的是，内生经济增长理论的深化发展还形成了一个重要的研究分支——半内生经济增长理论，这一理论产生于对熊彼特主义内生增长理论中关于规模效应论断的反驳。

进入新世纪以来，对内生经济增长理论研究的新进展主要集中于分析熊彼特主义与半内生经济增长理论之间关系、自然资源与内生经济增长的关系、内生经济增长理论框架下的商业周期与资本收益等。可见，当前内生经济增长理论依旧没有形成一套完整的理论框架，在理论层面仍然处于完善阶段。但不可否认，内生经济增长理论是目前最符合经济发展规律的经济增长理论，各国经济学研究者和政府也基于这一理论展开分析，并研究制定了一系列促进人力资本积累和科技进步的政策。

三、经济发展理论

相比经济增长而言，经济发展具有更为宽泛且丰富的内涵，且不同时期的内涵不同。20世纪60年代之前，经济发展尤指经济增长，重点关注物质资本积累的数量指标提升。但以物质资本积累为目标的增长也带来了诸如生态、社会公平、道德等方面的矛盾，促使经济学家开始反思经济发展的内涵，从最初对经济结构、经济效率、发展模式和制度与技术变革改善等因素的讨论过渡到对人与自然、人与社会发展等层面的研究，进而形成了关于国家经济与社会结构优化的理论体系。现有的研究指出，经济发展理论源于对发展中国家经济发展方式、经济结构和社会结构等方面的研究，主要经历了结构主义和新古典主义复兴两个重要的阶段，20世纪80年代后进入拓展阶段。

（一）经济发展理论的结构主义阶段

结构主义早期阶段大多关注了发达国家经济发展中的结构特征，关注的是广义上的经济发展，忽略了发展中国家经济的特殊性。

结构主义早期阶段，针对发达国家的经验证据形成了"佩蒂—克拉克定理"和"霍夫曼定理"，揭示了产业结构演变和经济发展之间的联系。Glark指出随着人均收入的增长，劳动力将逐渐向更高层次的产业转移，可以说，劳动力的转移是由于不同产业间劳动报酬差异所致。Hoffmann分析了一国工业化进程中的工业结构变动趋势，并提出了霍夫曼系数，即消费资料工业的净产值与资本资料工业净产值的比重，指出工业化进程中这一系数将逐渐下降。库兹涅茨基于发达国家的历史经济数据，从劳动力结构和产业结构角度系统分析了结构变动与人均产值之间的关系，指出经济发展直观上表现为财富数量和质量的双重提升，本质上表现为社会结构和经济结构的变化，这一研究结论也被后来经济学家广泛接受。

与克拉克和霍夫曼等人不同，一些经济学家一开始就将研究对象瞄准了起始条件各异、经济制度和经济结构特殊的发展中国家，从而形成了现代意义上的经济发展结构主义观点，强调计划体制的重要性，代表人物主要有刘易斯、钱纳里、纳斯克、罗森斯坦·罗丹、赫希曼等。刘易斯最早关注了发展中国家的经济问题，针对发展中国家经济发展缓慢现象，提出了二元经济理论，并指出发展中国家经济发展的核心问题是如何将二元结构转变为一元结构。这里所谓二元结构指的是生产效率差异较大的传统农业部门和先进工业部门共存的现象，故经济发展的本质就是将农业部门过剩的劳动力转移至工业部门，通过提升农业部门和现代工业部门的边际生产效率，促进不同部门之间经济效率的收敛，最终将二元结构转变为一元结构的过程。然而二元经济理论的假设条件过于理想化，并不适合第三世界国家的现实，但不可否认二元结构理论奠定了早期结构主义发展理论的基础。在克拉克和霍夫曼对发达国家经济发展问题开展研究的基础上，钱纳里将研究领域拓展到了发展中国家，在全面分析经济结构变动及其影响因素基础上，创新性地构建了一套量化发展中国家工业化程度和发展程度的指标体系，基于此揭示了经济发展和经济结构变动的规律，指出不同国家经济结构的转变模式并不统一，受不同因素的影响，如初始发展水平、产业结构与政策、资源禀赋水平等。此外，遵循结构主义思路还形成了多个经济发展理论，如罗斯托的经济起飞理论、罗森斯坦·罗丹的大推进理论、纳斯克的经济均衡发展理论、赫希曼的非均衡发展的观点以及佩鲁的发展极理论。

随着对经济发展理论研究的不断深入，结构主义观点的主导地位逐渐被新古典主义替代。但客观来讲，结构主义开创了经济发展研究的新领域，促进了经济发展领域和内容的丰富完善，也使得一些国家的经济实现了发展。

（二）经济发展理论的新古典主义阶段

与结构主义不同，经济发展的新古典主义观点强调市场的作用，虽然主张政府放弃对经济的干预，但又没有完全否定结构主义计划体制具有重要性的观点，认为计划经济与市场经济是经济体系相互补充、不可或缺的重要组成部分。经济发展理论在新古典复兴主义阶段的主要代表人物有舒尔茨、明特、克鲁格、斯蒂格里茨等，这些经济学家将发展战略应用于对外开放、市场机制探索、自由贸易等方面，通过剖析各种要素是否有利于经济增长进而研究经济发展问题。

受结构主义奉行的计划体制的影响，发展中国家大规模实施了工业化改革和计划经济体制，认为农业是"糟糕产业"，普遍忽视了农业部门的发展。舒尔茨指出发展中国家对工业化的推崇损害了农业部门发展，一定程度上阻碍了经济的良性发展，因此必须改造农业，并提出以提升农业部门人力资本为核心的改造办法。舒尔茨反对国家对经济的干预，认为计划体制扭曲了社会激励，极易形成寻租空间。与舒尔茨观点类似，明特提出了发展问题的二元性理论，指出计划体制大肆鼓吹工业化改革除带来了发展扭曲之外，还导致了发展中国家政府组织和政府职能机构的发展不完全，即产生"制度二元结构"和"组织二元结构"问题。明特重申了资源配置和市场机制对经济发展的重要作用、深化了对市场功能的认识，指出除市场外很难找到有效的手段实现更加有效率的资源配置。克鲁格（Krunge）认为结构主义忽略了市场、价格和激励的功能，计划体制主张的政府干预将带来生产性资源浪费、社会福利损失、政府部门的合法或非法寻租行为发生和经济社会成本增加等问题，他同样也主张政府放弃对经济的干预。斯蒂格利茨（Stiglitz）对经济发展理论的贡献在于提出了不对称信息理论，并指出结构主义经济发展理论忽略了发展中国家普遍存在制度缺陷这一重要事实。此外，利特尔（Little）和莫里斯（Mirrlees）的研究指出，结构主义分析经济发展实际上依赖的是投入产出层面的物质平衡，忽略了价格变动的影响，对此他们发展了成本收益方法来分析价格扭曲程度，从而形成了分析发展中国家经济问题的微观框架。

然而，新古典经济发展理论依然未能解决发展中国家面临的一些经济问题，如制度缺陷、制度刚性等。究其原因，新古典经济发展理论未能正视发展中国家经济的特殊性，忽略了发展中国家面临的现实约束。

(三)经济发展理论的拓展阶段

20世纪80年代之后,现代经济发展理论进入一个新的阶段,经济学家开始关注制度因素、环境因素、国家间及地区之间的差异等,从而形成了经济发展的新制度主义和可持续发展理论等新观点。

1. 新制度主义经济发展理论

结构主义主张计划体制,忽略了市场的作用,而新古典主义虽然重视市场的作用,但忽略了发展中国家禀赋和国情的特殊性,故二者均未能有效地指导发展中国家经济的发展。20世纪80年代以来,东南亚和东亚,如中国等发展中国家在经济发展方面取得的巨大成就,引起了经济学家们的普遍关注,他们认为要解决发展中国家的经济发展问题,不能只关注投资、人口、消费和进出口等纯经济问题,更要重视制度因素对经济发展的作用,从而形成了新制度主义经济发展理论。关于制度对经济发展的作用,结构主义和新古典主义都有所体现,只不过结构主义没有发展出有效分析经济发展问题的框架,新古典主义没有对组织计划等制度安排给予足够重视。新制度主义经济发展理论将资源、文化、土地政策和制度等内生化分析经济增长的模式,得到了众多经济学家的支持,如奥斯特罗姆、诺斯、刘凯。

2. 可持续发展理论

20世纪80年代,Brown的著作《建设一个可持续发展的社会》开辟了与传统经济发展理论截然不同的发展观,即可持续发展理论。该理论将经济发展与自然资源、生态环境、经济制度、人口、文化、技术水平等因素相结合,拓宽了经济发展理论研究的边界,也加深了对经济发展的认识和理解。Barbier在《经济、自然、资源不足和发展》著作中将可持续发展定义为在保护自然资源的质量和其所提供服务的前提下,使经济发展的净利益增加到最大限度。其通过构造社会、经济发展和环境相互作用的模型,强调了生态环境破坏与经济发展之间的关系,指出经济发展不断提高了资源的稀缺程度,将会引起生态平衡不可逆转的破坏,从而限制经济发展。可持续发展理论是经济发展理论的新进展,指导各国政府在可持续发展框架下开展环境规划和生态治理等政策的制定与实践。

四、区域经济一体化理论

长期以来,区域经济发展差异始终是经济学家关注的焦点,针对区域经济发展不平衡问题学术界开展了丰富的理论研究,形成了区域经济发展理论。其中区域经济一体化理论更是引起了经济学家持续且广泛的关注,形成了区位理论、空间外部性理论、区域分工协作理论和区域经济空间演进理论。

（一）区位理论

经济学家在研究区域经济活动分布、组织结构及其演变活动中形成了区位论，大致经历了古典区位理论、近代区位理论和现代区位理论。

农业区位理论和工业区位理论是古典区位理论的重要内容，指出农业生产的空间分布模式主要受地租、市场距离和运输成本的影响；影响工业区位选择的主要因素是生产成本，其中劳动力成本、运输成本和工业集聚均是影响工业生产成本的重要因素，总体来讲，古典区位理论认为影响经济活动区位分布的主要是成本因素。此外，艾萨德将成本学派与市场学派相结合，运用数学分析方法进一步丰富了工业区位理论，推动了区位理论的发展。

近代区位理论主要包括城市区位论和市场区位论。德国经济学家 Christaller 在大量调查基础上阐明了中心地理规模、等级分布模式，构建了由中心城市和市场交互重叠形成的市场网络结构，形成了中心地理理论，该理论在城市区位理论中具有重要地位。城市区位理论指出城市中心和空间布局受市场、交通和行政约束的影响。市场区位理论认为市场规模和市场需求结构变化是影响市场区位选择的重要因素，与中心地理理论一致，市场中心和城市中心最有效和合理的布局均呈现六边形分布，但资源禀赋、交通设施和劳动力流动差异是影响市场区位选择的重要因素。

现代区位理论是区域空间结构、区域发展和区域经济增长方面的区位理论内容，主要集中于分析区域之间生产、消费等经济活动在空间上的联系程度和相互作用，并由此形成了引力模型。现代区位理论对地区市场布局与划分、经济区划分和城市辐射空间拓展等都有重要的指导作用。

（二）空间外部性理论

外部性也称外部效应或外部经济，是指参与经济活动和过程的主体使未参与经济活动和过程主体受损或受益的情况。外部性理论是理解集聚的基础，也是新经济地理理论的核心内容。对外部性的认知最早可追溯至亚当·斯密关于"利他性"的论述，之后经济学家穆勒、西奇威克的著作中也涉及外部性思想，只是他们都没有明确提出外部性的概念。马歇尔首次提出了外部性的概念，认为外部性是外在于企业、内在于产业（或区域）加总的规模经济。此后经济学家庇古和科斯进一步完善并提升了外部性的理论高度。值得一提的是，马歇尔、庇古和科斯所阐述的外部性与现在所说的空间外部性存在差异，但他们的开创性工作引发了后来学者对空间外部性的思考和讨论。

经济发展的外部性备受区域经济研究者的关注，由此形成了空间外部性理论，也称溢出效应。需要说明的是，空间外部性是指相邻地区经济活动的相互作用，表现形式主要有空间依赖性、空间异质性和地理溢出等。从理论根源上看，马歇尔的外部性思想和胡佛（Hoover）的三种经济集聚形态是空间外部性的思想根源。区域之间的依赖性（也称空间自相关性）是区域之间能产生空间外部性的重要基础和来源，而这种空间依赖性取决于区域经济活动单元所处的绝对区位和相对区位。

（三）区域分工协作理论

区域经济一体化是区域内部经济单元之间经济要素整合与分工，包括产业资源、要素资源和商品市场等方面的融合发展，进而实现区域经济有机融合的过程。经济学家从区域分工角度展开了分析，形成了区域分工协作理论、比较成本说、要素禀赋理论和新贸易理论。

1. 区域分工合作与比较成本假设

区位理论指出成本要素是影响工业、农业和城市区位选择的重要因素，而成本更多地取决于区域的分工与合作。关于成本与区域分工的关系，亚当·斯密的"绝对成本优势理论"和大卫·李嘉图的"相对成本优势理论"奠定了成本和区域分工理论的基础。

绝对优势理论指出，若每个地区都按照绝对成本优势选择专业化的生产，那么地区生产将实现成本最小化、资源利用率最大化、劳动力与资本配置效率最优化发展，即地区经济将朝着有利的方向发展。但亚当·斯密的绝对成本优势理论难以解释现实中区际之间贸易分工问题，也即，若某一地区在各个产品的生产都不具有成本上的绝对优势，则该地区将不会参与区际的贸易分工，显然这并不符合区域经济发展的现实。大卫·李嘉图从地区生产的相对成本角度给出了合理的解释，认为由于资源稀缺，各地区应当将劳动和资本等资源投入相对优势的产业和部门，通过区域间的优势互补，实现地区经济增长。

2. 要素禀赋理论

相对成本优势理论的提出，为经济学家研究国际贸易往来行为提供了理论基础，在此基础上发展并形成了要素禀赋理论（H-O理论）。要素禀赋理论的基本观点和思想最早由Heckscher提出，俄林（Ohiln）继承并发展了Heckscher的思想，创立了要素禀赋理论，认为生产要素在不同地区的禀赋差异是区域之间产生贸易往来和区域分工的重要原因。随后，Stolper和Samuelson在其合作的论文中进一步对要素禀赋理论进行了完善，提出了"要素价格均等化"学说，即由于生产要素禀赋不同，各地区生产要素的供应程度也不同，如果地区处于孤立状态，那么各地区生产的产品存在相对价格差异。当地区间存在合作时，地区通过贸易实现本地低廉生产要素产品与本地稀缺且价格高生产要素产品之间的利益互补，从而使得生产要素实现价格均等化。

要素禀赋理论指出生产要素的丰裕度决定了地区产品、贸易和生产分工的格局。因此各地区应当根据自身的要素禀赋水平发展优势产业，同时与周边地区开展分工合作，形成优势互补，从而实现地区经济增长。

3. 新贸易理论

也称为新经济地理理论。20世纪末，以保罗·克鲁格曼为代表的经济学家将区位理论、区域分工协作理论、竞争理论和贸易理论相结合形成了新经济地理理论，并推动了空间经济学向主流经济学回归，空间外部性的概念逐渐被主流经济学所接受。其提出的"中心—外围"模型展现了对现实世界的巨大解释威力，掀起了空间经济学研究的热潮。新经济地理理论认为规模经济决定了产业内部的分工，即便地区经济发展水平、要素禀赋、资源利用水平相同，地区内各单元也会有不同的产品，从而催生"产业内"贸易。此外，新经济地理理论还从技术溢出角度对贸易行为展开分析，指出区域贸易和技术变迁之间存在互动关系，其核心内容是外部经济和利润占有，因此区域经济发展是外部规模经济驱动下经济空间自我强化的过程。

（四）区域经济空间演进理论

有关区域经济发展的研究，还形成了空间极化理论、空间分异理论和一体化阶段理论，这些构成了理解区域经济一体化发展的重要理论基础。

1. 空间极化理论

空间极化理论主要包括经济增长极理论和经济不平衡增长理论。其中经济增长极理论认为，经济中具有创新优势的产业和主导部门是经济的"增长极"，其具有强大的空间力量，不仅自身能产生规模效应，还能对周围地区经济发展产生扩散效应、极化效应和乘数效应。Sibbons 和 Boudeville 认为区域经济增长极是由不同等级的区域中心城市组成，进而引导区域经济活动的发展。经济不平衡增长理论主要由 Hirschman 和 Myrdal 提出，具体而言：Hirschman 创立了"中心区与外围区理论"，并从中心区和外围区对要素的吸引力角度进一步提出了经济发展的"极化效应"与"涓滴效应"来解释区域发展的不平衡。Myrdal 运用"回波效应"和"扩散效应"来解释中心区和外围区经济发展的差距，提出了"累积循环因果理论"。尽管 Hirschman 和 Myrdal 的研究未涉及区域经济空间演化相关内容，但为区域经济一体化的研究奠定了理论基础。

2. 空间分异理论

Williamson 指出区域经济发展周期中存在着"倒 U 型"的发展趋势，即"先恶化，后改进"，究其原因在于劳动力流动、资本迁移和经济发展模型的改善，或者说，在经济发展初期经济发展差距将不断拉大，但随着经济的发展，区域经济发展水平将趋于一致，即走向一体化。此外，"点—轴"渐进式扩散理论成为解释经济运行中空间布局的重要理论基础，其认为经济中心区最早出现在区位条件较好的地区，随着经济发展和区域经济单元之间的联系增强，区域将形成多个中心区且在中心区连线的轴线上产生人口、资本等生产要素集聚效应。

3. 一体化阶段理论

区域经济一体化发展吸引了经济学家的广泛关注，弗里德曼的"核心—边缘论"成为解释城乡和区际发展不平衡的重要理论。"核心—边缘论"是弗里德曼在系统分析了拉美等发展中国家经济空间演变特征的基础上得出的一般规律，解释了地区之间如何从不联系走向相互联系、均衡发展的过程，成为发展中国家研究空间发展规划的主要工具。"核心—边缘论"指出核心区在区域空间系统中具有极为重要的支配地位，即一个具备支配外围地区重大决策能力的核心区对区域经济一体化发展具有决定性意义。值得说明的是，"核心—边缘论"是弗里德曼在熊彼特创新思想的基础上发展起来的空间极化理论，故该理论也认为区域经济的发展是由基本创新群向大规模创新群演变的过程，即创新通过中心城市向外围城市扩散，从而推动经济一体化发展。

第二节　文献综述

近年来，经济学家在探索金融与经济活动之间联系的兴趣日益浓厚，尤其是全球金融危机后，伴随着世界各国更加重视基础设施的发展和完善，经济学家也将研究范围扩大到金融基础设施和经济发展之间的相互关系上，指出健全有效的金融基础设施与金融体系稳定和经济发展之间具有直接推动和共生的关系。本节首先对金融基础设施的研究进行简要梳理；其次梳理金融基础设施与经济发展关系的相关研究；再次梳理金融基础设施对金融结构、金融功能和金融协同融合发展影响的相关研究；最后对既有文献进行总结。

一、有关金融基础设施研究综述

国内外研究文献对金融基础设施的含义及金融基础设施的构成进行了一系列的研究。一致的观点认为，金融基础设施是金融市场运行的基础，也是跨机构、跨市场、跨区域以及跨境开展金融业务的主要渠道，对金融结构变迁起到关键作用。金融基础设施具有广义和狭义两层含义：狭义上的金融基础设施特指金融市场基础设施，即在金融交易中为金融机构之间和金融系统之间提供清算、结算和支付等服务的多边系统；广义上的金融基础设施不仅包含了金融市场基础设施还包含了保障金融交易进行、维护金融市场稳定、金融市场发展的政策和制度安排。伴随着数字技术、互联网技术、云存储等新技术在金融领域的应用，金融基础设施的内涵进一步丰富，即金融基础设施还包含由数字技术和智慧技术等新技术创新形成的新型金融机构、金融业务部门和金融协议等。

关于如何加强金融基础设施建设，一些学者指出可以通过公私合作共建、加大数字技术和通信技术在金融领域应用力度、促进金融机构与金融科技公司合作、加强金融机构之间的跨国合作等方式构建高效、稳健的金融基础设施体系。

二、金融基础设施与经济发展关系的研究综述

较少有文献直接分析金融基础设施建设与经济发展之间关系，但金融基础设施建设水平与经济增长之间的强正相关性在 Gurley 和 Shaw、Schumpeter、Goldsmith、Patrick、Greenwood、Javanovic、Levine、Bencivenga、Smith、Diamond、Dybvig、Boyd 和 Prescott 等经济学家的研究中得到了广泛认可。他们的研究中从金融机构，尤其是从商业银行角度开展了丰富的研究，认为金融机构作为贷方和借方之间的中介，可以调动储蓄并确保它们在竞争性经济活动中的有效分配，从而对经济增长和发展产生了积极影响；反过来，由此产生的更高水平增长又对建立健全的金融机构和建立横向或纵向一体化的金融市场提出了更高要求，从而促进了金融市场的进一步完善。此外，金融基础设施的顺利整合和发展需要高效的法律、会计和支付结算系统的支撑。同时，随着科技与金融的不断融合，经济学家开始关注新型金融基础设施的建设及其对经济发展的影响，如从地方融资平台、数字货币、区块链技术、通信和数字技术等方面开展了对金融业务和模式创新、贫困缓解、区域经济协调发展等问题的研究。

宏观视角下金融基础设施建设与经济发展联系的研究随着经济发展理论完善不断深入。具体而言：在马歇尔的完美市场中，金融基础设施（银行等中介机构）只能起被动作用，即体现罗宾逊"企业引领金融，金融随之而来"的思想。随着经济理论研究的深入，经济学家开始关注金融体系在储蓄者和投资者之间的中介作用，即关注了"供给主导"的重要性。而当逆向选择、道德风险、信息不对称、法律制度缺陷等对经济发展不利影响显现时，经济学家开始关注金融体系中制度、法律等基础设施的重要性。基于内生经济增长理论的分析指出，金融中介机构通过将储蓄转化为资本，往往会促进资本投资和资本积累，从而提高经济增长率。Bencivenga 和 Smith 的研究指出金融中介机构的引入为金融市场将流动性较低的储蓄向生产性较强的资本转化创造了条件，进而促进经济增长。此外，金融中介的存在减少了社会非生产性清算，通过引导银行信贷的流动对实体经济活动产生影响。不止于此，金融基础设施为经济部门提供了透明、稳定的运行环境，从而提高了经济增长潜力。微观视角下金融基础设施建设与经济发展联系的研究指出金融基础设施在改变交易成本、筛选和监控项目融资、实现完全投融资效率、消除金融抑制、降低信息不对称等方面具有重要作用。

实证分析层面的分析也证实了金融基础设施建设水平与经济增长率之间的正向

关系。Muhammad 等学者基于 32 个发达国家和 51 个发展中国家 1996～2015 年的非平衡面板数据分析发现金融基础设施对经济增长具有双重影响,一方面在需求方面,金融基础设施通过促进技术进步从而影响经济增长;另一方面从供给角度看,金融基础设施为社会发展提供更好的服务从而影响经济增长。基于金融市场的实证分析指出,提升金融基础设施建设水平能有效降低金融中介的市场力量,从而提高金融机构的效率和包容性,这对缓解贫困率、提高经济增长率、实现社会福祉最大化具有显著帮助。基于巴勒斯坦微观面板数据的实证分析指出,金融基础设施促进经济增长的主要路径是通过提高金融机构投融资能力,如为私人金融部门创造投资渠道,从而在不损害财政和外部可持续性的情况下为经济繁荣创造了空间。李稻葵等学者通过采用中国人民银行征信中心所有底层数据研究评估了征信系统这一金融基础设施对我国宏观经济发展的促进作用,指出征信系统促进了宏观经济中的总消费和总投资,对经济增长的贡献占比为 4.28%,约占 GDP 增长率的 0.33%。

大多数研究指出提高金融基础设施建设水平有助于直接提高促进经济增长的效率,与此同时,也有部分研究指出金融基础设施对经济发展的促进作用存在一些实现条件,如 Saygl 和 Zdemir 分析了土耳其国内区域间金融基础设施建设水平和收入差距之间的关系,指出要素禀赋差异影响了金融基础设施促进收入差距缩小的效应,注重物质基础和社会性质的有形基础设施建设,将有助于金融活动进一步缩小地区间的收入差距。Esen 等学者的研究指出金融基础设施对经济增长率的影响效应取决于地区的经济制度、经济政策和金融结构的合理性。

总体而言,既有文献主要以银行业为对象给出了金融基础设施建设影响经济发展的证据,显然不足以说明问题。况且经济学研究者们更多地着眼于金融基础设施促进经济发展的间接实现机制,如金融结构合理化机制、金融功能提升机制、金融效率提高机制等,下文将从金融基础设施建设对金融体系完善角度对既有研究进行总结。

三、金融基础设施与金融体系完善的研究综述

事实上,金融基础设施建设促进经济发展的效应也取决于金融体系的完善。

(一)金融基础设施建设与金融结构优化

金融基础设施对金融结构变迁具有关键作用。对金融结构的分析最早可以追溯到戈德史密斯的金融发展理论,但在这之后,虽然大量的文献分析了金融结构对经济发展的影响,但金融结构理论的发展几乎停滞。直到 21 世纪初,对金融结构理论的研究才有了新进展,Levine、Allen 和 Gale 等学者提出的"金融结构两分法"成为继戈德史密斯之后最具代表性和影响力的金融结构理论。根据该理论,一国的金融结构主要有两类:以德日为代表的银行主导型金融结构和以英美为代表的市场主导型金融结构。

顾名思义，银行主导型金融体系是指在资源配置过程中以商业银行间接融资方式为主的金融体系，市场主导型金融体系则是指以直接融资方式为主的金融体系。针对这两种金融制度安排，金融学研究者争论的焦点在于银行主导型金融结构和市场主导型金融结构哪种制度更好，从而产生了大量旨在寻求最优金融结构的文献，这些文献或基于理论分析或采用实证分析，然而比较结果依然没有说明哪种制度更具优越性。实际上，这是一项相当复杂的研究，Levine及其追随者们对不同国家的金融机构进行了大量的分析，指出金融结构的演化取决于经济制度、经济结构、经济发展对金融服务的需求、产业技术结构和要素禀赋结构等因素，且两种制度下金融体系在融资效率、融资方式、风险分担、创新支持和公司治理等方面各有优劣，因此无法直接说哪种制度更好。例如，相对于银行主导的传统信贷融资模式，市场主导的股权融资更能有效支持技术创新，促进经济转型和产业升级，但银行主导的金融体系在促进实体经济发展和防范系统风险方面更具优势。

中国是典型的银行主导型金融市场，但当前银行主导的金融体系在诸多方面不利于中国经济的发展，如对企业利润和资产增长造成"挤压"和"掠夺"、抑制创新结构的转型升级、导致杠杆率高企以及金融市场机构差异化和服务多样化的不足等，因此加大直接融资市场的建设显得尤为重要。实际上自1991年上海和深圳证券交易所成立以来，中国政府一直在推动资本市场的建设与完善，然而，尽管当前证券市场融资占社会融资比重不断提升，但占比依然不高。根据戈德史密斯的研究，由银行主导型金融体系向市场主导型金融体系转变需要经历三个阶段：第一阶段是商业银行在金融体系中处于绝对的主导地位；第二阶段是商业银行依然在金融市场占主导地位，同时其他金融机构和资本市场在金融体系中的作用增强，直接融资占比提升；第三阶段是商业银行在金融体系中的重要性降低，资本市场的优越性越发明显，社会的融资更依赖于直接融资方式。当前中国正处于第二阶段，即资本市场深入发展阶段，因此需要寻求促进直接融资、推动多层次资本市场和提升金融结构优化度的有效方法，推动金融体系向市场主导型有序转变。

鲜有文献直接分析金融基础设施对金融结构的影响，但既有从货币市场、资本市场、金融机构、金融制度和监管法规等方面分析金融结构的文献或多或少体现了金融基础设施在金融结构完善中的重要性。根据概念界定部分的叙述，金融基础设施狭义上侧重于金融市场交易的硬件设施；广义上的金融基础设施还包括支撑金融市场运行的硬件设施及制度安排，显然无论从广义上还是狭义上看，金融基础设施的完善都将促进金融结构的优化调整。例如一些研究指出加强在证券市场领域的建设、提高金融机构之间的联动性将促进资本和货币市场的深化发展，进一步推动直接融资发展，提升金融结构优化度。此外，一些文献分析了互联网时代金融基础设施发展的新趋势，指出大数据、云计算、区块链等高科技在金融领域的广泛运用使得金融基础设施边界进一步模糊，但不可否认这一新趋势促进了金融结构的进一步完善。

（二）金融基础设施建设与金融功能完善

作为金融功能领域的创新，金融基础设施建设必然会对金融体系的功能产生影响。国内外学者对金融体系的功能进行了广泛的研究，观点较为一致，如Levine、Allen、Gale、白钦先和谭庆华等学者都对金融体系功能进行了界定，认为金融体系功能主要有支付结算、分散风险、资源配置、价格发现、投融资服务、信息获取和公司治理等。实际上，从金融功能的演进角度看，可将金融功能分为四个层次，一是基础功能，即金融服务与金融中介功能，如支付结算、信贷服务、转账汇款等；二是核心功能，即资源配置功能，是金融市场价值所在；三是扩展功能，即风险分散和宏观调控功能；四是衍生功能，如信息传递、价格发现、企业管理、解决激励问题等。

1. 金融中介功能与金融基础设施的相关研究

无论是何种金融制度安排，资金融通都是金融的本质属性，加强金融基础设施建设将有助于金融体系完善这一基本功能。金融基础设施建设对金融基础功能的影响主要体现在中央银行支付清算体系优化和金融中介机构信贷服务效率提升方面。基于新金融基础设施（如互联网金融、第三方支付平台、小额信贷机构等）分析金融支付结算功能和效率的研究证实了金融基础设施具有完善支付结算功能的作用，如王志成和熊启跃关注到数字技术在金融基础设施领域的应用与影响，指出互联网、指纹与人脸识别技术以及大数据与加密技术的发展，不仅优化了商业银行内部的支付结算系统，同时也催生了新的支付结算主体（机构）和计算方式，提高金融系统支付结算业务的效率和能力。

在金融体系基础功能中，如何加强金融基础设施建设以提高市场主体的信贷（资本）可得性始终是学者们研究的焦点。一些研究指出可以加强征信基础设施的建设，通过降低银企间的信息不对称促进实体经济发展；也可以加强金融市场硬件设施建设提高资金的周转率和利用率，满足市场主体对金融资本的需求；还可以借助现代金融工具和手段（如互联网金融）创新投融资平台、交易方式和融资模式，降低融资成本、提高金融市场投融资效率。

2. 金融资源配置功能与金融基础设施的相关研究

大量的研究指出，健全的金融体系有助于降低金融摩擦和金融抑制，提高资源的配置效率，这也是"金融要服务实体经济"的根本要求。故从完善金融体系这一角度看，加强金融基础设施建设将有助于提升金融体系配置资源的效率。权威文献的研究指出资源配置效率低下在银行主导型金融市场中更为常见，这是因为相对市场主导型金融体系，银行为主导的金融体系通常存在较为严重的金融结构缺陷，譬如证券市场、租赁、信托行业的发展相对落后，且正在逐渐被边缘化，直接融资的通道不畅；同时社会融资对银行体系形成了严重的依赖，信贷配给的金融资源的配置方式效率普遍偏低，其中中小微企业普遍面临较为严重的融资约束现象是很好的证据，可以说，这种低效率的资源配置方式阻碍实体经济转型和高质量发展。当然，学术界一直在努力寻求提高金融配置资源效率的方法，相关研究从金融机构、金融制度、金融结构和金融基础设施建设等方面分析了改善效应。伴随着互联网和数字技术的发展，最近的研究基于金融发展的新趋势分析了金融基础设施完善对资本配置效率提升的影响与机制，如封思贤和徐卓的研究指出金融机构数字化转型（数字金融基础设施建设）对资本配置具有积极效应，但金融中介机构的发展水平会影响这一效应，因此需要加强金融中介机构发展水平较低地区的金融基础设施建设。此外，刘心怡等分析了金融科技对收入的影响和机制，也指出金融科技基础设施建设在资本配置效率和收入方面有显著的促进作用。

3. 风险分散功能与金融基础设施建设的相关研究

风险管理日益成为金融市场重要的功能，甚至是最具前途的功能。长期以来金融市场积蓄储蓄汇聚资本功能是金融市场基本功能，但资金融通这一基本功能的重要性不断减弱，英美等发达国家的统计数据表明，相比通过金融市场融资（外部融资），企业内部资金（内源融资）更为重要。因此长期来看，即便是银行主导型金融市场，经济主体对间接融资的依赖程度也将下降，但对金融风险管理功能的需求有增强趋势，且在经济环境风险增大的情况下，提升金融风险管理功能的意义也在不断变得重要。吴晓求和赵锡军明确指出，金融是一种风险分散和风险转移机制，其核心功能是为经济体系创造一种动态化的风险传递机能，因而金融风险分散能力也是金融体系效率的体现。金融市场本身具有风险同时也能管理风险，这似乎是一对矛盾，但无论是否是金融体系的风险，其都来源于实体经济的长期疲弱和风险的持续积累，因此从这一角度看，金融风险的管理功能主要体现为分散和转移实体经济部门的风险。

此外，加强金融基础设施建设对降低系统性金融风险、保障金融体系的稳定具有重要的现实意义。既有研究大多基于理论层面分析了金融基础设施建设对金融安全、金融稳定和经济稳定的影响，如叶林指出金融基础设施通过承担交易者转嫁的交易风险，提高了金融交易的安全性，并利用自身的技术优势化解风险转嫁过程中的风险集聚问题，避免了金融系统性风险的发生；庞敏和邱代坤认为金融市场的运行通常存在着行业主体风险、投资主体风险、监管失灵风险和信息安全风险等风险种类，而软约束式的金融基础设施如法律制度、监管体制、预警机制等能有效降低金融体系风险，维护国家金融稳定。

4. 金融市场衍生功能与金融基础设施相关研究

金融的衍生功能如价格发现、信息传递调节、预期等功能的实现，同样需要完善的资本市场和货币市场的支持。这些衍生功能实际上也是基本功能、核心功能和拓展功能的综合体现,例如金融市场的价格发现功能是资本市场最基本的功能,同时也是实现投融资、资源配置等多项功能的前提,也就是说,无论是加强硬件层面的金融基础设施建设还是加强软件层面的金融基础设施建设都将进一步促进资本市场完善,从而提升价格发现机制;从货币市场和信息挖掘角度看,推进金融基础设施建设(如大数据和征信体系为基础的金融基础设施)能显著畅通货币政策传导渠道、调节投资者预期,也有助于推进金融机构之间、金融机构与投资者之间的信息共享,实现更准确地信息传递、降低信息获取成本、发挥数据价值。

(三)金融基础设施建设与金融协同融合发展

既有文献从国别和区域角度分析了金融一体化对经济一体化发展的影响和效应,并指出区域金融协调融合发展是实现金融资源在区域内优化配置的必要保障,同时也是区域内更深层次金融一体化发展的本质要求和具体体现,有利于降低金融信息摩擦、促进贸易一体化、促进货币市场和资本市场发展,从而保障区域经济一体化健康、快速发展。

金融一体化和经济一体化之间的逻辑关系也是经济学家争论的焦点,大多数学者支持金融一体化应优先于经济一体化发展的观点,如李方分析了长三角金融资源配置效率、金融一体化和经济一体化之间的关系指出,长三角金融一体化发展水平的提升,促进了资源配置效率提高,从而推动了经济一体化的发展;同样,林键等学者基于长三角地区的分析也指出金融一体化对于区域经济一体化发展具有重要的推动作用。此外,针对粤港澳大湾区、京津冀和长江经济带、中国城市群等区域的研究也证实了金融一体化具有促进区域经济协调发展效应,也即,在推动经济一体化发展过程中,金融一体化(金融协同发展)是前提和推动力。

但从中国的实际情况看,绝大多数地区的金融市场一体化发展的程度要落后于经济一体化的程度,故推动金融协同融合发展对区域经济更高质量一体化发展尤为重要。一些研究指出,加强区域支付结算系统建设、创建独立融资机构、加快金融制度和金融机制创新、鼓励金融开展区域业务合作和创新、加强信息基础设施建设等都能提升区域金融基础设施建设水平,从而促进金融资源集聚,提升区域金融一体化水平。

四、文献述评

目前分析金融发展与经济发展关系的文献在研究视角上和研究方法上已经成熟,但从金融基础设施建设角度分析对经济发展影响的文献较少,且现有研究也存在着不足,具体如下。

第一,既有分析金融基础设施建设对经济发展影响的文献大致可以分为两类,一类是基于理论分析，阐述金融基础设施建设促进经济发展（增长）的效应和可能机制；另一类是基于实证分析，通过计量分析寻求金融基础设施建设促进经济发展（增长）的现实证据。其中，理论分析文献从金融基础设施建设的风险分散效应、效率提升效应等角度开展了较为全面地分析了对经济发展的影响，一般性结论指出金融基础设施对经济发展具有促进效应；实证层面的研究大多从金融基础设施的某一个领域展开分析（如从商业银行、金融平台、证券市场、衍生品市场等），尽管也能说明一定的问题，却难以全面刻画这一影响效应。

第二，早期的文献从金融机构建设角度评价金融基础设施建设情况，最新的文献大多根据《金融市场基础设施原则》中对金融基础设施的定义和分类来分析金融基础设施建设情况，虽然弥补了早期文献单一指标评价的不足，但在评估地区（非国家层面）金融基础设施建设水平时通常存在困难。例如，对于一国而言，其支付系统、中央结算系统、证券结算系统等显然不会交给地方建设。尽管一些文献分析了区域金融基础设施的建设路径，但大多停留在统筹监管角度，同时他们的研究依旧没有给出评价区域金融基础设施建设水平的具体方法。

第三，在区域经济联系日趋紧密的背景下，现有文献广泛关注了金融发展与经济发展（经济协调发展）之间的关系，证实了区域之间存在空间关联且金融发展能进一步加强区域之间的经济联系。然而，某一地区加强金融基础设施建设能否通过区域之间的空间关联效应提高其他地区的金融基础设施建设水平，进而促进经济协调发展？对此既有文献鲜有涉及，然而厘清这一问题是如何引导区域金融基础设施建设的重要参考。

针对上述问题，本书一是基于共生理论分析长三角金融基础设施生态系统共生度，以此评价地区金融基础设施的建设水平，并提出完善区域金融基础设施建设共生水平的政策建议；二是基于测算结果构建计量模型分析长三角金融基础设施建设对金融发展和经济发展的影响效应；三是基于空间计量模型分析长三角金融基础设施建设对经济发展影响的溢出效应，刻画区域之间的空间相关性和影响因素；四是基于博弈模型分析影响长三角金融基础设施合作共建的因素，提出引导合作共建的对策措施，并通过数值模拟仿真方法评估政策措施实施的效果。

第三节　金融基础设施建设促进经济高质量一体化发展的机制

本书认为加强金融基础设施建设促进经济高质量一体化发展存在直接实现机制和间接实现机制。具体而言，直接实现机制可表述为"金融基础设施建设→经济高质量一体化发展",描述了金融基础设施建设过程中融资渠道拓宽等带来的经济高质量一体化发展效应;间接实现机制表述为"金融基础设施建设→金融体系完善→经济高质量一体化发展",描述了金融基础设施建设促进金融体系完善(如金融结构优化、金融功能完善和金融体系协同融合发展)进而促进经济高质量一体化发展的过程,本节将对两种实现机制展开具体分析,同时这两种实现机制也是论文实证分析部分的逻辑。

一、直接实现机制

从金融基础设施建设促进长三角高质量一体化发展直接实现机制角度看,融资渠道的拓宽是最直接的体现。金融基础设施建设尤其是新型金融基础设施,如数字技术金融基础设施、小额信贷公司、互联网金融企业、支付平台和智慧金融基础设施等,为长三角地区实体经济和个人投资者提供了多元化的融资渠道,满足了经济社会发展对金融的需求。

长三角高质量一体化发展必然需要多元的融资渠道,而传统依靠商业银行间接融资和资本市场直接融资的方式已经不能满足经济发展对融资渠道的需求,尤其是对企业而言,融资渠道单一是阻碍其发展的制约因素。正如上文的分析,出于风险控制和稳健经营的需求,商业银行间接融资渠道存在较强的信贷歧视,很大比例的中小微企业难以从商业银行获得贷款,其中不乏成立时间较晚但发展潜力和技术含量较高的企业。与此形成对比的是,生产效率较低、资源利用率不高的国有企业却能获得较多的信贷资金,毫无疑问,这种信贷歧视将拖累经济增长效率。此外,我国证券市场中上市公司质量参差不齐、中小微企业上市门槛高等问题也导致我国资本市场出现金融排斥现象。不止于此,中小微企业通过债券市场融资通常也存在着困难。加强金融基础设施建设不但能缓解上述问题,也将有助于盘活大量沉睡的民间资本,为民间资本的运作提供平台和渠道,从而提高资本的利用率,提高企业获得融资的机会。从长三角现实情况看,长三角地区是中国制造业最发达的地区,是中国民营企业的大本营,积聚了众多的民营企业,因此拓宽融资渠道在当前经济环境下显得十分必要。

二、间接实现机制

金融基础设施建设是功能范畴内的基础设施建设,加强金融基础设施建设将促进金融体系的完善,从而间接促进经济高质量一体化发展。本书将从金融结构优化、金融功能完善和金融协同融合发展三个角度对这一间接实现机制展开分析。

首先,从金融结构完善角度看,加强金融基础设施建设,尤其是直接融资体系的金融基础设施建设,将促进金融市场主体多元化发展、降低经济社会发展对银行体系的依赖，尤其是有利于长三角地区民营企业融资约束的缓解，推动实体经济高质量发展。

其次，从金融功能提升角度看，加强金融基础设施建设具有诸多利处，将提升金融服务经济的效能，推动经济高质量发展。具体而言：一是有助于金融机构支付结算效率和金融服务效率的提升。金融支付结算效率伴随支付结算领域金融基础设施的创新和发展不断提升，如从柜台服务到离柜服务，从 ATM 机到网上银行、掌上银行 App 和第三方支付平台，金融支付结算业务服务模式发生了翻天覆地的改变，这些支付结算领域的金融基础设施建设提高了金融体系的支付结算能力和服务效率。二是提升了金融配置效率。无论是加强传统金融机构（如银行、证券公司、保险公司等）的基础设施建设，还是加强新型金融基础设施（互联网金融、智慧金融、金融科技）建设，都将提升资源的供求匹配程度，促进金融资源合理配置。三是有助于降低金融市场的信息不对称问题。如金融大数据征信平台（长三角征信链）、区域金融信息交互平台、银行间金融大数据共享等信息基础设施的建设完善无疑会提升信息透明度，降低金融市场的信息不对称问题，提高资金的可获得性和安全性，有助于引导金融服务实体经济。四是有助于金融风险管理与分散。具体而言：金融基础设施包括了一系列引导金融市场规范运行的规章制度、行业规范性指导意见与配套文件，这些规范性金融基础设施的完善毫无疑问将进一步降低金融机构的经营风险，同时金融基础设施还包括机构、平台、系统、产品等实体的创新和发展，从而有助于改善金融机构风险控制手段和方式陈旧的局面，在信用风险监控、分散、转移和处置等方面具有重要作用。

最后，从金融协同融合发展角度看，区域性的金融基础设施建设有助于加强区域金融市场的联系，促进区域金融一体化发展，进而最大化地实现金融服务经济发展效能，促进区域经济高质量一体化发展。

第二章 长三角经济发展和金融基础设施建设的现状与问题

> 长三角一体化发展战略提出以来长三角在经济增长、经济发展和一体化发展方面取得了哪些成就，还存在哪些问题？长三角三省一市在金融基础设施建设领域方面作出了哪些努力、取得了哪些成效和存在哪些问题？长三角金融基础设施建设和经济发展之间的匹配情况如何？为此，本章分三节对上述问题进行探讨：第一节旨在分析长三角经济发展的现状与问题，通过构建相关指标体系测算相关指标进行分析，包括对经济高质量增长的分析、经济高质量发展的分析和经济一体化发展的现状分析；第二节在测算长三角金融基础设施建设的水平的基础上，客观分析长三角金融基础设施建设的现状与问题；第三节通过分析长三角金融基础设施建设水平和经济发展特征变量之间的耦合协调度，阐述变量之间的交互影响和相对发展状况。

第一节　长三角经济发展现状与问题

评价长三角地区经济发展水平需要从三个递进层次展开：一是评价经济高质量增长水平；二是评价经济高质量发展水平；三是评价经济高质量一体化发展水平，需要说明的是，考虑到高质量发展和一体化发展之间可能存在逻辑关系，故本节中只对长三角一体化发展水平进行评价。

一、长三角经济高质量增长的评价与分析

经济增长是一国（或地区）经济发展成效的重要体现，尽管不能全面地代表地区经济发展的水平，但却是最能直接反映地区经济发展效益的指标。追求GDP增长是各级政府的目标之一，伴随着经济进入高质量发展阶段，如何实现高质量经济增长成为关注的重点。传统意义上的经济增长是指地区国民经济生产总值的增加，一般用国内生产总值（GDP）或国民生产总值（GNP）表示，但这显然无法全面体现经济增长的质量。

什么是经济高质量增长？自党的十八届五中全会提出"创新、协调、绿色、开放、共享"五大新理念以来，这一新发展理念为我国经济社会迈向高质量发展、激发内生动力、增强发展活力提供了行动指南。一些学者认为绿色GDP（GeGDP）能更好地反映经济增长质量，现实情况的确如此，单纯以地区国民经济增加值作为经济增长指标，确实欠妥。以长三角城市群为例，同时鉴于数据可得性和完整性，此处以2001~2018年长三角地区人均GDP和人地平均工业三废承载情况（图2-1）加以说明。

如图2-1所示：①长三角地区经济增长趋势与工业三废承载能力之间保持较强的一致性，尽管长三角地区人均GDP从2001年的1.246万元飞速增长至9.384万元，但环境污染问题也逐渐成为阻碍经济发展的掣肘因素，尤其是工业废水污染问题尤为严重。②我国将生态文明建设放在了突出地位后，经济发展的环境负担水平有所下降，具体而言：人地平均工业废气承载度呈现出较为明显的下降趋势，且近年来下降速率更快；人地平均工业废水承载度在2011年达到顶峰后，也出现了明显下降趋势，不过近年来这一趋势逐渐趋于平缓；人地平均工业固体废物承载度虽然经历了短暂的下降，但随后进入不显著的波动上升阶段。③从总的趋势看，工业废水排放是长三角地区污染主要源头，虽然近年来有下降趋势，但却长期处于高位。

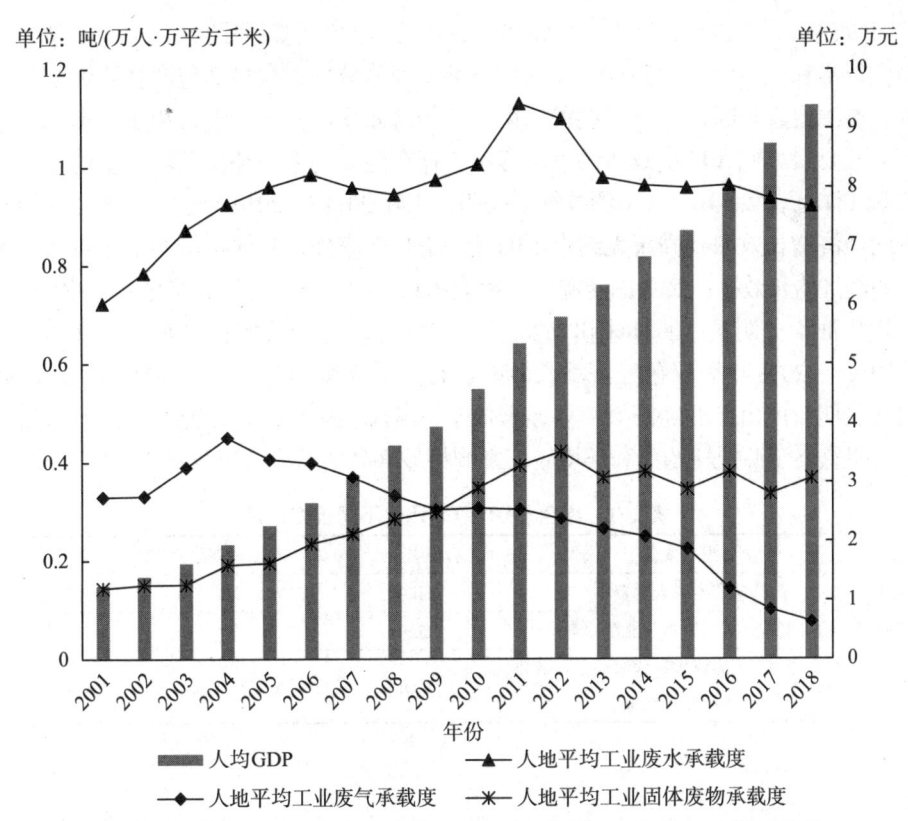

图 2-1　2001～2018 年长三角人均 GDP 和人地平均工业三废承载情况

注：为直观展现长三角地区工业"三废"承载情况，在汇总三省一市的宏观经济数据进行分析。其中人地平均工业废气承载度用区域工业二氧化硫总排放量与地区总人口和行政面积乘积的比值表征、人地平均工业固体废物承载度用区域工业固体废物总产量与地区总人口和行政面积乘积的比值表征，单位分别乘以 10^3 和 10^5；人均 GDP 用区域国民经济生产总值与地区人口的比值得到；人地平均工业废水承载度用地区工业废水排放量与地区总人口和行政面积乘积的比值表征，单位不作处理。个别数据缺失利用同类均值插补法处理。

数据来源：工业"三废"数据来源于历年《江苏省统计年鉴》《安徽省统计年鉴》《上海市统计年鉴》和《浙江省统计年鉴》，GDP 数据和人口数据来源于 CSMAR 数据库，图为作者自绘。

图 2-1 还表明，传统以绝对数量量化经济增长的方式，忽视了生态环境恶化对经济发展产生的负面影响，故无法体现经济增长的质量水平。此外，此处也测算了长三角三省一市为应对环境污染的投资总额与工业三废综合利用产品产值之间的关系，发现工业三废的处理成本和为改善生态环境的投资要远高于工业三废综合利用产品的产值，因此在测算经济增长质量时除要考虑这部分损失外，还要考虑生态环境破坏带来的长期损失。

特别地，此处运用基于松弛变量并考虑非期望产出的超效率 SBM-DEA 模型，测算并比较了 2001～2018 年存在能源禀赋约束和环境破坏约束条件下长三角地区的绿色GDP效率（详见附录1）❶，得到如图2-2所示的演进趋势图。其中：模型1只包含物质资本和人力资本，测算了无约束条件下经济效率；模型2包含物质资本、人力资本和能源要素禀赋，测算了能源约束下的经济效率，模型3包含物质资本、人力资本、能源要素禀赋和环境破坏约束，考察了存在能源约束和环境破坏双重约束下的经济效率（详见表2-1）。效率测算结果表明：①除2011～2014年这一时间段内能源约束下的经济增长效率要高于无约束下的经济增长效率外，其他年份均要显著低于无约束下的经济增长效率；②考虑能源和环境破坏双重约束下，绿色经济增长效率的"U"形变化特征十分明显，具体来讲，2003～2011年绿色经济增长效率处于持续下降阶段，2012～2018年后绿色经济增长效率以较高的速率提升，但整体效率依然偏低；③包含非期望产出下的经济效率要显著低于不考虑约束和仅包含能源约束下的测算效率，表明忽略资源损耗约束和环境破坏影响将显著高估经济增长效率。

表2-1 绿色GDP效率评价不同模型设定

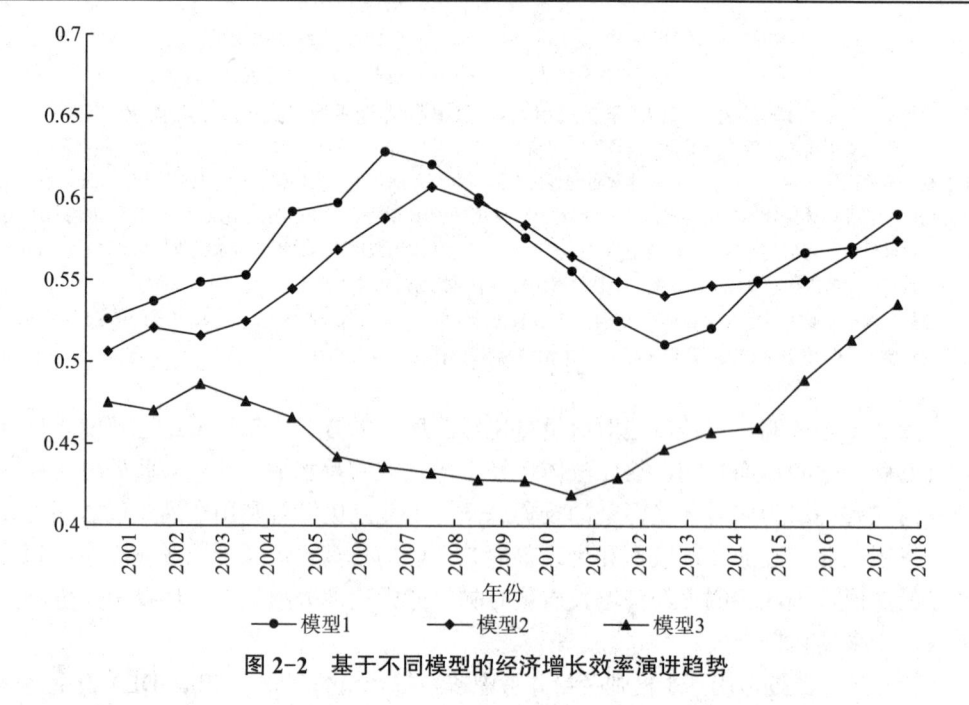

模型	投入变量	期望产出	非期望产出	模型属性
模型1	物质资本、人力资本	GDP	无	对照模型
模型2	物质资本、人力资本、能源要素禀赋	GDP	无	对照模型
模型3	物质资本、人力资本、能源要素禀赋和环境破坏约束	GDP	环境污染物排放	基础模型

图2-2 基于不同模型的经济增长效率演进趋势

---

❶ 绿色GDP效率不能全面反映经济增长的质量，本章只作为比较分析，故此处省略了模型介绍、指标选取和测算结果，具体分析过程可参见附录1。

当然，绿色GDP更多考虑了环境因素对经济增长的影响，其他更多因素并未纳入考量范围，故用绿色GDP效率表征经济增长质量也是片面的，因此如何对经济增长的质量进行评价成为本书研究的重点内容之一。为此，本书在构建经济增长质量评价指标体系基础上，采用综合指数法得到长三角地区各省市经济增长质量的具体数值和变动趋势。

（一）测算方法与评价指标体系

自20世纪90年代后半期开始，伴随中国工业化发展进程的推进，国内学者开始关注经济增长的质量，郭克莎、王一鸣和杨洁较早地对经济增长质量进行了阐述，指出经济增长的质量取决于经济发展方式的转变，并指出优化产业结构、控制经济增速、加快改革开放以及加快产业技术进步等均能促进经济增长质量的提高，随后大量经济学者对经济增长质量的测算、影响因素与实现路径研究进行了广泛的研究。

如在经济增长质量及其影响因素研究方面，学者们从所有制度结构、人力资本、地区发展差距、制度质量、技术创新与产业集聚等方面展开了分析。对经济增长质量的研究也随着发展理念的转变而变化，如科学发展观和五大发展理念提出以来，绿色发展理念备受关注并贯穿于经济增长研究之中，如杨丹辉、李红莉、刘锡良、文书洋、李强、王琰以及王林辉等学者都关注了环境因素（规制）与经济增长率之间的关系，可见经济增长质量依然是宏观经济学研究的前沿问题。

1. 测算方法的选取

对经济增长质量的测算评价方法也一直处于不断完善之中。早期研究文献中大多采用单一化的指标测度经济增长的质量，如肖红叶和李腊生从经济增长稳定性、协调性、持续性和增长潜能四个方面对中国经济增长的质量进行了评价；李周为和钟文余从经济结构、规模经济水平、科技进步水平、市场化水平、可持续发展水平五个方面评价经济增长的质量。这些早期的研究一定程度上丰富了经济增长质量的研究，得到了较好的研究结论，但评价指标较为单一也成为这类评价方法的短板。伴随统计方法和计量经济学的发展与进步，经济学者在评价方法方面进行了大量创新，如生产函数法、随机前沿分析法❶、数据包络分析法、熵值法与主成分分析法。此外，一些较为新颖的研究方法也被运用到测算经济增长效率中，如混频动态因子模型、动态随机一般均衡模型、结构分析法等。根据本书的研究目的，除关注经济增长质量这一综合指数外，本书更关注经济增长各个方面对经济增长质量的贡献水平，故本书重点借鉴朱子云、杨耀武和张平的研究方法，采用综合指数法测算经济增长质量，并对该指数进行分解得到各个方面对经济增长质量的贡献程度。

---

❶ 随机前沿分析法（SFA）通常被用来测算经济（增长）效率，而经济（增长）效率的提升也正是经济高质量增长的主要体现，故随机前沿分析法可以看作是测算经济增长质量的研究方法。

2. 评价指标体系

党的十八届五中全会提出了"创新、协调、绿色、开放、共享"的五大发展理念，国内学者更加关注经济增长的质量，开始寻求能科学体现经济增长质量的量化指标。其中，任保平教授及其团队的多篇论文对五大发展理念、经济高质量增长、经济高质量发展等关键词进行了系统阐述，并构建了一套量化经济发展和经济增长质量的指标体系，且他们构建的指标体系也得到同行的广泛认可。

需要指出的是，既有对经济增长质量研究的文献普遍存在的一个重要问题是没有明确区分经济增长与经济发展，进而研究结论的科学性也受到一些质疑。本书非常认同朱子云的观点，即经济增长因体现在产品和服务方面，且经济增长在收入分配之前，因而社会福利的变化、人民生活水平的提升等是都应当归结为经济增长的结果，也即，经济增长的结果分配问题本身并不属于经济增长质量应有内涵。同样，还有不少文献将体现经济社会发展的指标误用于表征经济增长，如基尼系数、城乡收入比、消费增长率、外商投资额比重、R&D投资额等指标，显然这些指标也不属于经济增长质量的应有内涵。有鉴于此，本书在借鉴任保平和王蓉、任保平、师博和安孟等人的研究的基础上，考虑经济增长条件、目标和结果，从经济增长的有效性、经济性、创新性、协调性和可持续性五个角度选取了20个基础指标作为评价指标体系，详见表2-2。

表2-2　长三角经济增长质量的评价指标体系

二级指标	基础指标	计算方法与指标来源说明	单位	属性
有效性	最终消费率	社会消费品零售总额/GDP	%	+
	产品销售率	工业产品销售收入/工业总产值	%	+
	产品质量优等率	来源于统计局	%	+
经济性	资本产出率	GDP/固定资产投资额	%	+
	劳动生产率	GDP/就业人数	元/人	+
	工业资产收益率	工业部门营业收入/总资产	%	+
	工业销售利润率	工业部门利润/工业销售产值	%	+
	单位产出能耗	全社会用电量/GDP	元/千瓦时	-
创新性	工业企业均专利申请数	专利申请数/工业企业数	件/个	+
	技术市场成交额占比	技术市场成交额/工业增加值	%	+
协调性	经济实体化率	（GDP-金融业和房地产业增加值）/GDP	%	+
	社会保障支出财政占比	社会保障支出/财政一般预算支出	%	+
	人均GDP偏离系数	三省一市人均GDP标准差/均值	—	-
	产业结构协调	第二、三产业产值/GDP	%	+

续表

二级指标	基础指标	计算方法与指标来源说明	单位	属性
可持续性	消费者价格指数（CPI）	来源于统计年鉴	%	-
	生产者价格指数（PPI）	来源于统计年鉴	%	-
	失业率	来源于统计年鉴	%	-
	单位产出废水排放	工业废水排放量/工业产值	万吨/亿元	-
	单位产出废气排放	工业二氧化硫排放量/工业产值	吨/亿元	-
	单位产业固体废物排放	工业固体废物排放量/工业产值	吨/亿元	-

3. 数据来源及说明

考虑到数据的可获得性，选取长三角地区 2000～2019 年的宏观数据为研究样本，数据来源于长三角三省一市统计年鉴、统计公报、国家统计局官网、国泰安数据库（CSMAR）和《中国县域统计年鉴》。需要说明的是，为方便数据的搜集，此处选用的原始数据优先从国泰安数据库中获取，部分缺损数据通过查询统计年鉴和统计公报等文件补齐。此外在处理相关数据过程中，各基础指标均以 2000 年为基期进行折算，并依照生产要素的价格指数和永续盘存法对固定资产投资和产出指标的实际值进行测算，部分指数型数据如价格指数等采用三省一市的均值表示。

（二）指标处理与权重确定

采用综合指数法测量经济增长质量（QG）过程中，首先需要对数据进行相应处理，由于基础指标存在正向和负向两种属性，故根据式（2-1）和式（2-2）所示的处理方法计算得到各指标的达优指数。随后借鉴朱子云的研究，采用专家咨询赋权和均方差赋权组合赋权法测算得到如表 2-3 所示的指标权重。其中第 i 个二级指标下属第 j 个三级指标的均方差权重和组合权重计算公式分别为：$\mu_{ij} = \sigma_{ij} / \sum_{j=1}^{n} \sigma_{ij}$、$q_{ij} = \mu_{ij}\lambda_{ij} / \sum_{j=1}^{n} \mu_{ij}\lambda_{ij}$，$\sigma_{ij}$ 为基础指标的均方差偏离系数，λ_{ij} 为专家咨询赋权权重，q_{ij} 为组合权重。

正向指标： $$X_j = \frac{x_j}{\max(x_j)} \qquad (2-1)$$

逆向指标： $$X_j = \frac{\min(x_j)}{x_{jt}} \qquad (2-2)$$

表 2-3　经济增长质量指数权重构成

指标名称	二级指标权重	基础指标权重			指标名称	二级指标权重	基础指标权重		
		专家咨询赋权	均方差赋权	组合赋权			专家咨询赋权	均方差赋权	组合赋权
有效性	0.10	1.00	1.000	1.000	**协调性**	0.20	1.00	1.000	1.000
最终消费率		0.30	0.258	0.245	经济实体化率		0.20	0.065	0.051
产品销售率		0.40	0.160	0.202	社会保障支出财政占比		0.20	0.528	0.412
产品质量优等率		0.30	0.582	0.553	人均GDP偏离系数		0.35	0.360	0.492
经济性	0.40	1.00	1.000	1.000	产业结构协调		0.25	0.047	0.046
资本产出率		0.20	0.288	0.294	**可持续性**	0.10	1.00	1.000	1.000
劳动生产率		0.20	0.138	0.141	失业率		0.2	0.103	0.046
工业资本利润率		0.25	0.187	0.238	PPI		0.1	0.041	0.003
工业销售收益率		0.20	0.122	0.124	单位产出废水排放		0.2	0.342	0.458
单位产出能耗		0.15	0.265	0.203	CPI		0.2	0.020	0.002
创新性	0.20	1.00	1.000	1.000	单位产出废气排放		0.2	0.288	0.324
工业企业均专利申请数		0.50	0.621	0.621	单位产出固体废物排放		0.2	0.207	0.168
技术市场成交额占比		0.50	0.379	0.379	合计	1.00	—	—	—

（三）经济高质量增长的测算与评价

此处根据表 2-3 的权重计算结果，测算了 2000～2019 年长三角地区经济增长质量指数，并对二级指标指数和经济增长质量指数进行了统计排名，结果呈现在表 2-4 中。

表 2-4　长三角经济增长质量及其构成测算结果

年份	经济增长质量		二级指标指数与排名								
			有效性		经济性		创新性		协调性		可持续性	
	QG	排名	指数	排名	指数	排名	指数	排名	指数	排名	指数	排名
2000	0.487	20	0.049	20	0.259	13	0.063	20	0.094	20	0.022	18
2001	0.498	19	0.050	19	0.257	15	0.070	18	0.100	19	0.021	19
2002	0.540	15	0.059	16	0.262	11	0.091	12	0.108	18	0.021	20
2003	0.519	17	0.055	17	0.256	17	0.074	17	0.112	17	0.023	17
2004	0.516	18	0.054	18	0.255	18	0.066	19	0.116	16	0.024	16

续表

年份	经济增长质量		二级指标指数与排名								
			有效性		经济性		创新性		协调性		可持续性	
	QG	排名	指数	排名	指数	排名	指数	排名	指数	排名	指数	排名
2005	0.527	16	0.063	15	0.243	20	0.076	16	0.120	15	0.025	15
2006	0.554	14	0.071	13	0.244	19	0.078	15	0.134	14	0.027	14
2007	0.683	9	0.073	10	0.275	9	0.084	14	0.155	13	0.030	13
2008	0.627	11	0.070	14	0.258	14	0.091	13	0.158	11	0.032	12
2009	0.618	12	0.079	6	0.257	16	0.103	11	0.155	12	0.032	11
2010	0.608	13	0.083	4	0.291	2	0.111	10	0.163	10	0.035	10
2011	0.664	10	0.073	11	0.296	1	0.127	9	0.169	9	0.039	9
2012	0.740	5	0.078	9	0.279	8	0.151	5	0.174	8	0.041	8
2013	0.729	6	0.072	12	0.281	7	0.155	4	0.178	6	0.043	7
2014	0.721	8	0.079	7	0.284	5	0.132	8	0.180	5	0.046	6
2015	0.724	7	0.094	1	0.285	4	0.137	7	0.177	7	0.047	5
2016	0.778	3	0.094	2	0.285	3	0.157	3	0.189	4	0.054	4
2017	0.775	4	0.086	3	0.282	6	0.150	6	0.194	3	0.063	3
2018	0.792	2	0.080	5	0.272	10	0.173	2	0.196	2	0.070	2
2019	0.816	1	0.078	8	0.260	12	0.179	1	0.199	1	0.099	1
均值	0.646	—	0.072	—	0.269	—	0.113	—	0.153	—	0.040	—

总体上看，2000~2019年长三角经济增长质量指数呈上升趋势，从2000年的0.487提升至2019年的0.816，均值为0.646。2002年、2007年和2012年出现了三个区间顶峰，与图2-2的测算结果基本一致。从二级指标上看，近年来创新性、协调性和可持续性指数提升非常显著，均在2019年达到了最大值，相较于2000年，这三个二级指标分别提升了184.127%、111.702%和350%。而有效性和经济性质量指数分别在2015年和2011年达到了最大，2019年的质量指数排名仅列第8和第12名，离最优值分别还有17.021%和12.162%的差距。可见，长三角经济高质量增长需要继续发挥在创新能力、区域协调发展和环境治理方面的优势，同时从经济性和有效性方面加强管理，从而驱动经济更高质量增长。

此外，根据二级指标和基础指标的权重和达优指数，利用式（2-3）和式（2-4）对经济增长质量提升程度进行分解得到各二级指标的贡献度，结果呈现在表2-5中。

$$\Delta QG = \sum_{i=1}^{m} p_i \sum_{j=1}^{n} q_j \Delta X_j \tag{2-3}$$

式中，p_i 为二级指标权重；q_j 为基础指标权重。分别用 $c_i = p_i \sum_{j=1}^{n} q_j \Delta X_j$ 和 $c_j = p_i q_j \Delta X_j$ 表示二级指标和基础指标对经济增长质量的贡献量，则可核算二级指标对经济增长的贡献程度，公式为：

$$C_i = p_i \sum_{j=1}^{n} q_j \Delta X_j / \Delta QG, \quad \sum_{i=1}^{n} C_i = 1 \quad (2-4)$$

表 2-5　长三角经济增长质量分解

时间段		2000～2005		2006～2010		2011～2015		2016～2019		2000～2019	
		ΔQG	C（%）	ΔQG	C（%）	ΔQG	C（%）	ΔQG	C（%）	ΔQG	C（%）
经济增长质量		0.040	100	0.129	100	0.036	100	0.038	100	0.329	100
其中	有效性	0.015	36.5	0.012	9.7	0.021	58.8	-0.016	-41.1	0.030	9.0
	经济性	-0.017	-41.5	0.047	36.6	-0.012	-32.5	-0.025	-66.5	0.001	0.3
	创新性	0.014	34.5	0.033	25.3	0.011	29.3	0.023	60.2	0.117	35.5
	协调性	0.025	63.4	0.029	22.2	0.008	20.9	0.010	27.3	0.105	31.9
	可持续性	0.003	7.1	0.008	6.2	0.008	23.6	0.045	120.1	0.077	23.3

表 2-5 报告了不同时间段内各二级指标对经济增长质量提升的贡献程度。从 2000～2019 年总体上看：经济创新性对经济增长质量提升的贡献程度最大，为 35.5%；其次为经济协调性，贡献率为 31.9%；经济可持续性的贡献率也达到了 23.3%；但有效性和经济性对经济增长质量提升的贡献程度不显著。从不同时间段上看：2016～2019 年经济增长质量提升的主要驱动力是经济创新、经济协调和经济生态环境改善，累计贡献率达到了 207.6%；但经济增长的有效性和经济增长的经济性贡献却为负数；尤其是经济性这一指标在四个时间区间中的三个时间区间内都为负贡献水平，表明经济增长的经济性不足应当引起足够的重视。同时近年来，经济增长的有效性问题也较为严峻，从基础指标角度看，产品销售率、最终消费率都相对较低，这也与当前供给侧结构性改革和需求侧改革的核心要义较为符合，从这一角度看，长三角地区各级政府应当更加注重出台引导有效需求、有效投资、化解过剩产能（去库存）等政策文件并付诸实践，为提高经济增长质量提供制度保障。

此外，根据上述测算方法和赋权方式，本章进一步测算了 2010～2019 年省级和地级市层面的经济增长质量指数，并绘制了演进趋势图（详见附表 2-1 和附图 2-1）。统计发现：四省市经济增长质量指数显著提升，其中上海市＞浙江省

>江苏省>安徽省,且四省市经济增长质量指数差距逐渐缩小;从提升速度上看(演进趋势图曲线的斜率变化),安徽省>浙江省≈江苏省>上海市,可以预见未来长三角经济增长质量仍将继续提升并逐渐趋于协调发展;对比表2-4可以发现,长三角整体经济发展质量指数要低于各省、市的水平,同时从附表2-1可知,地级市经济增长质量指数大多也高于省级层面的经济增长质量指数,可见由于区域内部发展差距的存在,整体的经济增长质量指数难以得到显著提升。此外,从长三角各大都市圈建设角度看,都市圈的建设提升了都市圈内城市经济增长质量,例如安徽省宣城市的经济总量与六安市和淮北市等城市相当,但由于其既是南京都市圈的核心城市也是杭州都市圈的重要组成城市,故经济发展质量要好于六安市和淮北等城市;再如江苏省南通市处于上海大都市圈的核心区域,其经济发展质量要高于经济总量相当的徐州、无锡和扬州等城市。由此可见,依靠中心城市经济发展的溢出效应、加强地区内部联系和合作将有助于长三角地区经济增长质量的整体提升。

二、长三角经济高质量发展的评价与分析

(一)长三角经济发展质量评价指标体系

从经济发展方面看,经济发展除了体现在传统数量型经济增长外,还体现在经济结构改善、经济成果分配、经济效率提升、经济稳定、社会福利改善、人民生活水平提高、新技术水平提升等方面,故从这一角度看,以GDP、GNP、人均GDP等数量型指标评价经济发展质量显然失之偏颇,因此需要寻求合适的指标对经济发展的质量进行评价。

本书根据Arrow、杨耀武、张平、高培勇、王一鸣、任保平和赵通等学者对经济高质量发展的理论阐述和指数测算的文献,从经济发展条件、经济效率与经济稳定、自然资源与环境、经济成果分配、社会发展状况,共选取了29个基础指标作为指标体系(详见表2-6),数据来源于三省一市统计年鉴、国泰安数据库、《中国林业统计年鉴》《中国城市统计年鉴》和国家统计局网站。

其中,人均受教育年限用地区人口学历和学历学制的乘积与人口数的比值处理得到,计算公式为:

$$edu_{it} = \sum_i (E_{it} \times y_i) / \sum_i E_{it} \qquad (2-5)$$

其中,edu_{it}为当年地区人均受教育年限;E_{it}为当年地区受教育水平人数的代理变量,即E_1表示小学学历人口数、E_2表示初中学历人口数、E_3表示高中学历人口数、E_4表示大专及以上学历人口数;y_i表示对应学历所需的总教育时长,即y_1、y_2、y_3和y_4分别为6年、9年、12年和16年。

表 2-6　长三角经济发展质量的评价指标体系

二级指标	分项指标	基础指标	计算方法 / 变量说明	单位	属性
经济发展条件	素质要素	人口素质	平均受教育年限（朱承亮等，2011）	年	+
		资本素质	资本形成率	%	+
	创新能力	研发产出率	研发支出 /GDP	—	−
		研发能力	专利申请数 / 研发支出	件 / 亿元	+
	产业基础	产业结构高级化	AIS（张海军和岳华，2019）	—	+
		产业结构合理化	RIS（干春晖等，2011）	—	+
经济效率与稳定	经济效率	全要素生产率	DEA 模型测算得到	—	+
		劳动产出率	GDP/ 就业人数	元 / 人	+
		资本产出率	固定资产投资额 /GDP	%	+
		土地生产率	GDP/ 行政面积	万元 /km²	+
	经济稳定	失业率	失业人数 / 劳动力人数	%	−
		通货膨胀率	CPI	%	−
		人均 GDP 偏离系数	三省一市人均 GDP 标准差 / 均值	—	−
		经济增长波动率	三省一市经济增长率标准差 / 均值	—	−
资源与环境	环境破坏	单位产出废水排放	工业废水排放量 / 工业产值	吨 / 亿元	−
		单位产出废气排放	工业二氧化硫排放量 / 工业产值	吨 / 亿元	−
		单位产出固体废物排放	工业固体废物排放量 / 工业产值	吨 / 亿元	−
	自然资源	森林资源覆盖率	森林面积 / 行政区面积	%	+
		水资源覆盖率	水资源总量 / 行政区面积	亿 m³/km²	+
		自然资源禀赋水平	能源丰裕度（岳华和张海军，2019）	—	+
经济成果分配	消费	最终消费率	社会消费品零售额 /GDP	%	+
	居民收入分配	城乡收入比	城乡居民可支配收入比值	%	−
		恩格尔系数	食品支出总额 / 消费支出总额	%	−
		泰尔指数	$T = \sum_{i=1}^{n}(I_i/I)\cdot\log[(I_i/I)/(P_i/P)]$	—	−
社会发展状况	社保覆盖	参加医疗保险人数占比	参加医保人数 / 总人口数	%	+
		参加失业保险人数占比	参加失业保险人数 / 劳动力人数	%	+
		参加养老保险人数占比	参加养老保险人数 /15 岁以上人口数	%	+
	社会环境	营商环境	工业企业本年应交增值税的平均值	万元	−
		基础设施建设水平	公路密度	km/km²	+

（二）权重计算

在对指标赋权过程中，此处采用信息熵权和变异系数信息量权构造综合权重，具体步骤如下。

1. 指标的标准化处理

由于同时存在正向指标和逆向指标,故需要对指标进行标准化处理,根据一般做法,这里不体现数据的达优程度,计算公式为:

正向指标:
$$X_{ij} = \frac{x_{ij} - \min(x_{ij})}{\max(x_{ij}) - \min(x_{ij})} \quad (2-6)$$

负向指标:
$$X_{ij} = \frac{\max(x_{ij}) - x_{ij}}{\max(x_{ij}) - \min(x_{ij})} \quad (2-7)$$

2. 指标权重计算与合成

(1) 信息熵权计算

利用标准化的数据,同时为了避免标准化数据出现 0 值,借鉴安孟等学者的做法,对数据进行小幅平移,即:

$$X'_{ij} = X_{ij} + 10^{-3} \quad (2-8)$$

则第 i 个二级指标的第 j 项基础指标的信息熵 e_{ij} 为:

$$e_{ij} = -(1/\ln n)\sum_{i=1}^{n} p_{ij} \ln p_{ij}, \quad p_{ij} = X'_{ij} / \sum_{i=1}^{n} X'_{ij} \quad (2-9)$$

则信息熵权为:

$$\lambda_j = (1 - e_j) / \sum_{j=1}^{n}(1 - e_j) \quad (2-10)$$

在求解各指标年度信息熵权后,通过均方差赋权计算方法得到信息熵权综合权重值。

(2) 变异系数信息量权

变异系数信息量权的计算方法为:

$$\rho_{ij} = (\sigma_{ij} / \overline{X_{ij}}) / \sum_{i=1}^{n} \sigma_{ij} / \overline{X_{ij}} \quad (2-11)$$

其中,σ_{ij} 为对应基础指标的方差;$\overline{X_{ij}}$ 为对应基础指标的均值。

(3) 指数计算与合成

此处采用如下公式对指标的综合权重进行计算:

$$W_{ij} = \lambda_{ij} \rho_{ij} / \sum_{j=1}^{n} \lambda_{ij} \rho_{ij} \quad (2-12)$$

根据上述计算方法,此处得到各二级指标和分项指标权重(见表 2-7)。

表 2-7　经济发展质量指数权重

二级指标 分项指标	λ	ρ	综合权重	二级指标 分项指标	λ	ρ	综合权重
经济发展条件	**1.000**	**1.000**	**1.000**	单位产出废水排放	0.137	0.155	0.126
人口素质	0.205	0.122	0.151	单位产出废气排放	0.177	0.175	0.183
资本素质	0.073	0.169	0.074	单位产出固体废物排放	0.266	0.162	0.255
研发产出率	0.186	0.210	0.235	森林覆盖率	0.223	0.185	0.243
研发能力	0.164	0.149	0.147	人均水资源覆盖率	0.130	0.174	0.134
产业结构高级化	0.203	0.192	0.233	能源禀赋	0.067	0.149	0.059
产业结构合理化	0.169	0.158	0.160	**经济成果分配**	**1.000**	**1.000**	**1.000**
经济效率与稳定	**1.000**	**1.000**	**1.000**	最终消费率	0.210	0.267	0.226
全要素生产率	0.148	0.144	0.166	城乡收入比	0.276	0.233	0.259
劳动生产率	0.155	0.157	0.189	恩格尔系数	0.301	0.243	0.295
资本产出率	0.130	0.111	0.112	泰尔指数	0.213	0.257	0.221
土地生产率	0.160	0.162	0.201	**社会发展状况**	**1.000**	**1.000**	**1.000**
失业率	0.097	0.114	0.085	参加医疗保险人数占比	0.161	0.133	0.103
通货膨胀率	0.146	0.096	0.109	参加失业保险人数占比	0.245	0.275	0.324
人均 GDP 偏离系数	0.038	0.111	0.033	参加养老保险人数占比	0.112	0.189	0.103
经济增长波动率	0.127	0.106	0.104	营商环境	0.245	0.273	0.322
资源与环境	**1.000**	**1.000**	**1.000**	基础设施建设水平	0.237	0.130	0.149

（三）长三角高质量发展指数的核算与分析

根据表 2-7 所示的权重表，采取线性加权方法计算长三角地区经济发展质量指数 QE，计算公式为：

$$QE = \sum_{i=1}^{n} qual_i = \sum_{i=1}^{n}\sum_{j=1}^{n}(X_{ij} \times W_{ij}) \quad (2-13)$$

其中，$qual_i = \sum_{j=1}^{n}(X_{ij} \times W_{ij})$ 表示第 i 个二级指标在经济增长中的贡献量，其与 QE 的比值为二级指标的贡献度。根据上述方法，此处得到 2000～2019 年的经济发展质量指数和各方面的贡献值（表 2-8），同时计算得到经济发展质量的各方面对经济发展质量的贡献度（表 2-9）。

从总趋势上看，长三角经济发展质量不断提高，指数从 2000 年的 1.437 提升至 2019 年的 4.030，提升程度显著。同时，对比表 2-4 可知，经济发展质量指数与经济增长质量指数变动趋势基本一致，但经济发展质量在变动趋势上更显著，更能体现政策实行的成效。

表 2-8 长三角经济发展质量指数及各方面贡献值

年份	经济增长质量指数 QE	排名	各方面贡献值				
			发展条件 贡献值	效率与稳定 贡献值	资源与环境 贡献值	成果分配 贡献值	社会发展状况 贡献值
2000	1.437	20	0.744	0.189	0.219	0.242	0.043
2001	1.468	19	0.781	0.193	0.068	0.387	0.038
2002	1.763	15	0.491	0.255	0.571	0.184	0.262
2003	1.550	18	0.733	0.235	0.010	0.420	0.152
2004	1.660	17	0.786	0.281	0.012	0.476	0.105
2005	1.662	16	0.678	0.339	0.373	0.185	0.087
2006	1.916	12	0.588	0.419	0.475	0.229	0.204
2007	1.907	13	0.556	0.361	0.544	0.191	0.255
2008	1.813	14	0.640	0.394	0.430	0.263	0.087
2009	2.012	11	0.455	0.367	0.671	0.230	0.289
2010	2.240	10	0.387	0.457	0.724	0.315	0.357
2011	2.375	9	0.347	0.467	0.697	0.345	0.517
2012	2.977	6	0.240	0.568	0.818	0.771	0.581
2013	2.640	7	0.332	0.570	0.751	0.413	0.575
2014	2.627	8	0.270	0.571	0.734	0.525	0.527
2015	3.219	5	0.263	0.601	0.859	0.855	0.640
2016	3.592	4	0.311	0.680	0.893	0.888	0.821
2017	3.786	3	0.327	0.815	0.854	0.905	0.884
2018	3.957	2	0.320	0.872	0.872	0.934	0.959
2019	4.030	1	0.326	0.809	0.948	0.970	0.977
均值	2.432	—	0.479	0.472	0.576	0.486	0.418

从表 2-9 所示的各方面的贡献度看：①2000～2019 年资源与环境的改善对经济发展质量的提升效应最强，且在每一个细分时间段，相对其他方面，资源与环境的改善对经济发展质量提升的贡献程度都是最大的，表明注重经济可持续发展对实现经济高质量发展至关重要；②社会发展状况的改善也能显著地促进经济发展质量的提高，从不同时间段上看，这一促进作用呈现出递增趋势，2000～2019 年贡献程度高达 36.8%；③经济发展质量与经济发展条件之间不存在正向关联效应，在人口红利逐渐消失、资本产出效率下降、产业结构不协调等背景下，经济发展质量难以提升，这也是近年来我国实行供给侧结构性改革、需求侧改革、生育政策调整的宏观背景，因此后续还需要进一步落实政策，从而提高经济发展质量；

④ 2000～2019 年经济发展的成果分配对经济发展质量提升的贡献度为 20.9%，但在各个时间段，这一效应均表现为负贡献，表明长期中完善经济发展的成果分配制度，能促进经济实现高质量发展；⑤提高经济效率和经济稳定也是实现经济高质量发展的基础。上述分析预示着长三角三省一市要补足短板，即重点关注经济发展条件，如加快人力资本积累、提升资本产出效率和提高创新能力等，同时，注重经济发展成果的分配，如加快推行需求侧改革、注重分配公平等。

表 2-9　不同时段长三角经济发展质量各方面贡献度

二级指标	2000～2005		2006～2010		2011～2015		2016～2019		2000～2019	
经济发展质量变动	ΔQE	C (%)	ΔQE	C (%)	ΔQE	C (%)	ΔQE	C (%)	ΔQE	C (%)
	0.153	100	0.325	100	0.844	100	0.438	100	100	100
发展条件	−0.147	−95.7	−0.145	−44.7	−0.225	−26.7	−0.253	−57.8	−0.460	−19.4
效率与稳定	0.112	73.4	0.185	57.0	0.168	19.9	0.066	15.1	0.528	22.3
资源与环境	0.418	272.5	0.465	143.2	0.476	56.4	0.352	80.3	0.936	39.5
成果分配	−0.213	−139.1	−0.191	−58.8	−0.196	−23.3	−0.058	−13.2	0.494	20.9
社会发展	−0.017	−11.1	0.052	16.0	0.217	25.7	0.219	50.0	0.872	36.8

本书曾尝试计算各省和地级市的经济发展质量指数，但在测算地级市经济发展质量指数过程中需要用到县级市的数据，一些重要的指标如能源数据、工业三废数据和人均 GDP 偏离系数获得难度较大，故此处仅测算省级层面的数据，结果呈现在附表 3-1 中，演进趋势图如附图 3-1 所示。

从表 2-4、表 2-8、附图 2-1 和附图 3-1 所示的测算结果和演进趋势可以看出，长三角经济发展质量和经济增长质量基本一致，故鉴于研究指标体系的完整性，本书后续章节有关地级市的研究中，以经济增长质量作为重要的代理变量。

三、长三角经济一体化发展的评价与分析

（一）评价指标体系构建

长三角经济发展的落脚点是高质量一体化发展，虽然上文已经对长三角经济发展质量进行了测算，但并未体现经济一体化发展水平。因此如何评价长三角经济一体化发展水平（QI）是评价经济发展效应的重要方面，当前评价经济一体化发展指标体系的构建仍处于理论完善阶段，一些文献已经呈现在我们面前，如周立群和夏良科从市场一体化和政策一体化角度测算了长三角经济一体化水平，但其政策一体化采用问卷方式完成，具有较强的主观性。陈辉煌虽然从市场、规划、体制等六个角度构建了指标体系，但大多数指标的量化都存在较大难度，因此也不适合本书的研究。此外，王玉和张占斌通过测算 GDP 变异系数、产业结构变异系数、专利

量变异系数和废水排放量变异系数量化了区域一体化水平,显然过于简单、说服力不强;姚丽从市场同一化、产业一体化、信息一体化和制度一体化等7个层面构造了指标体系,这一指标体系能很好地体现地区产业分工和经济联系情况,在她的论文中,测算结果也符合现实情况。因此本书借鉴姚丽的研究,并结合长三角经济发展的现实,选取23个基础指标对长三角一体化发展水平进行评价,指标体系详见表2-10。

表2-10　长三角一体化发展评价指标体系

二级指标	基础指标	计算方式与说明	属性
市场同一度	市场一体化指数	用粮食类、服装鞋帽类、燃料类商品、日用品类、家具类、食品类6类商品价格波动方差的均值表示	-
	对外开放水平	外商直接投资/GDP	+
产业一体化	产业结构相似度	长三角各地区产业结构高级化指数标准差表示	-
	要素市场一体化	长三角各地区固定资产价格指数标准差表示	-
制度一体化	非国有经济比重	非国有规模以上工业企业资产占比	+
	社会保障覆盖率	以城镇基本医疗保险参保比重表示	+
	财政支持力度	财政支出占GDP比重	+
基础设施一体化	公路密度	地区公路里程数与行政区面积比值	+
	人均客运总量	客运总量/总人口	+
	人均货运总量	货运总量/总人口	+
	公共基础设施	每万人拥有公共厕所数(数据来自国家统计局)	+
空间形态一体化	人口地理密度	$R_{pop_i} = pop_i \sum pop_i / ter_i \sum ter_i$ 其中 pop_i 表示 i 地区人口,ter_i 表示地区行政面积	+
	经济地理密度	$R_{GDP_i} = GDP_i \sum GDP_i / ter_i \sum ter_i$	+
	建设用地比重	建成区面积/行政区面积	+
	经济联系强度	人均GDP倒数的标准差	+
生态环境一体化	建成区绿化覆盖率	数据来源于国家统计局	+
	生活垃圾无害化处理率	数据来源于国家统计局	+
	工业废水排放达标率	数据来源于国泰安数据库	+
	工业固体废物利用率	数据来源于国泰安数据库	+
社会信息化同一度	互联网普及率	上网人数/总人数	+
	电话普及率	每百人拥有电话机数	+
	人均邮电总量	邮电业务总量/常住人口数	+

（二）权重计算

为便于分析，本书采用均方差赋权和变异系数信息量权组合赋权法得到长三角地区经济一体化发展水平（QI），具体指标权重详见表2-11。需要说明的是，鉴于数据的可获得性和完整性，本书以2010～2019年的数据为样本，除工业废水排放达标率来自国泰安数据库（CSMAR）外，其他指标数据均从国家统计局网站以及四省市统计年鉴中获取。

表2-11　长三角一体化发展指标权重

二级指标	分项指标	λ	ρ	综合权重	二级指标	分项指标	λ	ρ	综合权重
市场同一度	市场一体化指数	0.431	0.647	0.581	空间形态一体化	人口地理密度	0.238	0.045	0.042
	对外开放水平	0.569	0.353	0.419		经济地理密度	0.242	0.335	0.322
产业一体化	产业结构相似度	0.546	0.442	0.487		经济密度	0.242	0.335	0.322
						经济联系强度	0.278	0.284	0.314
	要素市场一体化	0.454	0.558	0.513	生态环境一体化	建成区绿化覆盖率	0.330	0.195	0.175
制度一体化	非国有经济比重	0.353	0.042	0.046		生活垃圾无害化处理率	0.394	0.688	0.737
	社会保障覆盖率	0.323	0.451	0.456		工业废水排放达标率	0.276	0.117	0.088
	财政支持力度	0.314	0.507	0.498	基础设施一体化	公路密度	0.261	0.083	0.082
社会信息化同一度	互联网普及率	0.376	0.450	0.494		人均客运总量	0.299	0.508	0.577
	电话普及率	0.307	0.102	0.091		人均货运总量	0.235	0.201	0.179
	人均邮电总量	0.316	0.448	0.414		公共基础设施	0.205	0.208	0.162

（三）长三角一体化发展指标测算与分析

表2-12为长三角一体化指数的测算结果和各方面贡献值，结果表明：尽管指数值存在波动，但总体看来长三角一体化发展水平不断提高，由2010年的4.622提升至2019年的6.028，提升幅度为30.420%；从各方面贡献值角度看，近年来市场同一度和产业一体化发展推动长三角一体化发展的动力不足，低于平均水平，表明长三角未来发展中更需要注重提高开放水平、注重要素市场发展和加强产业调整与合作。表2-13呈现了不同时段长三角一体化发展各方面贡献度，表明社会信息同一度、产业一体化和市场同一度对一体化发展的贡献度最高，三方面总贡献率为77.882%，结合表2-12报告的各方面贡献值可知长三角地区更需注重这三个方面的发展，尤其是需要降低市场同一度和产业一体化发展驱动力不足带来的冲击。

表 2-12 长三角一体化指数的测算结果及各方面贡献值

年份	长三角一体化指数		经济一体化各方面贡献值						
			市场同一度	产业一体化	制度一体化	基础设施一体化	空间形态一体化	生态环境一体化	社会信息化同一度
	QI	排名	贡献值	贡献值	贡献值	贡献值	贡献值	贡献值	贡献值
2010	4.622	10	0.633	0.530	0.518	1.106	0.625	0.877	0.333
2011	4.822	9	0.700	0.619	0.520	1.180	0.664	0.877	0.261
2012	4.912	7	0.568	0.594	0.537	1.243	0.689	0.937	0.343
2013	4.895	8	0.415	0.496	0.537	1.183	0.737	0.996	0.531
2014	5.018	4	0.468	0.688	0.521	1.235	0.721	0.993	0.391
2015	4.922	6	0.383	0.517	0.537	1.205	0.753	0.996	0.530
2016	4.995	5	0.438	0.365	0.545	1.265	0.790	0.964	0.629
2017	5.565	3	0.437	0.397	0.581	1.287	0.866	0.998	0.999
2018	5.608	2	0.446	0.732	0.510	1.267	0.833	0.997	0.364
2019	6.028	1	0.877	0.891	0.562	1.197	0.708	0.970	0.823
均值	5.129	—	0.537	0.583	0.534	1.217	0.739	0.960	0.520

表 2-13 不同时段长三角一体化发展各方面贡献度

指标	2010～2012		2013～2015		2016～2019		2010～2019	
经济一体化指数变动	ΔQI	C(%)	ΔQI	C(%)	ΔQI	C(%)	ΔQI	C(%)
	0.290	100	0.027	100	1.033	100	1.406	100
市场同一度	−0.064	−22.222	−0.032	−118.715	0.439	42.479	0.244	17.366
产业一体化	0.064	21.987	0.021	77.261	0.526	50.886	0.361	25.649
制度一体化	0.019	6.523	0.000	0.045	0.017	1.687	0.044	3.145
基础设施一体化	0.138	47.449	0.022	81.869	−0.068	−6.549	0.091	6.493
空间形态一体化	0.064	21.921	0.017	61.743	−0.081	−7.887	0.083	5.890
生态环境一体化	0.060	20.583	0.000	1.511	0.006	0.583	0.093	6.590
社会信息化同一度	0.011	3.760	−0.001	−3.714	0.194	18.801	0.490	34.867

此外，本书分别测算了2010～2019年长三角三省一市一体化发展指数（如附表4-1所示），并绘制了附图4-1所示的演进趋势图。结果表明无论是从长三角整体还是从省级层面看，即便一些年份指数出现了小幅下降，但总趋势表明长三角一体化发展水平显著提升，尤其是安徽省的一体化指数上升速度最快，说明安徽省融入长三角一体化的进程加快，也表明四省市的经济一体化进程逐渐朝着均衡方向演进。

第二节 长三角金融基础设施建设的现状与问题

一、长三角金融基础设施建设的演进

区域经济高质量一体化发展的过程中,金融一体化须先行。要素流动是经济高质量一体化发展的重要条件,通过促进不同地区金融市场的互联互通,实现资金等要素在区域内自由流动与合理配置,将为区域实现一体化发展提供有力支撑,从这一角度看,完善金融基础设施建设将成为三省一市深入一体化发展的新动能。事实上,伴随着长三角一体化发展的推进,长三角金融一体化也备受关注,而金融基础设施建设贯穿于金融一体化发展的进程中。

(一)长三角金融基础设施建设的合作局面初步形成

在长三角城市群雏形时期(1982~1988年),即上海经济区时期,长三角地区的金融合作主要集中开展了横向的经济联合。区域内城市在票据结算业务、资金融通业务和票据承兑贴现业务等金融业务领域开展合作,共同建立了便于资金融通的网络体系,形成了跨区域的有形资金市场,这正是这一时期最主要的金融基础设施创新体现。但总体来看这一时期金融工作的改革步伐还迈得不大,金融管理体制、银行业务和信息交流等领域与整个经济发展的趋势不相适应。

1992年以上海为中心、三省一市14座城市为基础的长三角城市群正式诞生,并于1996年和2003年纳入江苏省泰州市和浙江省台州市,至此长三角城市群的主体形态最终形成。同时,这一时期(1992~2004年)也是长三角地区开展金融零碎合作的初始时期,金融一体化程度不高、层次不足,金融领域的合作明显滞后于经济领域的合作,在金融基础设施建设领域没有明显的突破,尤其是在打破"银行壁垒"方面。但这一时期江浙沪三省市巩固和发挥了自身的优势,在金融规模和金融能级方面均得到了显著提升,如上海市进一步巩固和发挥了金融中心的地位和作用,形成了国内最大的同业拆借市场、票据交易市场、证券交易市场和商品期货交易市场等;浙江省发挥了民营金融特色,完善了金融机构布局,尤其是民营银行相继设立促进了浙江经济的发展;江苏省金融业逐渐走向成熟,随着全国农村信用社改革试点的改革,江苏农商行相继成立,完善了农村金融市场的层次。2003年10月,中国人民银行上海分行和南京分行联合起草的《长江三角洲金融合作框架研究报告》是长三角金融联动在制度上的"破冰行动",报告指出要重点推动区域内金融监管部门、金融机构和金融市场的联动合作,明确提出从建设金融基础设施平台、促进金融联动与加快推进市场一体化等角度开展合作,这一报告的印发标志着

长三角金融合作的步伐正式迈开。

（二）长三角金融基础设施建设合作进程加快

2005年中国人民银行上海总部在上海成立，是上海推进国际金融中心建设中的重大制度安排，也标志着长三角金融一体化进程迈入快速发展阶段。2007年11月，苏浙沪三省市签订了《推进长三角地区金融协调发展支持区域经济一体化框架协议》标志着长三角金融协调发展正式启动，这一阶段城市商业银行纷纷打破了行政区划的限制，开始陆续在其他城市开展金融业务、一些重要的基础设施建设如支票影像交换业务配套的金融设施与制度逐渐完善，这些都是长三角金融基础设施协调发展迈出的第一步。随后，2007年12月苏浙沪三省市发展改革委签署了《长三角现代服务业合作与发展协议》，就信息共享、解决贸易争端等问题达成合作共识。2008年信用长三角提出以来，长三角金融基础设施加快了完善步伐，三省市包括后来加入的安徽省在信贷征信市场、信贷征信体系、征信机构建立等方面取得了实质性的进展。2009年小额支付系统华东三省一市银行汇票业务正式上线，标志着中国人民银行完善长三角金融基础设施重要实施项目中汇票改革工作的完成。2011年长三角三省市签署《共同推进长三角地区贷款转让市场发展合作备忘录》，旨在促进区域共同金融市场的形成，标志着长三角地区贷款转让市场进入建设阶段，金融基础设施不断丰富完善。

（三）长三角金融基础设施建设迈入新阶段

长三角区域合作办公室正式挂牌成立标志着长三角一体化发展正在"加速度"，金融一体化进程也随之加快，一些金融改革措施进入论证和讨论阶段，如2018年在第十届陆家嘴金融论坛上，上海金融办主任指出支持在上海证券交易所内设置区域性服务基地、推动信用体系建设、搭建上市服务平台等。近年来，科技和金融结合成为金融发展的新特征，长三角金融基础设施建设也取得了一系列突破，例如2019年底六家征信企业机构组建了长三角征信机构联盟，并依托互联网、区块链等技术打造了长三角征信链，标志着长三角信用一体化建设取得突破性成就。2019年长三角数字金融数据中心在苏州落成，并成立了长三角金融科技有限公司，作为新型金融基础设施将加快长三角地区金融市场、金融体系和金融服务模式的变革。事实上，长三角三省一市发展水平存在较大差距且存在着行政边界，故一体化发展的改革必然伴随着三省一市之间的博弈，为此2019年苏浙沪三省市建立了长三角生态绿色一体化发展示范区，旨在探索跨行政边界实现共建共享、协调发展的机制，实现做实一小片、协调一大片、引领一整片的作用。一体化示范区的金融改革大步迈进，2020年底一体化示范区在不破行政隶属，打破行政边界的背景下，正式出台文件（金融16条）首创金融服务"同城化"；2021年底长三角一体化示范区出台《长三角生态绿色一体化发展示范区绿色金融发展实施方案》等政策文件，旨在创新长三角金融服务供给，提升金融协同发展能力和提升一体化发展水平。

当前如何提升地区金融协同发展水平依然是长三角推进经济高质量一体化发展中面临的重要问题，而通过加强金融基础设施建设有望解决这一问题，故如何评价长三角金融基础设施建设水平是本书研究开展的基础。

二、长三角金融基础设施建设水平测算

（一）金融基础设施生态系统与构成

金融基础设施是现代金融体系结构和金融生态的核心，对经济增长和实体经济发展具有重要的推动作用。因此，如何测算长三角地区金融基础设施建设水平，并以此分析完善机制是本研究的一个重点工作，需要指出的是，以商业银行营业网点数、金融市场规模大小、小额信贷机构数量、各种金融监管规章文件数与制度安排文件数来表征金融基础设施建设水平的一般做法显然不再适合。本书从金融基础设施生态系统角度进行分析，认为良好的金融基础设施生态系统包含了金融机构、支付平台、清算平台和交易系统等硬件设施以及法律法规、监管制度、会计准则等软件约束两个重要部分，它们之间相辅相成、彼此协调，推动了金融基础设施生态系统的完善。

本书借鉴张玉喜和刘栾云峤的研究，基于共生理论测算长三角金融基础设施生态系统共生度，以此表征长三角金融基础设施建设水平。根据共生理论，金融基础设施生态系统中各单元之间存在物质、信息和平台等方面的共生关系，各单元之间功能互补、共同进化从而实现金融基础设施生态系统共生度的提高。从金融基础设施的硬件设施、软件约束、作用机制等角度看，金融基础设施生态环境包含金融机构和金融市场种群、中介服务机构种群、政府部门种群和企业种群四类，它们之间的共生关系如图2-3所示。图2-3表明，金融基础设施生态系统中不同种群优化的最终目的是促进企业种群的发展，即实体经济的发展。具体如下。

企业种群与金融机构和金融市场种群之间的共生关系表现为：一是金融机构和金融市场为企业的发展提供资金融通渠道，包括商业银行、信贷机构等间接融资渠道和证券市场、债券市场等直接融资渠道，缓解了企业部门的融资压力；二是企业种群的发展将对金融机构种群和金融市场种群产生新的金融需求，促进金融机构和金融市场进行金融创新，从而激发金融市场活力；三是金融生态系统的完善，将有助于金融机构和金融市场获取企业的经营信息，缓解信息不对称带来的金融风险，从而更有助于金融机构和金融市场开展业务和产品创新。

中介服务种群与企业种群、金融机构和金融市场种群之间的共生关系表现为信息共享、信用评级、专业服务提供等。通常中介机构如会计师事务所、律师事务

所、征信机构、审计机构等能为企业提供专业化的服务，从而规范企业的经营，同时也能为企业出具权威资质报告，打通企业与金融机构之间的信息渠道，提高融资的可获得性，同时降低金融机构风险负担水平；中介服务机构通过对企业数据的搜集整理，将为后续企业经营决策和金融机构信贷资金投放决策提供参考，进而有助于提升自身的服务质量和业务能力。

政府部门种群与其他生态单元之间的共生关系表现在监督、引导、政策支持等方面。具体而言：一是政府部门种群与金融机构和金融市场种群以及中介机构种群之间的共生关系为政策引导与信息反馈关系。政府部门种群通过提供政策性信贷资金、出台制定法律法规和设立政策性担保机构等方式，降低中介机构种群担保费用、降低金融机构和金融市场种群的投资风险，进而提高金融基础设施生态系统运行的效率和服务能力；二是金融机构和金融市场种群通过对企业种群财务、经营和治理结构等方面进行监管，从而使政府部门种群能够低成本地实现政策意图；三是中介服务机构种群可以在为企业提供决策咨询、记账审计、信用评估等服务过程中，掌握企业运营的实际状况和政策需求，从而为政府部门种群开展政策制定与实施提供指引与参考。

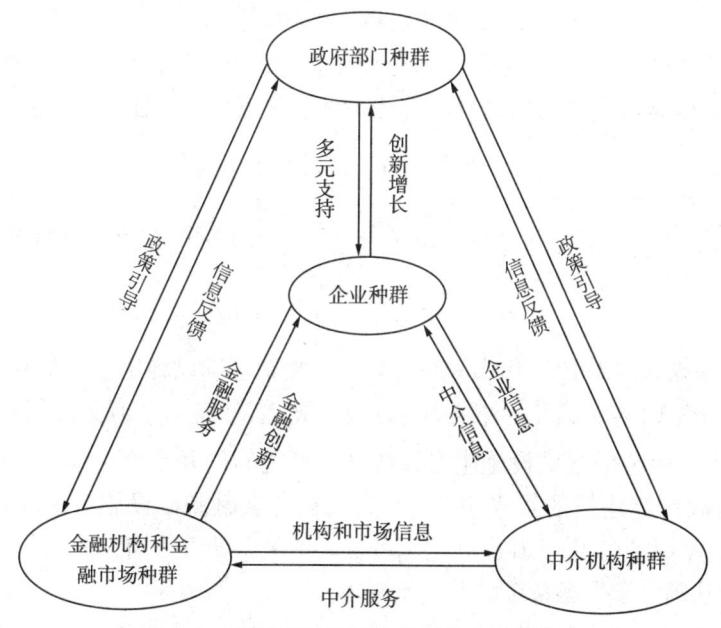

图 2-3　金融基础设施生态系统与种群构成

（二）金融基础设施生态系统共生测度模型

借鉴张玉喜、刘栾云峤、李晓娣、张小燕以及武翠和谭清美在创新生态系统领域的研究方法来测算长三角金融基础设施生态系统的共生水平。测算方法如下：

首先，将某一地区 i 种群 n 个序列的数据按照由小到大的顺序排列，并进行标准化处理，公式为：

$$d_{ij}(x_{ij}) = \frac{x_{ij} - \min(x_{ij})}{\max(x_{ij}) - \min(x_{ij})} \quad (2-14)$$

将标准化后根据式（2-15）计算得到第 i 个种群的有序度（d_i），其中 μ_{ij} 为 i 种群第 j 个序列的权重，计算公式为：

$$d_i(X) = \sum_{j=1}^{n} \mu_{ij} d_{ij}(x_{ij}), \quad \mu_{ij} \geq 0, \quad \sum_{j=1}^{n} \mu_{ij} = 1 \quad (2-15)$$

此处采用相关系数法计算 μ_{ij}，具体步骤如下：

首先，假设第 i 个种群（B_i）的各序列分项指标个数为 n，则该种群各序列分项的相关系数矩阵为：

$$C = \begin{bmatrix} a_{11} & a_{12} & \cdots & a_{1n} \\ a_{21} & a_{22} & \cdots & a_{2n} \\ \vdots & \vdots & \ddots & \vdots \\ a_{n1} & a_{n2} & \cdots & a_{nn} \end{bmatrix} \quad (2-16)$$

其次，计算该种群中第 i 个序列分项指标对其他序列分项指标的总影响程度（C_i），该数值越大说明该序列分项在这一种群中重要性越强，计算公式为：

$$C_i = \sum_{j=1}^{n} |a_{ij}| - 1, \quad i = 1, 2, \cdots, n \quad (2-17)$$

再次，对 C_i 进行归一化处理，得到各序列分项指标的权重，计算公式为：

$$\lambda_i = C_i / \sum_{i=1}^{n} C_i \quad (2-18)$$

最后，根据式（2-19）和式（2-20）计算金融基础设施生态系统共生度（FIN_sys），其中 $d_i^t(X)$ 表示当年 i 种群的有序度，$d_i^{t-1}(X)$ 表示上年度 i 种群的有序度。FIN_sys 越大说明金融基础设施生态系统各种群之间的联系度更强，也即，表明长三角金融基础设施建设的水平更高。θ 为长三角金融基础设施生态系统的演化方向，若 $\theta=1$，则表明金融基础设施生态系统共生关系朝着正向方向演化；若 $\theta=-1$，则说明金融基础设施生态系统的共生水平下降。

$$FIN\_sys = \theta \left| \prod_{i=1}^{4} d_i^t(X) - d_i^{t-1}(X) \right|^{\frac{1}{4}} \quad (2-19)$$

$$\theta = \frac{\min_i [d_i^t(X) - d_i^{t-1}(X)]}{\left| \min_i [d_i^t(X) - d_i^{t-1}(X)] \right|}, \quad i = 1, 2, 3, 4 \quad (2-20)$$

（三）指标选取

本书选取能够体现金融基础设施生态系统各生态单元的三级指标，除特殊说明外，指标所使用的数据均来源于国家统计局和各省市的统计年鉴，具体如下。

1. 金融机构和金融市场种群

金融机构和金融市场是金融基础设施重要的硬件组成部分，其中金融机构主要包括商业银行、信贷公司、保险公司和证券公司等，金融市场主要包括货币市场、保险市场和证券市场。此处以每百万人拥有金融机构（银行、租赁、信托）营业网点数、银行业从业人数占就业人口比重、非银行类金融机构从业人数占就业人口比重三个指标量化地区金融机构种群发展情况；以年末存贷款余额占GDP比重表征货币市场种群发展情况、以保险深度和保险密度表示保险市场种群发展情况（数据来源于各地区保险年鉴）、以地区单位上市公司直接融资额表征证券市场发达程度。此外，由于技术在金融领域的应用带来了金融行业的革新，加强了不同地区金融市场的联系，故以长三角地区金融科技指数表征金融市场的科技含量，量化方式参见沈悦和郭品以及张海军和黄峰采用的文本分析方法，且指标体系一致。

2. 中介机构种群

中介机构在金融机构、政府部门与企业之间起到桥梁作用，其较高的发达程度能有效降低金融机构和金融市场与企业部门之间的信息不对称，同时也能指导政府部门制定针对性的政策。为准确体现中介机构种群发展水平，此处从中国客户网购买了各省市信用评估行业企业名录和网络大数据行业（IDC）企业名录，并根据这些机构开业时间手工整理了每年的企业存量数据，该数据库具有较强的代表性，其对相关企业统计覆盖率在99%以上。最终以每百家规模以上工业企业拥有律师事务所数、每百家规模以上工业企业拥有信用评估机构数、每百家规模以上工业企业IDC行业企业拥有数表征中介服务种群。

3. 企业种群

在金融基础设施生态系统中，企业种群是特殊的生态单元，其既是金融基础设施的需求者，也是金融基础设施的重要供给者。具体而言：从企业对金融基础设施的需求角度看，企业的融资离不开金融机构、金融市场和信用评估等市场主体的支持；从企业对金融基础设施供给角度看，企业的创新行为将带来新金融技术的革新，支持新金融基础设施的建设。此外，罗宾逊的"企业引领金融，金融随之而来"思想也能说明企业在金融基础设施生态系统中的重要性，此处可以理解为企业的发展对金融基础设施建设提出了更高的要求，从而促进了金融基础设施完善。本书中用企业创新能力（即企业研发投入经费均值）、地区企业结构（即非国有企业总资产与国有企业总资产的比值，数值越大说明民营经济越发达，企业所处的经济环境越好）、企业的经营效率（即用规模以上工业企业工业总产值的均值）三个指标表示企业种群的发展情况。

4. 政府部门种群

政府部门在长三角金融基础设施建设和完善过程中主要起到了政策制定与实施、行业监管、财政支持等作用，如制定税收政策和提供融资担保行为等。此处分别选择政策性银行从业人数占金融业从业人数的比重、专利执法案件数（数据来源于国家知识产权局）和单位规模以上工业企业税收负担的倒数值表示。此外，金融基础设施的完善必然会降低企业的融资约束水平，尤其是降低民营企业的融资约束，同时这也是政府部门在金融方面的重要努力事项，也是政府部门服务经济发展能力水平的重要体现。故在测算长三角地区民营企业的融资约束值（SA指数）的基础上，以省为单位核算省级层面的民企融资约束指数，该指数值越大，融资约束越强，政府部门效率越低，即为负向指标。

三、长三角金融基础设施建设水平与存在问题

（一）长三角金融基础设施生态系统共生度值测算

根据上述指标选取与说明，以及金融基础设施生态系统共生度的测算方法，我们计算得到了长三角全域和省级层面的指数，结果呈现在表2-14中。测算结果表明，长三角地区的金融基础设施共生度的绝对值呈现递增趋势，除2012年和2013年共生度值略有下降外，其他年份均为正数，表明长三角金融基础设施生态系统各共生单元朝着正向方向演化。分省市角度看，上海市的金融基础设施共生度值最高、江苏其次、安徽最低，且安徽省的指数值要低于整体水平。但从绝对数上看，近5年安徽省金融基础设施共生度的增速最快，平均每年增长率为36.875%，浙江省次之为31.217%，均高于长三角全域的增长率（28.725%），而江苏省和上海市的金融基础设施共生度值的增长率分别为21.341%和25.691%，低于整体水平，这一增速上的差距预示着长三角金融基础设施建设水平朝着均衡方向演进。

表 2-14　长三角金融基础设施生态系统共生度值

年份	长三角	上海市	江苏省	浙江省	安徽省
2010	0.015	0.036	0.025	0.031	0.027
2011	0.087	0.094	0.118	0.069	0.072
2012	−0.096	−0.063	−0.137	−0.062	−0.068
2013	−0.108	0.136	−0.150	−0.095	−0.077
2014	0.156	0.185	0.203	0.150	0.114
2015	0.222	0.280	0.272	−0.207	0.167
2016	0.328	0.373	0.370	0.299	0.278

续表

年份	长三角	上海市	江苏省	浙江省	安徽省
2017	0.407	0.451	0.432	0.412	0.355
2018	0.466	0.504	0.494	0.493	-0.438
2019	0.535	0.560	0.548	0.573	0.527

（二）长三角金融基础设施生态系统各单元贡献度与分析

此处进一步计算了长三角金融基础设施生态系统各生态单元对共生度的贡献程度，结果如表2-15所示。

表2-15 金融基础设施生态系统共生度各单元贡献度

地区	统计区间	金融机构与金融市场种群	中介机构种群/%	企业种群/%	政府部门种群/%
长三角	2010～2012	45.869	41.697	11.404	1.031
	2013～2016	28.623	20.197	18.302	32.877
	2017～2019	12.373	47.442	25.319	14.866
江苏省	2010～2012	47.593	185.430	12.436	-145.459
	2013～2016	34.397	25.507	11.753	28.343
	2017～2019	10.878	51.942	2.684	34.496
浙江省	2010～2012	32.244	46.571	27.113	-5.928
	2013～2016	35.287	26.777	-1.638	39.575
	2017～2019	8.515	45.203	1.654	44.628
安徽省	2010～2012	10.056	18.202	71.086	0.656
	2013～2016	45.293	19.227	14.592	20.888
	2017～2019	9.998	53.281	26.990	9.732
上海市	2010～2012	28.626	40.635	7.023	23.716
	2013～2016	21.071	31.423	7.298	40.208
	2017～2019	8.359	80.195	2.091	9.355

从直接效应上看：金融机构与金融市场种群对金融基础设施生态系统共生度的贡献无论是长三角全域还是三省一市都出现了不同程度的下降，表明尽管完善金融机构和金融市场种群能促进生态系统共生水平的提高，但这一驱动作用逐渐降低；中介机构种群对金融基础设施生态系统共生度的贡献度略有上升，其中上海市和安徽省的贡献度显著提高，江苏省和浙江省贡献度下降，但均为正的贡献度，可见中介机构种群的完善将促进长三角金融基础设施建设水平的提高；企业种群对金融基础生态系统共生度贡献程度整体上体现为正向的贡献水平，但这一正向贡献水平在不同地区均出现了下降，本书认为这与近年来宏观经济环境的变动密切相关；政府

部门种群对长三角金融基础设施生态系统的完善的驱动作用显著，尤其是江苏省和浙江省，这一驱动作用由负转正，安徽省也由原来的 0.656% 提升至 9.732%，提升程度较大，仅上海市出现了小幅下降。

从相对效应上看，2010～2011 年政府部门种群完善对长三角金融基础设施生态系统共生度的提升效应＞企业种群＞中介机构种群＞金融机构与金融市场种群。

此外，采用上述方法测算了三级指标对长三角金融基础设施生态共生度的影响，发现：①金融机构和金融市场种群贡献度下降的主要是银行网点、银行业从业人数和上市公司融资这三项指标贡献度较低，表明长三角地区商业银行的布局、金融业从业人员的准入和资本市场建设的情况均有待优化；②四省市中介机构种群对共生度的贡献率均较高，接近 50% 左右，但每万家规模以上工业企业数拥有的信用评估机构和 IDC 机构平均值均在 50 家以下，规模依然偏小；同时这一结果也表明大数据和征信技术的广泛应用能显著提升金融服务经济的效能；③从企业种群角度看，企业研发投入产出效率偏低是四省市普遍存在的现象；④四省市单位规模以上工业企业税收负担水平有所下降，但从民营企业融资约束指数看，近年来有上升趋势，因此缓解融资约束和减轻企业的税收负担任重道远。

第三节 长三角金融基础设施建设与经济发展的协调度分析

长三角金融基础设施建设水平和经济高质量一体化发展之间的协调关系是本书关注的重点，也即，本书既关注发展指标之间的互动关系强弱又关注不同发展指标之间的相对发展状况。为此，本章借鉴郭玉坤、唐晓华等学者的研究，通过测算耦合度指数、耦合协调度指数和相对发展指数进行分析。

一、耦合协调度测算方法

为使变量之间具有可比性，需要采用一致的评价方法对指标进行重新评价，尤其是要对金融基础设施建设水平重新测算❶。为便于分析，此处借鉴安孟等学者的研究，采用熵权法对指标进行重新测算，指标处理与权重计算公式如式（2-6）～式（2-9）所示。需要说明的是，此处将从基础指标层面分析，不考虑各二级指标的发展水平❷。耦合度、耦合协调度和相对发展水平的具体测算模型如下。

---

❶ 在耦合度、耦合协调度测算中需要使用到二次根式，但金融基础设施生态系统共生度值中反映了长三角金融基础设施建设的演进方向和趋势，存在负向数值，故此处需要对变量进行处理。需要说明的是，本节指标的测算结果仅在本节使用，不作为后续章节中的变量取值。

❷ 如果考虑二级指标的取值，那么耦合度以及耦合协调度的测算均无法比较，故参考郭玉坤等（2021）和唐晓华等（2018）等的研究，从基础指标层面直接分析更为合适。

1. 耦合度模型

通过测度变量之间的耦合度分析长三角经济发展质量与经济一体化发展水平、金融基础设施建设水平与经济发展质量和经济一体化发展水平之间是否存在联动效应，以及变量之间的相互作用强弱程度。测算模型如下：

$$C_{xy} = \frac{2\sqrt{U(x) \times U(y)}}{U(x) + U(y)} \quad (2-21)$$

其中，$U(x)$ 和 $U(y)$ 为观测指标的评价结果，耦合度的取值范围介于 0 和 1 之间，数值越大说明变量之间的联系越强。

2. 耦合协调度模型

耦合度模型的测算结果并没有说明二者之间的协同发展程度，也就是说，即便指标的评价结果都很低，但二者之间的耦合度依然会很高，即低水平下的高耦合度，显然不能说明变量之间的发展程度，为此进一步采用耦合协调度模型刻画变量之间的耦合协调度。测算模型为：

$$D_{xy} = \sqrt{C_{xy} \times T_{xy}} \quad (2-22)$$

$$T_{xy} = \alpha U(x) + \beta U(y) \quad (2-23)$$

其中，T_{xy} 为综合协调指数；D_{xy} 为耦合协调度；α 和 β 衡量了在耦合系统中各单元的相对重要性，根据一般做法将参数赋值为 0.5。同时借鉴郭玉坤等（2021）的阐述，将耦合协调度划分为严重失调（0，0.2］、中度失调（0.2，0.4］、基本协调（0.4，0.6］、中度协调（0.6，0.8］和高度协调（0.8，1.0］五种类型。

3. 相对发展模型

长三角经济发展质量与经济一体化发展水平和经济增长质量、金融基础设施建设水平与经济发展水平和经济一体化水平之间存在何种内部联系，即他们之间的相对发展状况如何同样值得讨论，为此本书援引相对发展模型进行具体分析，模型如下：

$$\rho = \frac{U(x)}{U(y)} \quad (2-24)$$

其中，ρ 为 x 与 y 之间的相对发展程度。参考相关研究，当 $\rho < 0.8$ 时，x 的发展滞后于 y 的发展；当 $0.8 \leq \rho < 1.2$ 时，x 和 y 同步发展；当 $\rho \geq 1.2$ 时，y 的发展滞后于 x 的发展。

二、耦合协调度测度测算结果与分析

分析伊始，本书对变量之间的相关性进行了检验，皮尔逊（Pearson）相关系数表明 2010 年～2019 年长三角金融基础设施建设水平、经济增长质量、经济发展质量和经济一体化发展水平之间均存在着显著的正相关关系❶，说明随着长三角金融基础设施建设的完善，经济发展水平也将同步提高。但这一结论不足以全面刻画变量之间的内在联系情况，因此根据上文研究设计，此处通过测算耦合度、耦合协调度和相对发展程度分析。

（一）耦合度测算结果与分析

根据本书的研究目的，此处测算了长三角全域和四省市经济发展质量与经济增长质量和经济一体化发展水平之间的耦合度、长三角金融基础设施建设水平与经济发展质量和经济一体化发展水平之间的耦合度，一方面考察了长三角经济发展与经济增长质量和经济高质量一体化发展的情况，另一方面考察金融基础设施建设对经济高质量一体化发展不同方面的影响。

1. 长三角全域视角下的指标耦合度分析

根据上文测算方法，此处得到了长三角经济发展质量与经济增长质量、金融基础设施建设水平与经济一体化发展水平和经济发展质量、经济发展质量与经济一体化发展水平之间的耦合度，并绘制在图2-4中。由图可知：长三角金融基础设施建设水平与经济增长质量和经济一体化发展水平之间的耦合度相对较高，其中金融基础设施建设水平与经济发展质量之间的耦合度一直在0.8以上；金融基础设施建设水平与经济一体化发展水平的耦合度增长速度最快，由2010年的0.466增长至2019年的0.898，并在2019年反超了其与经济发展质量之间的耦合度（0.893）；经济发展质量与经济增长质量和经济一体化发展之间的耦合度也呈现上升趋势，近年来耦合度超过了0.7。上述分析结果说明本书所考察的变量之间存在较强的联动性。

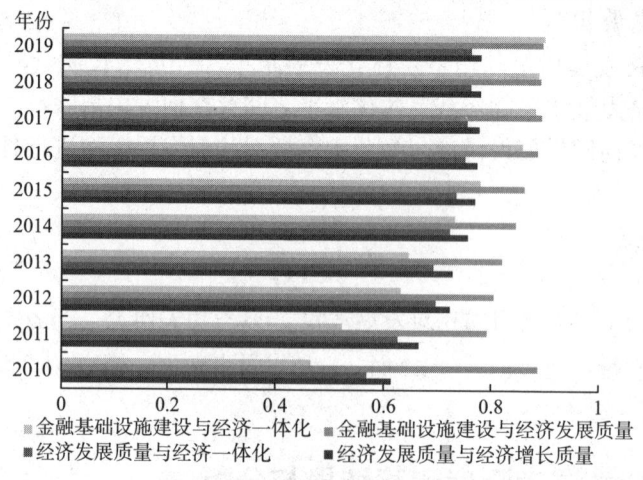

图2-4 金融基础设施建设及经济发展的耦合度分析（全域）

---

❶ 无论是基于何种指标评价方法，Pearson相关性检验结果均表明金融基础设施建设水平与经济发展变量之间均存在着显著的正向相关性。此处未报告使用新测算方法的评价结果，金融基础设施生态系统与经济发展变量之间的相关性检验结果详见表5-2。

2. 省级层面的指标耦合度分析

进一步，本书测算了四省市金融基础设施建设、经济增长质量、经济发展质量和经济一体化发展水平之间的耦合度，测算结果绘制在图 2-5 中。总体而言，各变量之间的耦合度上海市最高、安徽省最低，浙江省和江苏省发展耦合度较为接近。从耦合度的变动趋势上看：各变量之间的耦合度均呈现了稳步提升的趋势。从耦合度的绝对值上看：金融基础设施建设水平与经济一体化发展水平、金融基础设施建设水平与经济发展质量的耦合度最高，且前者要略高于后者，这与全域分析中的结论稍有偏差，我们认为可能是由于省域内部的发展差异要小于全域内部城市间的发展差异导致了这一现象，但较高的耦合度说明加强金融基础设施建设能够提升地区经济高质量发展水平和经济一体化发展水平；在 2010～2019 年，江苏省、浙江省和上海市的经济发展质量与经济增长质量耦合度要略高于经济发展质量与经济一体化发展水平的耦合度，说明经济高质量发展和经济一体化发展的联动效应存在改进

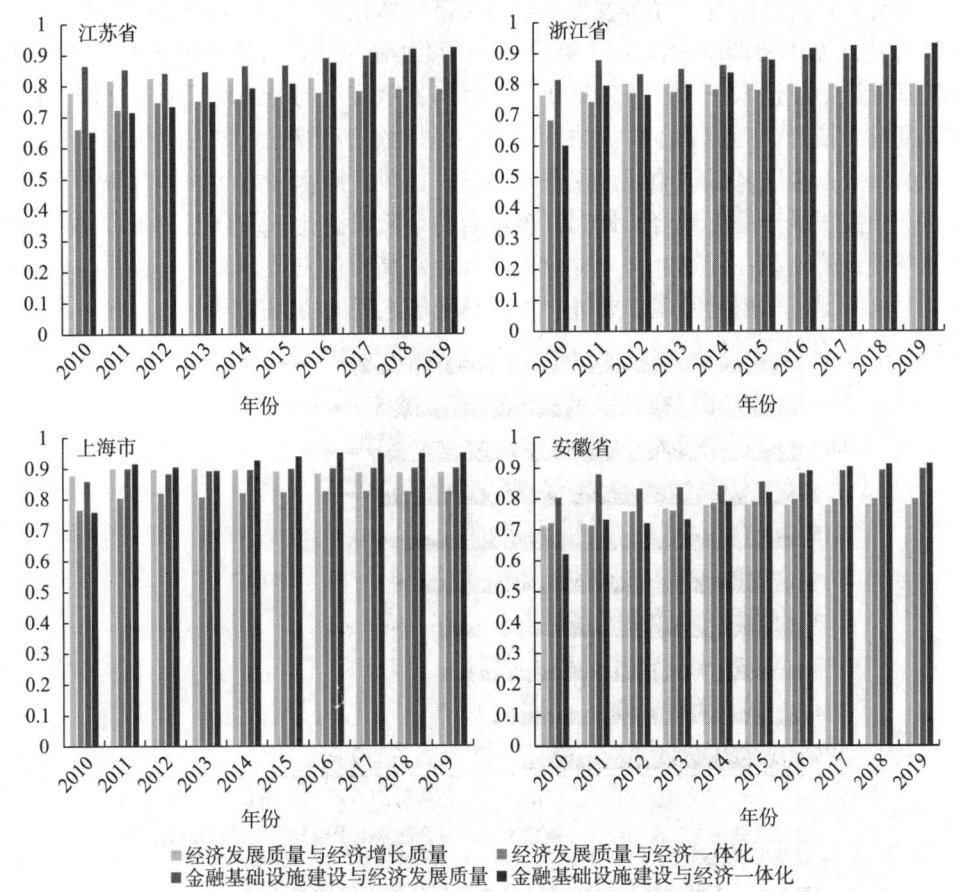

图 2-5　金融基础设施建设及经济发展的耦合度分析（四省市）

空间，安徽省与其他三省市结论相反，我们认为可能是相对其他三省市安徽省融入长三角一体化中作出的更多努力所致，这一点实际上也不可否认，现实证据表明虽然安徽省融入长三角起步较晚，但进程较快。

（二）耦合协调度测算结果与分析

耦合度分析指出长三角金融基础设施建设水平与经济发展相关变量之间的耦合度较高，说明经济与金融之间的关联性较强。但耦合度并不能说明指标间耦合的协调程度，即未能回答指标之间是高水平下的耦合还是低水平下的耦合。为此，通过测算变量之间的耦合协调度进行具体分析。

1. 长三角全域视角下的耦合协调度分析

图 2-6 为长三角全域金融基础设施建设、经济发展质量、经济增长质量和经济一体化发展水平之间的耦合协调度测算结果。由图可见，各变量之间的耦合协调度呈上升趋势，具体而言：经济发展质量与经济一体化发展水平的耦合协调度最高，2011 年进入基本协调阶段，2014 年后处于中度协调阶段，且越来越接近高度协调；金融基础设施建设水平与经济发展质量、经济发展质量与经济增长质量之间的耦合协调度较为接近，当前处于中度协调阶段，但指数相对较低，同时近年来增长速度也有所放缓；金融基础设施建设水平与经济一体化发展水平之间的耦合协调度相对较高，当前正处于中度耦合协调向高度耦合协调阶段演化。结合图 2-4 可知，加强金融基础设施建设在促进经济一体化发展和经济高质量发展方面具有较强的促进作用，但这一促进作用的实现需要进一步提高变量之间的协调度。

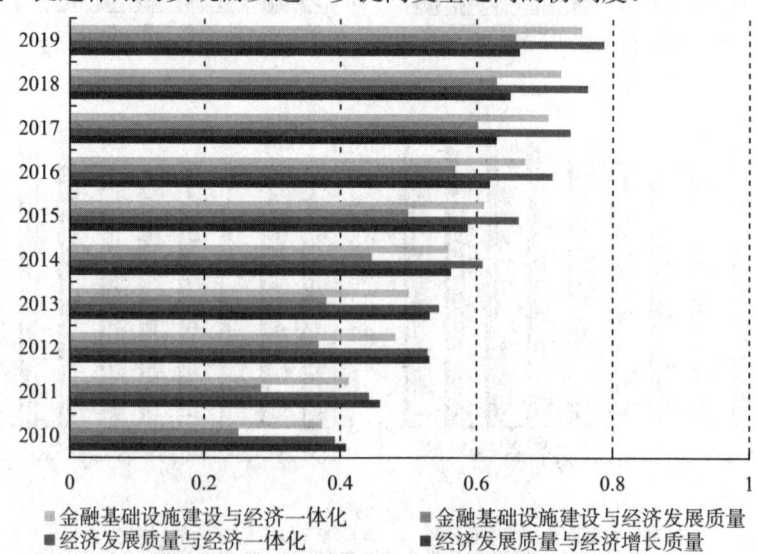

图 2-6 金融基础设施建设及经济发展的耦合协调度分析（全域）

2. 省级层面指标耦合协调度分析

四省市指标耦合协调度分析结果表明，上海市不同指标间的耦合协调度最高、安徽省的最低，且四省市不同指标之间的耦合协调度均仍有提升空间。具体而言：从经济发展质量与经济增长之间的耦合协调度看，四省市均实现了由基本协调向中度协调转变，其中上海市实现了高度协调；从经济发展质量与经济一体化发展之间的耦合协调度看，上海市率先实现了高度协调，浙江省和江苏省紧随其后，但安徽省的耦合协调度相对较低，当前处于中度协调阶段；从金融基础设施建设水平与经济发展质量之间的耦合协调度看，上海市在2015年进入高度协调阶段后，其融合协调度的增长率也显著提高，但江苏省、安徽省和浙江省的耦合协调度长期低于0.8，表明三省在发展中需要协调二者的发展向高水平协调迈进；从金融基础设施建设水平与经济一体化发展水平的耦合协调度看，上海市、浙江省和江苏省先后实现了高度协调，但安徽省仍处于中度协调阶段。

总之，耦合协调度分析的结果表明尽管长三角内部省份之间各变量耦合协调度较高（图2-7），但整体的耦合协调水平（图2-6）要显著低于四省市的耦合协调水平。故在促进整体耦合协调度提升方面，既需要四省市加强自身在金融和经济方面的建设，又需要四省市在经济和金融领域合作，共同提升耦合协调程度。

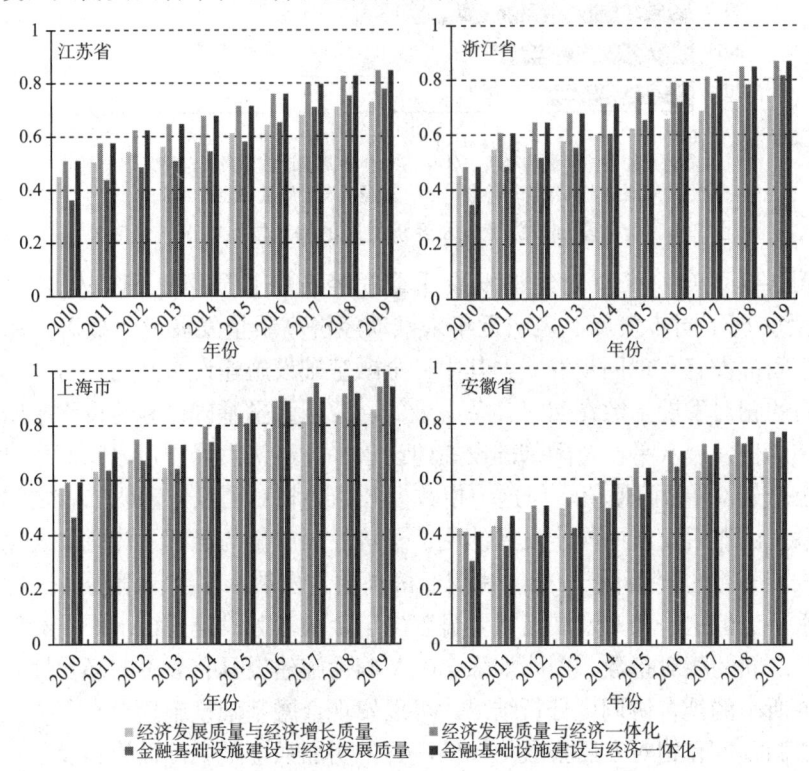

图 2-7　金融基础设施建设及经济发展的耦合协调度分析（四省市）

（三）相对发展状况分析

1. 长三角全域视角下变量之间的相对发展状况

变量之间的发展通常不是同步的，这些发展不平衡能为政府之间的合作策略和政策制定提供指导。根据上文的阐述，此处测算了长三角全域经济发展质量与经济一体化发展水平、金融基础设施建设水平与经济一体化发展水平、金融基础设施建设水平与经济发展质量、经济发展质量与经济增长质量之间的相对发展状况，结果呈现在图 2-8 中，其中虚线为变量发展程度比值为 0.8 的分界线，即同步发展与不平衡发展的分界线。

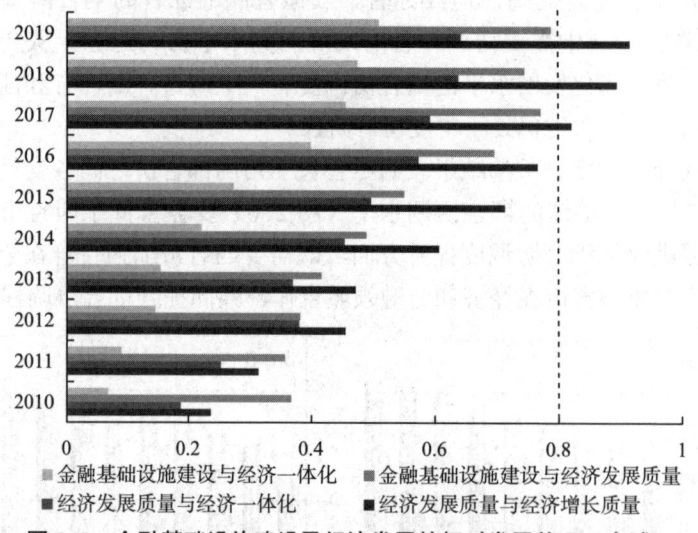

图 2-8 金融基础设施建设及经济发展的相对发展状况（全域）

由图 2-8 可知，长三角经济发展质量和经济增长质量之间的相对发展水平 2017 年后实现了同步发展，表明近年来推动经济高质量发展成效显著，但其他几组变量之间都没有实现同步发展。其中：金融基础设施建设水平与经济一体化发展水平之间的相对发展指数在四组关系中最低，说明金融基础设施建设水平明显滞后于经济一体化发展水平；金融基础设施建设水平与经济发展质量之间的相对发展指数虽然也低于 0.8 的门槛值，但这一指数提升趋势相对明显，表明二者之间的相对发展关系正由滞后发展向同步发展演变；经济发展质量与经济一体化发展水平之间的相对发展指数也显著低于 0.8，说明经济高质量发展水平要显著滞后于经济一体化发展水平，但这一相对发展指数要显著高于金融基础设施建设水平与经济一体化发展水平之间的相对指数，说明加强金融基础设施建设具有显著的必要性。同时结合图 2-6 所示的耦合协调度分析结果，可以发现金融基础设施建设水平与其他变量之间的协调程度和相对发展指数均较低，更说明加强金融基础设施建设是长三角地区实现经济高质量一体化发展的有效措施。

2. 省级层面变量之间的相对发展状况分析

进一步，此处测算了长三角四省市金融基础设施建设和经济发展相关指标间的相对发展状况，结果呈现在图 2-9 中。

■ 经济发展质量与经济增长质量　　■ 经济发展质量与经济一体化
■ 金融基础设施建设与经济发展质量　■ 金融基础设施建设与经济一体化

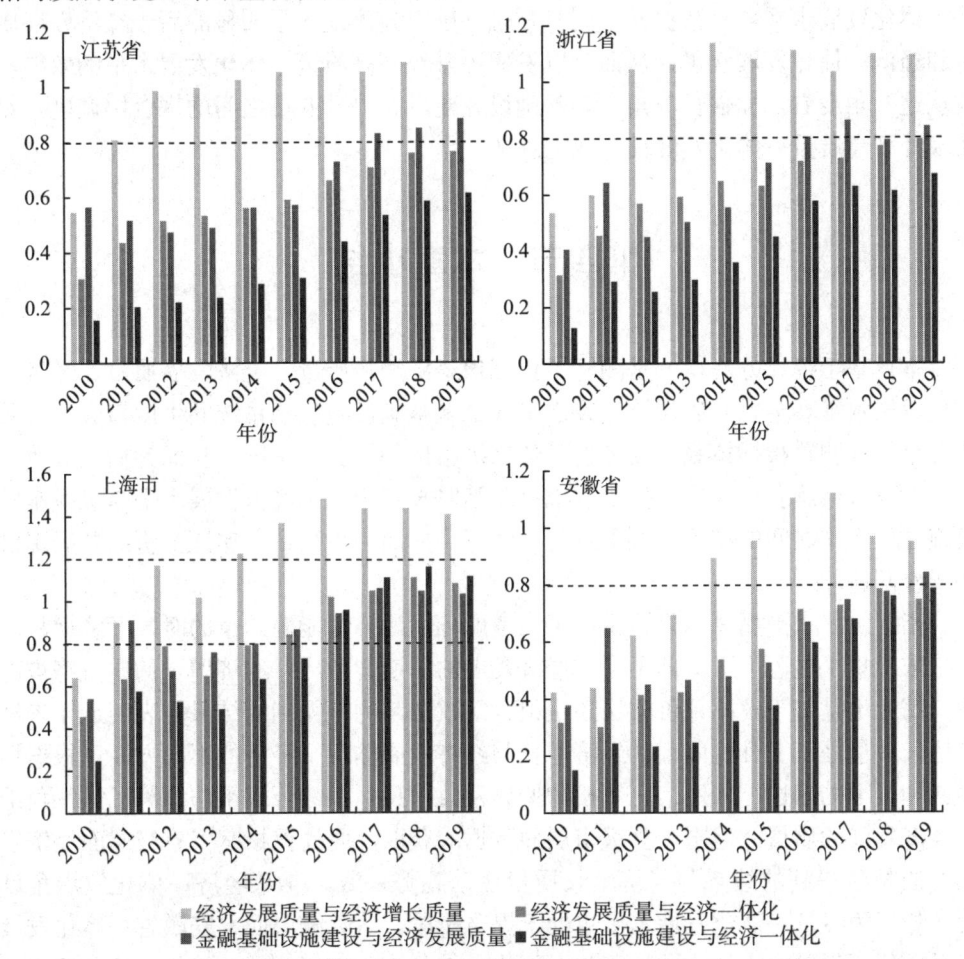

图 2-9　金融基础设施建设及经济发展的相对发展状况（四省市）

由图 2-9 可知，上海市各变量之间发展的同步性最高，且从统计数据上看，上海市经济发展质量要高于经济增长的质量，说明初步实现了经济高质量发展，同时金融基础设施建设水平与经济发展质量、经济一体化发展水平和经济增长质量之间也实现了同步发展，说明完善金融基础设施建设将进一步推动上海市经济高质量一体化发展水平的提高。从江苏省、浙江省和安徽省指标之间的相对发展指数看，经济发展质量与经济增长质量也相继实现了协调发展，预示着注重经济发展质量的发展方针取得了显著成效；但三省金融基础设施建设水平明显滞后于经济一体化发展水平，说明加强金融基础设施建设促进经济一体化发展的效应存在提升空间；三省金融基础设施建设水平与经济发展质量之间的相对发展指数近年来有显著上升趋势，相继实现了同步发展，但仍需补足金融基础设施建设上的短板。

总体上看，无论是从全域还是从四省市角度看，长三角地区经济发展质量和经济一体化发展水平均有待提升，同时金融基础设施建设水平明显滞后于经济发展质量和经济一体化发展水平，从而难以发挥提升经济高质量一体化发展水平的效能。故从这一角度看，加强长三角金融基础设施建设、提升变量之间的耦合协调度，对实现经济高质量一体化发展具有现实意义。

第四节 本章小结

本章基于统计方法，一是测算了长三角经济增长质量、经济发展质量、经济一体化发展水平和金融基础设施建设水平（金融基础设施生态系统共生度指数），并从各个指标测算指标体系角度分析了各二级指标的方面贡献度，从而为后文（第七章）的改善措施和效果模拟提供基础；二是对长三角地区经济发展水平与金融基础设施建设水平之间的耦合协调度进行了测算，从而为后续章节实证分析的开展提供必要性阐述。

指标发展水平测算结果显示：①当考虑环境污染和能源约束的时，经济增长质量指数出现了显著下降，即不考虑经济发展的非期望产出，经济增长的质量将被高估。②无论是基于效率评价方法还是组合赋权法，测算得到的结果均表明近年来经济增长质量处于上升阶段。③经济增长与经济发展体现了经济的不同方面，根据杨耀武和张平的阐述，采用信息熵权和变异系数信息量权综合权重法测算了长三角地区经济发展的质量，但限于县级市层面数据的获取，此处仅核算了省级层面经济发展的质量，得到的结果与经济增长质量变动趋势一致。④从经济一体化发展角度看，长三角经济一体化发展水平也处于提升阶段，从省级层面看安徽省一体化发展水平较低，但融入一体化的进程相对更快。⑤除 2012 年和 2013 年外，长三角地区的金融基础设施共生度为正且呈现递增趋势，从省级层面指数绝对值上看上海市＞江苏省＞浙江省＞安徽省；但近五年增速上安徽省＞浙江省＞上海市＞江苏省，总体上看长三角金融基础设施建设水平朝着均衡方向发展。⑥二级指标方面看，不同方面对指数的贡献存在显著差距，因此各省市可基于比较优势采取完善措施，提升各项指数。

耦合协调度分析结果表明：长三角金融基础设施建设水平、经济发展质量、经济增长质量和经济一体化发展水平之间存在较强的耦合关系，但耦合协调程度偏低，这一低水平下的高耦合显然不利于地区的发展；长三角全域和四省市之间的耦合协调度表明，长三角内部省市之间的耦合协调度要显著高于全域水平，预示着加强四省市在经济和金融领域的合作能提升金融服务经济发展的效能，也有助于实现经济高质量一体化发展。从相对发展角度看，长三角金融基础设施建设水平明显滞后于经济发展质量和经济一体化发展水平，故加强长三角金融基础设施建设将有助于提高金融基础设施建设水平与经济发展质量和经济增长质量之间的协调性，从而推动耦合协调程度由低水平向高水平转变，进而推动长三角地区迈向经济高质量一体化发展阶段。

针对上文的结论，本书后续章节将采用实证分析方法探讨金融基础设施建设对经济高质量一体化的影响，其中重点考虑间接实现机制——促进金融体系的完善。具体而言：第三章重点分析加强金融基础设施建设对金融体系完善的影响，分别从金融结构优化、金融协同融合发展水平提升和金融功能完善三个角度展开。第四章重点分析金融基础对经济高质量一体化发展的影响，分析中设计了两个分析任务：一是对长三角高质量一体化发展的逻辑进行分析；二是分析金融基础设施的经济发展质量提升效应、经济一体化发展水平提升效应和经济高质量一体化发展的促进效应，并将金融体系完善程度和金融市场发展水平作为机制变量进行分析。第五章采用空间计量分析方法，从更大空间上探讨金融基础设施建设促进经济高质量一体化发展的"本地—邻地"溢出效应。

第三章　长三角金融基础设施建设对金融体系的影响

　　作为金融市场重要的构成，金融基础设施的完善必然会对金融体系产生重要的影响，从而影响经济发展。本章从金融结构、金融功能和金融协同融合发展等角度重点探讨了长三角金融基础设施建设对金融体系的影响效应。第一节从理论上对金融基础设施建设与金融体系完善之间的关系进行概述，并提出研究假设；第二节根据研究目的，测算相关指标，并对实证方法和模型进行介绍；第三节为实证分析，对研究假设进行检验；第四节对本章的研究进行总结。

第一节 研究概述与假设

2008年全球金融危机爆发后，金融系统的脆弱性和金融基础设施建设的薄弱情况受到众多学者的关注，金融基础设施建设成为后金融危机时代各国关注的焦点问题。从中国的经验看，我国金融基础设施建设立足于提升金融服务经济发展的能力，针对资本市场和货币市场进行了一系列的改革。例如出台了众多规范性文件，如《企业征信机构备案管理办法》《金融机构互联网黄金业务管理暂行办法》等；加快完善多层次资本市场，如开通沪港通、新三板、设立北京证券交易所等；顺应时代发展、加强了数字金融变革，如试点推行法定数字货币等。这些金融基础设施的完善将对金融结构和金融市场功能产生影响，从长三角一体化发展角度看，金融基础设施的完善也将推动地区金融协同融合发展。

一、金融基础设施建设与金融结构优化

中国是典型的银行主导型金融市场。银行体系较为发达，其在将储蓄转化为投资、资源配置、为企业提供融资便利和控制金融风险方面起到主导作用。因此，在我国金融市场发展过程中，银行主导型金融市场是我国经济发展和市场化改革的现实选择。但过度依赖银行体系也存在弊端，如导致更高的宏观（企业）杠杆率、对经济增长的促进作用减退、阻碍技术水平升级、导致投融资无效率、引发更高的系统性金融风险等。故加强金融基础设施，拓展多元化的金融市场主体、降低对银行体系的依赖对金融体系的完善和经济发展具有现实意义。

近年来，越来越多的文献关注了金融结构对经济增长、产业结构升级、微观家庭消费与创业行为、汇率稳定、企业创新、融资约束的影响，证实了最优金融结构的重要性。根据金融基础设施生态系统（图2-3），金融基础设施的完善必然伴随着四大生态种群的完善，其中金融结构优化正是金融机构和金融市场种群完善的重要体现。Levine将金融结构定义为股票市场在规模、效率和活跃度上相对银行业发展的程度。故从这一定义角度看，我国金融结构的失衡主要体现为经济增长对银行体系（银行信贷或间接融资渠道）的过度依赖，也即，这种结构失衡具体体现在银行体系内部和资本市场内部结构的失衡。需要说明的是，本书第二章中测算金融机构和金融市场种群发展水平时也从银行市场、保险市场和证券市场加以考量，这与Levine金融结构指数的构造思想较为一致，故金融基础设施系统共生度值的变化能在一定程度上体现金融结构的变化。

本书观点认为，可以通过加强金融基础设施建设来修正金融结构的失衡问题，换言之，金融基础设施的完善将促进直接融资市场和间接融资市场完善。从间接融资市场方面看，银行类型、银行的功能和服务能力将得到丰富与提升，从而进一步扩大间接融资渠道；从直接融资市场方面看，资本市场的发展也将促进多层次的资本市场体系完善，进一步夯实资本市场服务实体经济的基础。同时，金融基础设施的完善将促进直接融资市场和间接融资市场的良性互动。综上所述，特提出假设1：

H1：提升金融基础设施建设水平有助于优化金融结构。

二、金融基础设施建设与金融功能完善

毫无疑问，加强金融基础设施建设对促进资本积累、维护金融稳定和促进金融结构变迁具有关键性作用。从金融基础设施狭义含义上看，金融基础设施尤指金融市场基础设施，包括金融机构、金融工具和金融监管机构等一系列为金融活动提供保障的实体；从金融基础设施广义含义上看，金融基础设施既包含了金融市场基础设施还包含了保障金融活动的制度和法规，其实质上是以央行为中心的支付清算体系的制度安排，因此加强金融基础设施建设必然会对金融功能产生影响。文献梳理部分指出金融功能具有基础功能、核心功能、扩展功能和衍生功能，事实上衍生功能中如信息传递、企业管理等在基础功能、核心功能和拓展功能中均有所体现，因此下文将从基础功能、核心功能和拓展功能三个角度分析金融基础设施完善的影响效应。

1. 金融基础设施建设对金融市场基础功能的影响

资金融通（支付结算）是金融市场的基础功能，早期的资金融通（支付结算）主要通过商业银行完成，这也是我国银行主导型金融体系中的典型事实。随着互联网的发展 ATM 机的出现使得银行部分业务脱离柜台，便利了现金业务开展。尤其是以蚂蚁金服为代表的第三方金融服务平台的兴起，对商业银行的支付结算业务造成了不小的冲击，商业银行借着互联网金融发展的春风纷纷开展了掌上银行业务，银行支付结算服务效率得到了前所未有的提升。近年来，随着大数据、人工智能、区块链等技术的革新和第三方支付平台的规范化、快速化发展，以及人脸识别、指纹识别、虹膜识别等智慧技术在支付结算领域的广泛运用，显著提高了支付活动的安全与效率。根据中国人民银行的统计，2020年底网联清算平台处理业务量5431.68亿笔、处理业务金额为348.86万亿元，分别为2018年的4.228倍和6.024倍；而银行行内支付系统处理业务量出现了显著下降，2020年不足2018年的一半，银行行内支付系统处理业务额度提升也相对缓慢，2020年仅为2018年的1.170倍，从这一角度看新型金融基础设施的建设能显著提升金融体系的支付结算效率，

故我们有理由认为金融基础设施生态系统运行效率的提升将进一步促进支付结算功能的完善。于是，此处提出假设2：

H2：长三角金融基础设施生态共生度提升能显著地提升金融体系的支付结算效率。

2. 金融基础设施建设对金融市场核心功能的影响

加强金融基础设施建设将促进金融基础设施生态种群共生度提高，从而提高金融资源在不同主体之间的配置效率。如在金融市场发展初期，商业银行在集聚社会闲散资金、为企业提供信用贷款方面起到了举足轻重的作用，商业银行也是在融资渠道较为单一的年代，我国企业重要的甚至唯一的外部融资渠道。同时资本市场的发展也拓宽了融资渠道，如1990年我国先后设立了上海证券交易所和深圳证券交易所，标志着我国股票市场的正式形成，两大证券交易所的成立为企业搭建了一个全新的融资平台，越来越多的企业通过证券市场开展融资，资本的力量开始在中国初见端倪，同时越来越多的公众也开始参与证券市场的交易，一方面提高了资本的流动性、利用率和收益水平，另一方面也降低了企业对银行信贷的需求和依赖。此外，非银行类金融机构的蓬勃发展，也极大地提高了金融资源配置的效率，尤其是第三方信贷平台的出现，拓宽了金融服务的边界、提高了金融普惠性。最后，从中介服务机构种群角度看，征信平台、大数据服务行业、信用评级机构的发展，降低了经济主体之间的信息不对称和逆向选择风险，调动了社会资本参与经济活动的积极性、最大限度地降低了金融交易成本。基于以上阐述，特提出假设3：

H3：长三角金融基础设施生态系统的完善对金融资源的配置效率具有显著的提升效应。

3. 金融基础设施建设对金融市场拓展功能的影响

金融市场的拓展功能主要指风险规避与分散功能，这一功能的实现与金融基础设施的完善密切相关。中国是典型的银行主导型金融体系，银行体系始终是金融风险集聚的高地，通常也承担了更多的风险处置成本，近年来打破刚性兑付的呼声越来越高，正是对化解金融风险的考虑。伴随着金融基础设施的完善，金融市场的各种功能也将随之完善，尤其是金融机构和金融市场的完善为金融风险的分散和转移提供了机会和渠道、降低了银行体系的风险负担水平。从规范行业发展角度看，伴随着政府部门种群的完善，一系列规范金融业发展的政策文件将促进金融市场有序发展，从而降低金融机构种群和金融市场风险。从投资者角度看，中介机构种群的完善一方面拓宽了投资者信息获取的渠道和获得金融服务的渠道，另一方面征信机构等部门的完善，降低了投资者和投资项目之间的信息不对称，从而为投资者筛选投资项目提供决策参考，同时也将有助于金融机构和企业开发个性化的金融产品和投资产品，进一步降低投资风险。基于上述分析，此处提出假设4：

H4：长三角金融基础设施生态系统的完善能显著降低金融风险。

三、金融基础设施建设与金融协同融合发展

长三角金融基础设施建设旨在保障三省一市经济高质量一体化发展的顺利进行，故长三角金融基础设施的建设必然带有区域元素，譬如在一体化示范区内全面启动金融服务"同城化"、试点跨区域联合授信、推动移动支付互联互通和支持设立一体化金融机构等。作为中国金融发展水平最高的地区，长三角地区形成了以上海市、杭州市和苏州市等大城市为金融核心的金融网络框架，尤其是新型金融基础设施的建设，更是强化了核心城市金融市场的引领作用和对外辐射带动能力，从而依靠"乘数效应"实现地区金融协同融合发展的目的。根据金融基础设施建设的空间范围，可以将金融基础设施分为两类：一是全国性质的重要金融基础设施，如中国人民银行支付清算系统、中国人民银行征信系统、金融资产登记托管系统等；第二类是服务特定地区经济发展的跨区域金融基础设施，如区域内（区域间）电子支付系统、地区间金融资源互助平台和跨区域的征信系统（如长三角征信链）等。需要说明的是，虽然区域性质的金融基础设施是基于全国重要金融基础设施而建立，但在整合区域金融资源、服务区域内企业和经济发展方面更具优势，且区域性质的金融基础设施建设加强了区域内不同城市金融市场之间的联系，使之形成了运行相对高效的有机整体。基于上述分析，提出假设5：

H5：长三角金融基础设施生态系统的完善对区域金融协同融合发展具有促进作用。

第二节　计量模型与变量选取说明

一、计量模型设定

根据上文的研究目的和研究假设，可知本章重点在于检验金融基础设施建设促进金融体系完善的效应，因此将基准计量模型 FIN_charts_{it} 设计为：

$$FIN\_charts_{it} = \alpha_0 + \alpha_1 FIN\_sys_{it} + \lambda_j \sum_{j}^{n} Z_{ijt} + u_{it} \tag{3-1}$$

此外，金融基础设施建设对金融功能的完善效应可能存在滞后影响，故在模型3-1的基础上，将被解释变量进行延后一期处理，计量模型为：

$$FIN\_charts_{it+1} = \beta_0 + \beta_1 FIN\_sys_{it} + \omega_j \sum_{j}^{n} Z_{ijt} + u_{it} \tag{3-2}$$

当然，本章在分析金融基础设施建设对金融体系影响过程中，还关注了金融发展水平（FIN_devp）提升的影响效应，即加强金融基础设施建设有助于提高地区金融发展水平，进而间接促进金融功能完善。对此，我们通过构建交互项模型分析这一间接效应，模型为：

$$FIN\_charts_{it} = \phi_0 + \phi_1 FIN\_sys_{it} + \phi_2 FIN\_devp_{it} + \\ \phi_3(FIN\_sys \times FIN\_devp_{it}) + \rho_j \sum_{j}^{n} Z_{ijt} + u_{it} \quad (3-3)$$

其中，i 表示城市或省份，t 表示时间，j 表示控制变量的序列数，Z 代表控制变量集合，u_{it} 为随机扰动项。

根据本书的研究目的，模型 3-1 需要验证 $\alpha_1 > 0$。模型 3-2 中，若 β_1 显著，则表明金融基础设施建设的金融功能完善效应存在滞后性。模型 3-3 中，若 ϕ_3 具有显著性，则表明金融基础设施建设促进金融功能完善存在以金融发展水平提升为渠道的间接实现机制。

二、变量选取与描述性分析

（一）解释变量

本章中解释变量为金融基础设施建设水平（FIN_sys），此处根据第二章的描述，利用式（2-14）～式（2-20）计算得到地级市层面的金融基础设施生态系统共生度指数，以此表征地级市的金融基础设施建设水平。需要说明的是，由于不同城市之间统计规则和统计指标存在差异，因此一些指标在年鉴中难以获得，因此为了最大限度地体现各地级市的真实的金融基础设施建设水平，此处在测算时对难以搜集的指标数据采用地级市所在省份相应年度的数值代替，这些指标主要有每百万人拥有营业机构网点数、律师事务所数、专利执法案件数和民营企业的融资约束值（部分企业仅有省份信息），其他宏观经济数据均从各地级市统计年鉴、统计公报和国安泰安数据库中获取，地区金融科技发展水平依然采用沈悦和郭品以及张海军和黄峰的文本分析方法计算得到。

（二）被解释变量

本章中被解释变量为金融体系发展的特征指标（FIN_charts），主要有金融结构（FIN_stru）、金融支付结算功能（FIN_pset）、金融资源配置效率（FIN_aleff）、金融风险分散功能（FIN_diver）和金融协同融合发展水平（FIN_int）。

1. 金融结构（FIN_stru）

对金融结构的衡量国内外学者大多采用了 Levine 的金融结构指数构造法，分别从金融结构规模（FIN_str-size）、金融结构活跃度（FIN_str-act）和金融结构效率（$FIN\_str\text{-}eff$）三个方面衡量。其中：金融结构规模（$FIN\_str\text{-}size$）＝股票市场市值占 GDP 比重／银行信贷占 GDP 比重、金融结构活跃度（$FIN\_str\text{-}act$）＝股票市场交易额占 GDP 比重／银行信贷占 GDP 比重、金融结构效率（$FIN\_str\text{-}eff$）＝股票市场交易额占 GDP 比重／银行部门净息差。需要特别说明的是，在数据整理过程中发现，银行部门的净息差数据无论是省级层面的还是地级市层面的都难以获取，因此从数据完备性角度看，此处综合采用金融结构规模（$FIN\_str\text{-}size$）和金融结构活跃度（$FIN\_str\text{-}act$）的线性组合表征金融结构（FIN_stru）指标，二者之间的系数配比设为 1∶1。同时在处理地级市层面数据时，剔除了缺失数据较多的城市，旨在使结论具有代表性，预期 FIN_sys 的系数为正。

2. 金融支付结算功能（FIN_pset）

目前我国金融系统形成了以中国人民银行人民币跨境支付系统（CIPS）为核心，银行业内部支付系统为基础，银联（信用卡）支付系统、互联网支付系统等为重要构成部分的支付结算体系。近年来，随着互联网、大数据、人工智能、指纹与人脸识别等技术在金融业的广泛运用，使得金融系统的支付结算功能、安全性和运行效率得到了显著提高。通常量化支付结算系统功能的指标主要有银行网点数、银行从业人员数、银行账户数、资金周转率、支付业务金额、支付系统处理业务金额等，但这些数据大多是总量数据且收集难度较大，难以核算得到省级层面和地级市层面，同时如银行网点数、银行从业人员数这类直接触达用户的指标又难以全面刻画金融的支付结算功能，因此需要寻找合适的替代指标。

考虑到数据的可获得性，此处采用北京大学数字普惠金融指数（PKU-DFIIC）表征金融体系的支付结算能力，选用该数据的主要原因如下：

首先，数字金融服务与传统金融服务之间的区别在于服务的媒介不同，但服务的内容实则相似。传统金融服务主要依托金融机构的实体如银行网点、保险公司、证券营业部等为经济活动主体提供金融服务，而数字金融服务提高了传统金融服务的覆盖面，利用互联网技术通过电子账户开展金融业务。同时根据监管部门的要求，第三方支付账户只有在绑定银行卡后才具备大额支付、理财等功能，即实现对用户的金融服务的真正覆盖，而支付账户与银行卡的绑定实际上使得数字金融体系对接了银行体系，从而体现了更多金融服务细节。

其次，数字普惠金融指标体系包括数字金融覆盖度、使用深度和数字化程度 3 个一级指标和 33 个具体指标，其中包含了货币基金业务、支付业务、保险业务、投资业务、信用业务和信贷业务（涵盖个人消费者和小微经营者），甚至关于结算方式（如移动化、信用化和便利化）都进行了统计，既体现了数字技术广泛应用背景下金融的普惠性也体现了当前金融系统在支付结算方面的最新技术进展，故能较为全面体现金融支付结算功能。

最后，相较于银行业等金融机构的数据，数字普惠金融指数作为公开数据，在数据获取方面较为便利，避免了复杂的重复性工作，且数据更具权威性。需要说明的是，北京大学数字普惠金融指数报告区间为 2011～2020 年，因此运用趋势分析法计算得到 2010 年的指数，分析中使用对数化处理后的数据，预期系数为正。

3. 金融资源配置效率（FIN_aleff）

资源配置是金融市场四大核心功能之一，金融发展在缓解企业融资约束、提高金融机构效率和行业生产效率等方面至关重要。根据李青原和章尹赛楠以及张慕濒和孙亚琼的研究，金融资源配置效率体现在企业资金来源和使用、企业金融化发展、金融业投入与产出改善等方面，其中从金融服务经济发展角度看，金融资源配置效率的提升直观体现在生产领域，即企业融资约束的降低。故鉴于数据来源与量化的便利，此处以长三角地区民营上市公司为研究样本，在计算各公司的融资约束指数（SA）后，再根据上市公司所在的省份和城市计算年度均值，然后先取绝对值再进行对数化处理，最后用倒数值表征地区金融资源的配置效率，也即，地区融资约束倒数值越大金融资源配置效率越高。融资约束指数的计算借鉴了 Hadlock 和 Pierce 的方法，计算公式为：

$$SA = -0.737*Size + 0.043*Size^2 - 0.04*Age \qquad (3-4)$$

其中，$Size$ 为企业规模，用企业总资产表示；Age 为企业的年龄，用统计年度与企业成立时间的差值表示。鞠晓生、魏志华以及卢太平和张东旭等学者的研究均表明这一量化方法具有可行性，预期系数为正。

4. 金融风险分散功能（FIN_diver）

考虑到银行主导型金融市场的风险主要集中于商业银行领域，而商业银行的风险主要来源于信贷风险。通常衡量银行体系风险的指标主要有体现破产风险的 Z 值、股票收益波动率、不良贷款率、杠杆率等。但在衡量区域层面的金融风险方面，指标选取通常比较困难：一是国有大型商业银行和股份制商业银行通常有政府的信用背书，破产风险几乎是不存在的，因此 Z 值不适用于银行业；二是规模和风险负担能力限制了部分商业银行的上市，因此用股票收益波动率衡量银行体系的金融风险显然并不适合。但无论商业银行属性如何、规模大小如何、所处位置如何，都将面临信用风险，故我们用不良贷款率（NPLR）表征商业银行面临的信用风险，计算公式为：不良贷款率 = 不良贷款额 / 贷款总额。指标测算使用的数据来源于三省一市的商业银行，在剔除缺损数值后，共得到 1421 条有用数据，其中大部分为农商行，具有极强的本地属性。在此基础上计算得到 2010～2019 年各地级市商业银行的不良贷款率均值，以此表征地级市层面的金融风险水平，预期系数为负数。

5. 金融协同融合发展水平（FIN_int）

为测算长三角地区金融协同融合发展水平，此处首先从金融规模、金融结构和金融效率三个方面构建评价指标体系，其中金融规模采用地区人均储蓄存款额、人均保费收入、金融机构从业人数占地区人口比重表示；金融结构用保险深度、全社会固定资产投资占贷款比重、新型金融机构资产占金融机构总资产比重和金融相关率表示；金融效率用存贷比、金融增加值占 GDP 比重、外商直接投资占 GDP 比重表征，上述数据均来源于各地市统计年鉴、国泰安数据库和 Wind 数据库。此处借鉴安孟等学者的研究方法，采用熵值法对各指标进行赋权得到金融协同发展指数，随后利用泰尔指数核算长三角全域和省级层面的数据，计算公式为：

$$E(U_i) = \sum_{j=1}^{n} U_j \ln(1/U_j), \quad i=1, 2, 3, 4 \tag{3-5}$$

$$T_i = \ln n - E(U_i) = \sum_{i=1}^{4} U_i \ln nU_i, \quad i=1, 2, 3, 4 \tag{3-6}$$

其中，i 表示考察对象，即长三角区域地级市和江浙沪皖四省市；j 为与研究对象 i 相对应的具体考察对象，对应四省市和地级市；n 为考察对象的个数。泰尔指数越小，说明区域金融发展不平衡程度越小，即金融协同融合发展程度越大，预期系数为正。

（三）其他控制变量

我们还控制了其他可能影响地区金融功能的变量，主要有：①金融发展水平（FIN_devp），根据一般做法，用金融业增加值占 GDP 比重表示，这一变量在间接效应检验过程中使用。②地区综合创新能力（$Innovation$），其中地级市层面的数据借鉴谢呈阳和胡汉辉的研究，根据《中国城市和产业创新力报告》相关数据计算得到；省级层面的创新指数数据来源于《中国区域创新能力评价报告》（2010～2020），并进行对数化处理。③全要素生产率（TFP），借鉴 Battese 和 Coelli 的模型，采用 SFA 方法测算得到，其中投入指标为从业人员数（万人）、资本存量（永续盘存法计算得到）；产出指标为以 2010 年为基期计算得到的实际GDP。④实体经济发展水平（Eco_real），参考张海军和岳华的方法，用实体经济产值占 GDP 的比重表示，其中实体经济产值 = 经济增加值 − 金融业增加值 − 房地产业增加值，数值越大实体经济发展越好。⑤工业化程度（$Industry\_de$），用工业增加值占 GDP 比重表征。⑥金融开放水平（$Finop$），由于地级市统计指标的限制，本书中地级市层面的金融开放水平用外商直接投资与 GDP 的比重量化，省级层面的金融开放水平的测度方法借鉴张海军和岳华的研究，以地区资本市场和货币市场的对外开放水平综合测算得到，计算公式为：

$$Finop_{it} = \alpha_1 \frac{FDI_{it}}{GDP_{it}} + \alpha_2 \frac{OFDI_{it}}{GDP_{it}} + \alpha_3 \frac{FDL_{it}}{TDL_{it}} \quad s.t. \quad \sum_{j=1}^{n} \alpha_j = 1 \tag{3-7}$$

其中，$Finop$ 为金融开放度；FDI 为外商直接投资额、$OFDI$ 为对外直接投资存量，二者与 GDP 比重表示地区资本市场的开放程度；FDL 为金融机构外币存贷款总额；TDL 为金融机构本外币存贷款总额，两者的比值表示地区货币市场开放度。

此处以长三角地区省级和地级市数据作为样本，考虑到一些省份年鉴中数据缺失，且通过数据库检索依然难以搜集，这些指标主要有地区农商行不良贷款率、金融开放水平、金融结构指标中股票成交额和市值等，故在剔除缺损城市样本后共得到 27 座地级市层面的数据，包含上海市、江苏省 9 座城市、浙江省 8 座城市和安徽省 9 座城市，省级层面包含了江浙沪皖 4 省市。地级市层面的数据描述性统计结果和主要变量的相关性分析结果呈现在表 3-1 和表 3-2 中。

表 3-1 变量描述性统计

描述性统计	变量	样本数	均值	最大值	最小值	标准差
FIN_sys	金融基础设施共生度	270	0.214	1.207	−0.517	0.300
FIN_stru	金融结构	270	0.667	3.085	0.137	1.461
FIN_pset	金融支付结算功能	270	5.031	6.017	2.735	1.031
FIN_aleff	金融资源配置效率	270	0.541	1.652	0.272	0.849
FIN_diver	金融风险分散功能	270	1.930	4.420	0.310	0.768
FIN_int	金融协同融合发展水平	270	1.311	3.799	0.036	0.938
FIN_devp	金融发展水平	270	6.331	17.401	2.451	2.437
$Innovation$	地区综合创新能力	270	4.293	4.602	2.876	0.326
TFP	全要素生产率	270	1.551	2.934	0.150	0.714
Eco_real	实体经济发展水平	270	0.865	0.954	0.719	0.046
$Indus\_de$	工业化程度	270	0.404	0.610	0.208	0.072
$Finop$	金融开放水平	270	1.710	7.780	0.005	1.705

如表 3-1 所示，金融基础设施生态系统共生度的最大值为 1.207，最小值为 −0.517，标准差为 0.300，表明地区间金融基础设施建设水平差距较小；但金融结构指标、金融功能指标和金融协同融合发展程度不同城市之间存在着较大的差距。

如表 3-2 所示，变量之间存在着较强的相关性，具体而言：金融基础设施建设水平（FIN_sys）与金融结构（FIN_stru）之间的相关性系数为 0.550，通过 5% 的显著性水平检验，表明二者之间可能存在着正相关关系，从金融功能角度看，金融基础设施建设水平（FIN_sys）与金融支付结算功能（FIN_pset）、金融资源配置效率（FIN_aleff）之间为显著的正相关关系，与金融风险分散功能（FIN_diver）具有显著的负相关关系；金融基础设施建设水平（FIN_sys）与金融协同融合发展水平（FIN_int）之间的相关系数为 0.773，通过 1% 的显著性检验，意味着变量之间可能高度正相关。

表 3-2　主要变量的相关性分析

变量	FIN_sys	FIN_str	FIN_pset	FIN_aleff	FIN_diver	FIN_int	FIN_devp	Finop
FIN_sys	1.000							
FIN_stru	0.550**	1.000						
FIN_pset	0.569***	0.268***	1.000					
FIN_aleff	0.611*	−0.051	−0.372***	1.000				
FIN_diver	−0.541**	−0.094	0.053	−0.092	1.000			
FIN_int	0.773***	0.418***	0.769***	0.207***	−0.087	1.000		
FIN_devp	0.428***	0.338***	0.399***	0.004	−0.302***	0.471***	1.000	
Finop	0.044	0.052	−0.081**	0.493***	−0.159**	0.063	0.027	1.000

注　*$p<0.1$、**$p<0.05$、***$p<0.01$，下表统同。

第三节　实证检验与分析

一、金融基础设施建设对金融结构的影响

（一）基准回归

本章首先检验了金融基础设施建设对金融结构的影响，计量结果如表3-3所示。

第（1）列和第（2）列为不考虑城市、年份和省份聚类的普通最小二乘法（OLS）回归结果，其中第（1）列仅以金融基础设施建设水平对金融结构进行简单回归，金融基础设施建设水平的系数为0.233，通过了10%的显著性检验；第（2）列是考虑控制变量后的简单回归，金融基础设施建设水平的系数为0.196，在10%水平下显著，表明提高金融基础设施建设水平能促进金融结构优化度的提高；第（3）列和第（4）列为控制城市效应和年份效应的固定效应模型的回归结果，金融基础设施建设水平的系数分别为0.129和0.212，分别通过5%和10%的显著性检验，表明加强金融基础设施建设提高了金融结构完善程度；第（5）列和第（6）列为在第（3）列和第（4）列基础上进行省级聚类的计量结果，旨在分析省份之间发展差距对回归结果的影响，结果表明金融基础设施建设水平的系数依然显著为正，说明加强金融基础设施能提高金融结构的完善程度。表3-3的结果验证了假设1。

从其他控制变量角度看：城市创新程度（Innovation）的系数为正数，且通过

显著性检验，表明城市创新程度对金融结构的完善具有促进作用，事实上城市创新能力的提升一方面提高了对金融市场的要求，如新金融产品、新金融模式等，这些新需求将引导金融创新，从而丰富了金融市场的微观构成；另一方面，金融结构的完善也为创新提供了资金支持。全要素生产率（TFP）的系数均为显著的正数，说明提高城市的全要素生产率有助于促进金融结构的完善。在省份聚类基础上，实体经济发展水平（Eco_real）的系数为 0.982，且通过 5% 的显著性检验，表明优化实体经济的发展能促进金融结构的优化，但工业化程度（$Industry\_de$）与金融结构完善之间不存在显著的相关关系。地区金融开放水平（$Finop$）的提高能促进金融结构完善。此外，从第（1）列～第（6）列 FIN_sys 的系数大小角度看，控制所有影响效应后的计量系数最大，进一步说明了金融基础设施对金融机构完善的重要性，由第（6）列的系数可知，其他条件不变时金融基础设施建设水平提升 1 个单位，金融结构优化度提升约 0.259 个单位。

表 3-3　金融基础设施建设对金融结构影响的基准结果

变量	(1) OLS	(2) OLS	(3) FE	(4) FE	(5) FE	(6) FE
FIN_sys	0.233* [0.124]	0.196* [0.106]	0.129** [0.057]	0.212* [0.113]	0.114* [0.066]	0.259** [0.113]
$Innovation$		0.204* [0.109]		0.226* [0.122]		0.238* [0.129]
TFP		0.041** [0.027]		0.044** [0.022]		0.056** [0.026]
Eco_real		−0.001 [0.701]		0.267** [0.108]		0.982** [0.434]
$Industry\_de$		0.517*** [0.168]		0.880** [0.341]		0.996** [0.451]
$Finop$		−0.018 [0.072]		0.414** [0.201]		0.060* [0.032]
常数项	0.617*** [0.034]	0.435 [0.697]	0.563*** [0.065]	1.123 [0.822]	0.502*** [0.065]	1.454* [0.876]
城市控制	否	否	是	是	是	是
年份控制	否	否	是	是	是	是
省级聚类	否	否	否	否	是	是
N	270	270	270	270	270	270
$R\text{-}sq$	0.893	0.819	0.879	0.805	0.801	0.814

注　中括号为稳健标准误；下表统同。

（二）金融基础设施建设促进金融结构优化的滞后影响效应分析

金融基础设施建设的金融结构优化效应可能存在着时滞，即金融基础设施建设水平提升后，随着金融环境的优化，各类金融机构、中介机构才会逐渐发展起来。对此，以延后一期的金融结构（FIN_stru_{t+1}）作为被解释变量，分析当期金融基础设施建设水平提升对下一期金融结构的影响，计量模型如公式3-2所示，计量结果呈现在表3-4中。

第（1）列和第（2）列为OLS模型的回归结果，其中第（1）列为只考虑金融基础设施建设水平对延后一期的金融结构影响，计量结果表明金融基础设施建设水平的系数为0.413，通过1%的显著性检验；第（2）列是考虑控制变量后的简单回归结果，FIN_sys的系数为0.437，在1%水平下显著。第（3）列和第（4）列是在控制城市效应和时间效应的计量结果：其中第（3）列为不考虑控制变量的计量结果，金融基础设施建设水平的系数为0.264，通过5%的显著性检验；第（4）列是考虑控制变量后的估计结果，FIN_sys的系数为0.263，通过5%的显著性检验。第（5）列和第（6）列报告了省级层面的稳健聚类估计结果，金融基础设施建设水平的系数分别为0.255和0.270，均通过了1%的显著性检验，上述回归结果再次证实加强金融基础设施建设有助于促进金融结构优化。

控制变量对金融结构影响的方向和显著性与表3-3基本一致，即提升创新能力、提高全要素生产率、提升实体经济发展水平、扩大金融开放水平均能显著地促进金融结构的完善。此外，对比表3-3中金融基础建设水平的系数可知，加强金融基础设施建设对下一期金融结构优化的促进作用要强于当期水平，表明金融基础设施对金融结构优化度的影响存在明显的滞后效应，或者说，加强金融基础设施建设对金融结构优化度的影响可能具有长期效应，即再次验证了假设1。

表3-4 金融基础设施建设对金融结构影响的滞后效应检验结果

模型	(1) OLS	(2) OLS	(3) FE	(4) FE	(5) FE	(6) FE
FIN_sys	0.413*** [0.097]	0.437*** [0.099]	0.264** [0.097]	0.263** [0.099]	0.255*** [0.028]	0.270*** [0.039]
Innovation		0.209** [0.087]		0.164* [0.093]		0.014 [0.064]
TFP		0.194*** [0.021]		0.044** [0.019]		0.037* [0.021]
Eco_real		0.224 [0.719]		1.294 [1.167]		0.173** [0.078]
Industry_de		−0.059 [0.488]		0.198 [0.460]		0.057 [0.247]

续表

模型	(1) OLS	(2) OLS	(3) FE	(4) FE	(5) FE	(6) FE
Finop		0.194** [0.080]		0.214*** [0.077]		0.170* [0.096]
常数项	0.102** [0.037]	−0.286 [0.725]	−0.065 [0.085]	1.527 [1.244]	−0.076 [0.049]	0.090 [0.381]
城市控制	否	否	是	是	是	是
年份控制	否	否	是	是	是	是
省级聚类	否	否	否	否	是	是
N	243	243	243	243	243	243
R-sq	0.660	0.423	0.569	0.816	0.811	0.813

（三）金融基础设施建设促进金融结构优化的间接影响效应分析

我们使用式（3-3）所示的固定效应模型检验了金融基础设施建设实现金融结构优化的金融发展水平提升机制，回归结果如表3-5所示。

第（1）列～第（4）列的被解释变量为 FIN_stru，即旨在分析金融基础设施建设水平提高对当期金融结构的影响。其中第（1）列和第（2）列为不控制省份效应、城市效应和时间效应的计量结果。第（1）列中直接考察了简单的间接效应，即不包含控制变量的结果。结果显示，金融基础设施建设水平（FIN_sys）的系数为1.047，通过1%的显著性检验，金融发展水平（FIN_devp）的系数为−0.001，没有通过显著性检验，但交互项（$FIN\_devp \times FIN\_sys$）系数为0.095，在1%水平下显著，表明间接效应存在。第（2）列是考虑控制变量影响后的计量结果，与第（1）的计量结果一致，不再赘述。第（3）列和第（4）列为省级层面的稳健聚类计量结果，结果显示金融基础设施建设水平、金融发展水平和交互项的系数均显著为正，证实了间接效应的存在性。

第（5）列～第（8）列的被解释变量为延后一期的金融结构（FIN_stru_{t+1}），旨在考察当期金融基础设施建设对下一期金融结构的影响。计量结果证实了金融基础设施建设对金融结构的影响存在以金融发展水平提升为渠道的间接效应。此外，对比第（4）列和第（8）列的结果，其他条件不变时金融基础设施建设水平提升1个单位，当期和下一期金融结构优化度将提升0.886（0.746+0.088+0.032）和0.913（0.800+0.038+0.075）个单位，表明加强金融基础设施建设对金融结构优化的影响具有时滞效应，且当期促进程度弱于延后期的水平。

表 3-5　金融基础设施建设的金融结构优化间接效应检验结果

变量	(1) FE	(2) FE	(3) FE	(4) FE	(5) FE	(6) FE	(7) FE	(8) FE
FIN_sys	1.047*** [0.203]	0.995*** [0.220]	0.737*** [0.182]	0.746*** [0.195]	0.538* [0.302]	0.572** [0.222]	0.578* [0.317]	0.800** [0.301]
FIN_devp	−0.001 [0.013]	−0.007 [0.018]	0.024* [0.013]	0.088* [0.047]	0.061*** [0.016]	0.057*** [0.017]	0.041* [0.022]	0.038* [0.021]
FIN_devp×FIN_sys	0.095*** [0.019]	0.097*** [0.019]	0.035*** [0.010]	0.032** [0.013]	0.111*** [0.022]	0.110*** [0.022]	0.054*** [0.014]	0.075*** [0.017]
Innovation		0.052 [0.199]		−0.117 [0.103]		0.010 [0.117]		−0.119 [0.165]
TFP		0.218** [0.087]		0.258** [0.107]		0.199*** [0.040]		−0.016 [0.057]
Eco_real		5.122** [2.150]		0.712 [1.092]		0.192 [0.759]		−1.064 [1.583]
Industry_de		−0.375 [0.717]		0.429*** [0.090]		−0.110 [0.487]		0.284*** [0.079]
Finop		0.223** [0.088]		0.198** [0.091]		0.121* [0.069]		0.222** [0.089]
常数项	0.377** [0.144]	−4.475** [2.144]	0.439*** [0.103]	1.392 [1.070]	−0.351** [0.157]	−0.570 [0.816]	−0.393** [0.152]	0.781*** [0.077]
城市控制	否	否	是	是	否	否	是	是
年份控制	否	否	是	是	否	否	是	是
省级聚类	否	否	是	是	否	否	是	是
N	270	270	270	270	243	243	243	243
R-sq	0.119	0.361	0.814	0.817	0.119	0.210	0.821	0.828

二、金融基础设施建设对金融功能的影响

（一）基准回归

进一步地，本章从金融体系的支付结算功能、资源配置功能和风险分散功能角度分析了金融基础设施建设对金融体系功能的影响。根据一般做法，此处使用固定效应模型进行检验，实证模型为式（3-1），计量结果呈现在表 3-6 中。

表 3-6 金融基础设施建设对金融功能影响的基准回归

变量	(1) FIN_pset FE	(2) FIN_pset FE	(3) FIN_aleff FE	(4) FIN_aleff FE	(5) FIN_diver FE	(6) FIN_diver FE
FIN_sys	1.093* [0.609]	1.230* [0.711]	0.163*** [0.027]	0.092** [0.040]	-0.458* [0.249]	-0.488* [0.262]
$Innovation$		-7.618 [7.099]		0.161** [0.066]		1.297*** [0.270]
TFP		6.802** [2.071]		0.019* [0.011]		0.107 [0.079]
Eco_real		13.295** [6.641]		0.145 [0.407]		-3.231** [1.214]
$Industry\_de$		6.830** [3.379]		-0.116 [0.196]		-0.581 [0.906]
$Finop$		4.177*** [1.181]		0.054*** [0.009]		0.083 [0.045]
常数项	79.680*** [4.917]	23.801*** [57.400]	0.571*** [0.037]	1.074** [0.443]	1.773*** [0.174]	0.091 [2.184]
城市控制	是	是	是	是	是	是
年份控制	是	是	是	是	是	是
省级聚类	是	是	是	是	是	是
N	270	270	270	270	270	270
$R\text{-}sq$	0.976	0.980	0.464	0.567	0.669	0.681

第（1）列和第（2）列分析了金融基础设施建设对金融体系支付结算功能的影响，第（1）列是简单的固定效应回归结果，金融基础设施建设水平的系数为1.093，在10%水平下通过显著性检验；第（2）列为考虑控制变量之后的估计结果，金融基础设施建设水平系数为1.230，通过10%的显著性检验，表明加强金融基础设施建设能显著提升金融体系的支付结算能力。第（3）和第（4）列主要探讨了金融基础设施对金融资源配置效率的影响，计量结果表明在考虑控制变量基础上，金融基础设施建设水平提高对金融资源配置效率具有提升作用；第（5）列和第（6）列报告了金融基础设施建设水平与金融风险分散功能之间的关系，两组回归结果中金融基础设施建设水平系数分别为 -0.458 和 -0.488，均在10%水平下显著，表明加强金融基础设施建设能显著提升金融体系的风险分散的能力。从系数绝对数上看，金融基础设施建设水平每提升1个单位将促进支付结算能力、资源配置能力和风险分散能力分别提升 1.230、0.092 和 0.488 个单位。

控制变量的符号与理论分析部分基本一致，即：全要素生产率、实体经济发展水平、工业化程度和金融开放水平均能显著地促进金融支付结算效率的提高；金融资源配置能力与地区创新能力、全要素生产率和金融开放水平之间呈显著正相关关系，即这些影响因素能显著提升金融资源配置效率；金融风险分散能力主要受地区创新能力和实体经济发展水平的影响，即地区创新能力和实体经济发展水平越高，金融风险分散能力越强。

（二）金融基础设施建设促进金融功能完善的滞后影响效应分析

金融基础设施建设对金融功能的影响是否存在滞后性也是值得关注的问题。对此我们使用式（3-4）所示的模型进行检验，即用延后一期的金融性能指标作为被解释变量，计量结果呈现在表 3-7 中。

第（1）列第（2）列检验了金融基础设施建设对金融支付结算功能影响的滞后效应，发现无论是否考虑控制变量的影响，金融基础设施建设水平的提高对延后一期的金融支付结算能力都有显著的正向影响，说明加强金融基础设施建设不仅能在当期提高支付结算功能，而且也能在下一期对支付结算功能产生影响，因此从长期来看，加强金融基础设施建设促进金融支付结算功能的完善。第（3）列和第（4）列报告了金融基础设施建设水平对金融资源配置功能的影响，考虑控制变量后的计量结果说明，加强金融基础设施建设能促进金融配置效率的提高，且具有长期效应。第（5）列和第（6）列中金融基础设施建设水平的系数分别为 -0.416 和 -0.447，均通过 10% 的显著性检验，证实了加强金融基础设施建设具有促进金融风险分散能力提升的效应，同样说明具有长期效应。控制变量系数的显著性与前文基本一致，此处不再赘述。此外对比表 3-6 中 FIN_sys 系数可知，即便后期金融基础设施建设促进金融功能完善的效应有所下降，但依然表现为正向的促进作用，即加强金融基础设施建设能在长期中促进金融功能的完善。

表 3-7 金融基础设施建设对金融功能影响的滞后效应检验

变量	(1)	(2)	(3)	(4)	(5)	(6)
	FIN_pset_{t+1}		FIN_aleff_{t+1}		FIN_diver_{t+1}	
	FE	FE	FE	FE	FE	FE
FIN_sys	0.452*	0.921***	0.024	0.045*	-0.416*	-0.447*
	[0.270]	[0.246]	[0.038]	[0.027]	[0.220]	[0.236]
Innovation		0.698**		0.192**		-0.431***
		[0.327]		[0.083]		[0.093]
TFP		0.563		0.106		0.197
		[1.294]		[0.152]		[0.388]
Eco_real		28.320**		0.202**		-1.037**
		[12.991]		[0.089]		[0.477]

续表

变量	(1)	(2)	(3)	(4)	(5)	(6)
	FIN_pset_{t+1}		FIN_aleff_{t+1}		FIN_diver_{t+1}	
	FE	FE	FE	FE	FE	FE
Industry_de		0.992* [0.572]		0.228** [0.125]		0.467 [1.089]
Finop		0.573** [0.258]		0.101*** [0.010]		0.023 [0.060]
常数项	16.100*** [1.804]	71.030*** [13.529]	−0.755 [0.474]	−0.081* [0.043]	0.051 [0.201]	−0.179 [2.949]
城市控制	是	是	是	是	是	是
年份控制	是	是	是	是	是	是
省级聚类	是	是	是	是	是	是
N	243	243	243	243	243	243
R-sq	0.712	0.701	0.528	0.434	0.715	0.611

（三）金融基础设施建设的金融功能完善间接影响效应

正如上文所述，金融基础设施建设是金融功能范畴内的完善措施，同时也能促进金融市场的发展，因此金融基础设施能否通过促进金融发展水平提高进而提升金融市场功能？对此我们使用交互项回归模型进行了分析，结果如表3-8所示。

其中，第（1）列～第（3）列分析了金融基础设施建设的即期间接影响效应，第（4）列～第（6）列为滞后期的间接影响效应。结果表明，加强金融基础设施建设促进金融功能完善的即期间接影响效应显著性强于滞后期的间接影响效应。总体而言，金融基础设施建设水平提高对当期和滞后期的金融支付结算能力、金融资源配置能力和金融风险分散能力均有显著的正向间接促进作用。总之，表3-8的计量结果表明加强金融基础设施建设促进金融功能完善的效应存在以金融发展水平提升为渠道的间接效应。

表3-8 金融基础设施建设的金融功能完善间接效应检验结果

变量	(1)	(2)	(3)	(4)	(5)	(6)
	FIN_pset	FIN_aleff	FIN_diver	FIN_pset_{t+1}	FIN_aleff_{t+1}	FIN_diver_{t+1}
	FE	FE	FE	FE	FE	FE
FIN_sys	1.034* [0.598]	0.396* [0.218]	−0.133 [0.172]	0.729* [0.390]	0.329** [0.128]	−0.851* [0.457]
FIN_devp	0.624** [0.228]	0.049* [0.026]	−0.042** [0.018]	0.976 [0.733]	0.026 [0.034]	0.015 [0.064]

续表

变量	(1) FIN_pset FE	(2) FIN_aleff FE	(3) FIN_diver FE	(4) FIN_pset$_{t+1}$ FE	(5) FIN_aleff$_{t+1}$ FE	(6) FIN_diver$_{t+1}$ FE
FIN_sys×FIN_devp	1.912** [0.730]	0.035* [0.020]	0.018 [0.023]	0.751* [0.409]	0.027 [0.038]	0.052 [0.052]
Innovation	0.801 [3.109]	0.215* [0.117]	0.036 [0.094]	3.667** [1.309]	0.259 [0.201]	0.181 [0.390]
TFP	0.964 [1.331]	0.044* [0.020]	0.023 [0.023]	1.254** [0.505]	0.012 [0.070]	0.026 [0.093]
Eco_real	0.576 [34.078]	1.325 [1.500]	−0.776** [0.330]	35.080 [42.214]	2.301 [1.973]	−2.556** [0.971]
Industry_de	23.730** [10.767]	0.275 [0.473]	0.540 [0.389]	0.130 [12.286]	0.715 [0.574]	0.587** [0.222]
Finop	0.505 [0.536]	−0.027 [0.023]	−0.028 [0.017]	−0.916 [0.682]	0.004 [0.032]	−0.030 [0.061]
常数项	91.510** [34.221]	−1.423 [1.461]	−0.467 [0.753]	−0.100* [0.060]	−0.196 [0.248]	−1.723 [3.922]
城市控制	是	是	是	是	是	是
年份控制	是	是	是	是	是	是
省级聚类	是	是	是	是	是	是
N	270	270	270	243	243	243
R-sq	0.497	0.739	0.716	0.702	0.574	0.635

三、金融基础设施建设对金融协同融合的影响

（一）基准回归

加强金融基础设施建设能否促进地区金融协同融合发展同样值得关注，对此采用与上述分析一致的方法进行实证检验，检验过程中遵循"无约束—部分约束—聚类稳健检验"的步骤，基准检验结果如表3-9所示。

表3-9 金融基础设施建设促进金融协同融合发展检验结果

变量	(1) OLS	(2) OLS	(3) FE	(4) FE	(5) FE	(6) FE
FIN_sys	2.437*** [0.122]	2.334*** [0.129]	0.386*** [0.114]	0.254* [0.151]	0.958*** [0.134]	0.913*** [0.138]

续表

变量	(1) OLS	(2) OLS	(3) FE	(4) FE	(5) FE	(6) FE
$Innovation$		0.278* [0.152]		0.640*** [0.156]		0.022 [0.141]
TFP		0.079 [0.051]		0.106 [0.066]		0.105 [0.079]
Eco_real		1.042 [0.911]		2.713** [1.319]		1.712* [0.879]
$Industry\_de$		−0.072 [0.616]		1.029** [0.523]		0.186 [0.478]
$Finop$		0.011 [0.028]		0.044* [0.025]		0.048** [0.023]
常数项	0.789*** [0.045]	0.691 [0.906]	0.494*** [0.104]	1.045 [1.385]	0.319*** [0.087]	−1.371 [0.974]
城市控制	否	否	是	是	是	是
年份控制	否	否	是	是	是	是
省级聚类	否	否	否	否	是	是
N	270	270	270	270	270	270
$R\text{-}sq$	0.595	0.601	0.893	0.905	0.884	0.880

其中，第（1）列和第（2）列为无约束的简单 OLS 模型回归结果，表明无论是否考虑控制变量，金融基础设施建设水平的系数均为正数，且都通过 1% 的显著性水平检验。第（3）列和第（4）列考虑时间因素和城市层面因素对计量结果的影响，两组回归中金融基础设施建设水平的系数为 0.386 和 0.254，且分别通过了 1% 和 10% 的显著性检验。第（5）列和第（6）列是基于省级层面的聚类稳健性检验结果，即控制省份特征对计量结果的影响，结果显示金融基础设施建设水平的系数分别为 0.958 和 0.913，均在 1% 的显著性水平下通过检验。至此，六组计量结果均表明提高金融基础设施建设水平能促进地区金融协同融合发展，即验证了假设 5。

（二）金融基础设施建设促进金融协同融合发展的滞后影响效应

根据研究目的，将延后一期的金融协同融合发展指数（FIN_int_{t+1}）作为被解释变量，实证逻辑依然遵循从无约束到有约束的分析过程。计量结果呈现在表 3-10 中。结果表明加强金融基础设施建设促进金融协同融合发展具有滞后影响效应，即不仅可以促进当期金融协同融合发展水平的提升,也能促进下一期金融协同融合发展水平的提高。长期来看,加强金融基础设施建设能显著提升地区的金融融合发展水平,从而加快地区金融一体化发展的进程。

表 3-10 金融基础设施建设的金融协同融合发展滞后效应检验结果

变量	(1) OLS	(2) OLS	(3) FE	(4) FE	(5) FE	(6) FE
FIN_sys	2.265*** [0.101]	2.210*** [0.108]	0.697*** [0.102]	0.559*** [0.102]	1.075*** [0.104]	1.047*** [0.103]
$Innovation$		0.067** [0.029]		0.522*** [0.168]		0.160* [0.091]
TFP		0.104** [0.044]		0.086** [0.040]		0.072* [0.041]
Eco_real		0.805* [0.464]		3.113** [1.198]		−0.513 [0.732]
$Industry\_de$		−0.182 [0.532]		1.111** [0.471]		0.307 [0.425]
$Finop$		0.015 [0.026]		0.011 [0.046]		0.066** [0.033]
常数项	0.639*** [0.039]	1.091 [0.791]	0.422*** [0.093]	0.118 [1.276]	0.266*** [0.071]	0.303 [0.785]
城市控制	否	否	是	是	是	是
年份控制	否	否	是	是	是	是
省级聚类	否	否	否	否	是	是
N	243	243	243	243	243	243
$R\text{-}sq$	0.675	0.673	0.902	0.915	0.842	0.900

(三)金融基础设施建设对金融协同融合发展的间接影响效应

金融基础设施建设促进金融协同融合发展是否存在间接影响效应?此处采用固定效应模型,并以金融发展水平提升作为机制变量进行检验,结果呈现在表 3-11 中。

表 3-11 金融基础设施建设的金融协同融合发展间接效应检验结果

变量	(1) FE	(2) FE	(3) FE	(4) FE	(5) FE	(6) FE
FIN_sys	0.299 [0.316]	0.081 [0.319]	1.251*** [0.155]	1.271*** [0.147]	1.189*** [0.164]	1.243*** [0.153]
FIN_devp	0.111*** [0.022]	0.085*** [0.023]	0.047** [0.019]	0.039 [0.031]	0.043* [0.024]	0.030* [0.017]

续表

变量	(1) FE	(2) FE	(3) FE	(4) FE	(5) FE	(6) FE
FIN_devp×FIN_sys	0.717*** [0.111]	0.782*** [0.112]	0.644*** [0.051]	0.609*** [0.050]	0.665*** [0.053]	0.631*** [0.050]
Innovation		0.437** [0.150]		0.582*** [0.118]		0.580*** [0.116]
TFP		0.016 [0.044]		0.041 [0.034]		0.095** [0.046]
Eco_real		0.383** [0.149]		0.285** [0.129]		0.194 [0.127]
Industry_de		1.052** [0.441]		0.389 [0.403]		0.173** [0.078]
Finop		−0.032 [0.024]		−0.017 [0.020]		−0.025 [0.020]
常数项	0.194 [0.129]	−1.550* [0.922]	0.796*** [0.123]	3.353** [1.257]	−0.050 [0.098]	3.642*** [1.269]
城市控制	否	否	是	是	是	是
年份控制	否	否	是	是	是	是
省级聚类	否	否	否	否	是	是
N	270	270	270	270	270	270
R-sq	0.648	0.654	0.939	0.946	0.939	0.949

其中第（1）列和第（2）列的结果表明在不控制城市效应、时间效应和省份效应时，金融基础设施建设水平的系数不显著，但金融发展水平和交互项的系数显著为正，表明基础设施建设促进金融协同融合发展存在以金融发展水平提高为渠道的间接实现机制；第（3）列和第（4）列为控制城市效应和时间效应的计量结果、第（5）列和第（6）列为基于省级层面的聚类稳健性检验结果，四组计量结果中金融基础设施建设水平、金融发展水平和交互项的系数均为显著的正数，同样表明加强金融基础设施建设促进金融协同融合发展存在以金融发展水平提高为渠道的间接实现机制。

四、稳健性分析

（一）内生性问题处理

尽管上文已采用双向固定效应模型来缓解模型的内生性问题，但是该模型仍存在不可忽视的内生性问题。根据上文的分析，金融基础设施建设与金融结构之间存在双向交互影响关系，这种情况可能会引起内生性问题❶。尽管此处没有继续分析金融基础设施建设与金融功能完善和金融协同融合发展之间的双向交互影响关系，但内生性问题同样值得关注。因此为排除内生性问题对研究结论的影响，此处一是根据一般做法，将滞后一期的金融基础设施建设水平（L.FIN_sys）作为核心解释变量进行回归分析，二是使用动态面板数据广义矩估计（GMM）模型进一步处理内生性问题。

1. 内生性问题处理一：解释变量滞后一期分析

考虑滞后一期的金融基础设施建设水平对金融结构、金融功能（金融支付结算功能、金融资源配置功能和金融风险分散功能）以及金融协同融合发展的影响，得到了如表3-12所示的计量结果。

表3-12 滞后一期金融基础设施建设水平对金融体系完善的影响结果

变量	（1）FIN_stru FE	（2）FIN_pset FE	（3）FIN_aleff FE	（4）FIN_diver FE	（5）FIN_int FE
L.FIN_sys	0.641*** [0.078]	12.970** [5.070]	0.112*** [0.031]	−0.346* [0.194]	0.636*** [0.110]
常数项	0.388*** [0.071]	100.754*** [4.624]	0.542*** [0.005]	1.773*** [0.177]	0.703*** [0.100]
控制变量	是	是	是	是	是
城市控制	是	是	是	是	是
年份控制	是	是	是	是	是
省级聚类	是	是	是	是	是
N	243	243	243	243	243
R-sq	0.803	0.979	0.102	0.681	0.930

克服内生性问题后的计量结果显示，除第（4）中滞后一期金融基础设施建设水平系数为显著负数外（符合经济意义），其他四组回归中 L.FIN_sys 的系数均为显著的正数，即说明加强金融基础设施建设有助于促进金融体系完善，且存在滞后影响效应。

2. 内生性问题处理二：动态面板数据广义矩估计分析

为进一步克服内生性问题的影响，此处采用动态面板数据广义矩估计模型进行

---

❶ 为检验内生性问题的存在性，此处分析了金融结构（FIN_stru）对金融基础设施建设水平的反向引致关系，结果发现无论是否考虑控制变量的影响，FIN_stru 的系数均为显著的正数，说明模型可能存在内生性问题。

分析，检验中将代表金融市场特征变量的滞后一期数据作为解释变量，同时将滞后一期和滞后两期的金融基础设施建设水平作为工具变量进行分析。计量结果呈现在表3-13中。

表3-13 动态面板数据广义矩估计结果

变量	(1) FIN_stru GMM	(2) FIN_pset GMM	(3) FIN_aleff GMM	(4) FIN_diver GMM	(5) FIN_int GMM
L.FIN_charts	0.576*** [0.066]	26.340*** [6.514]	0.818*** [0.108]	−0.028 [0.018]	0.559*** [0.078]
L.FIN_sys	0.523*** [0.132]	97.580*** [13.075]	0.747*** [0.216]	−0.019 [0.034]	1.653*** [0.156]
L2.FIN_sys	0.588*** [0.162]	82.260*** [16.044]	0.140*** [0.025]	−0.016 [0.040]	1.072*** [0.191]
控制变量	是	是	是	是	是
常数项	−0.173 [0.723]	521.702*** [71.539]	0.741 [1.181]	−0.086 [0.211]	0.520 [0.852]
N	216	216	216	216	216
城市控制	是	是	是	是	是
年份控制	是	是	是	是	是
省级聚类	是	是	是	是	是
AR(1)_p	0.016	0.048	0.021	0.002	0.035
AR(2)_p	0.379	0.298	0.419	0.593	0.546
Hansen_P	0.578	0.604	0.673	0.542	0.895
Sargan_p	0.328	0.501	0.297	0.263	0.405

结果表明：除第（4）列外，其他四组回归中无论是滞后一期还是滞后两期的金融基础设施建设水平（FIN_sys），其系数均显著为正；Hansen过度识别检验和Sargan过度识别检验均表明此处使用的工具变量均是有效的；其他控制变量的计量结果与前文基本一致，不再赘述。总体而言，上文实证分析得到的结论是可靠的，即加强金融基础设施建设能显著地促进金融结构完善、金融功能发挥和金融协同融合发展。

3. 内生性问题处理三：工具变量法

此处选取地级市到杭州市的距离（DIS_HZ）和地级市到上海市的距离（DIS_SH）作为工具变量，这两个工具变量完全满足外生性条件。选择这两个工具变量主要是考虑了杭州市和上海市在我国金融版图中的地位，即杭州市是中国的金融科技中心、上海市为中国金融中心。城市之间的距离用公路距离表征，数据来源于高速公路查询网。计量结果呈现在表3-14中,其中 $FIN\_sys（DIS\_HZ）$ 和 $FIN\_sys（DIS\_SH）$ 所在的行分别表示两种工具变量下的回归系数与统计量。

表3-14 工具变量法处理内生性问题的结果

被解释变量	第二阶段估计结果				
	（1）	（2）	（3）	（4）	（5）
	FIN_stru	FIN_pset	FIN_aleff	FIN_diver	FIN_int
$FIN\_sys（DIS\_HZ）$	1.679***	1.375***	0.371*	−3.692***	4.329***
	[4.37]	[5.53]	[1.89]	[−2.90]	[8.73]
$FIN\_sys（DIS\_SH）$	1.464***	1.209***	0.383**	−2.992***	3.838***
	[4.40]	[4.97]	[2.12]	[−2.96]	[9.37]
N	270	270	270	270	270
控制变量	是	是	是	是	是
城市控制	是	是	是	是	是
年份控制	是	是	是	是	是
省级聚类	是	是	是	是	是
第一阶段检验结果					
被解释变量:FIN_sys	系数	一阶段F统计量	偏R^2	最小特征统计量	Wald test 10%临界值
工具变量:DIS_HZ	−0.0005***（−2.79）	28.190	0.215	30.994	16.38
工具变量:DIS_SH	−0.0006***（−7.59）	57.594	0.341	39.067	16.38

注 本表中中括号中为z值、圆括号中为t值。

当以地级市到杭州市距离为工具变量时,第一阶段的估计结果显示,偏R^2值为0.215,说明工具变量DIS_HZ对FIN_sys具有较强的解释力度。F统计量值为28.192,远大于10,同时最小特征统计量值为30.994,也大于Wald检验中10%对应的临界值（16.38）,说明DIS_HZ不是一个弱工具变量。从第二阶段的计量结果看,$FIN\_sys（DIS\_HZ）$的系数均通过1%或10%的显著性检验,且除第（4）列外,其他组的计量系数均为正数,与基准结果一致,较好地说明计量结果的稳健性。当以地级市到上海市的距离为工具变量时,第一阶段回归中偏R^2值、F统计量值、最小特征统计量值均说明DIS_SH不是一个弱工具变量。且$FIN\_sys（DIS\_SH）$的系数也均通过显著性检验,且符号与$FIN\_sys（DIS\_HZ）$一致,同样说明上文的研究结论不受模型设定内生性问题的干扰,即表明研究结论是稳健的。

（二）考虑城市等级和一体化参与程度

城市层面的特征指标方面,我们根据第一财经发布的《中国城市商业魅力排行榜》（2016～2019）对城市进行分级，将一线城市记为1、新一线城市记为1.5、二线城市记为2、三线城市记为3、四线城市记为4、其他城市记为5，并取倒数得到城市等级 CITY_lev。参与度方面根据长三角一体化扩容顺序，地级市层面将当年纳入一体化发展规划的城市记为1、未纳入一体化发展规划的记为0；省级层面考虑一体化发展的参与程度（PART_de），计算公式为：

$$PART\_de_{jt} = \frac{\text{省内入围一体化发展规划城市数}}{\text{省内地级市总数}} \quad (3-8)$$

其中，j=1，2，3，4 即为四省市，PART_de 值越大，说明参与一体化建设的程度越高。事实上，在本研究考察区间范围内，长三角区域一体化发展的都市圈在 2016 年和 2018 年进行了一次扩容，城市等级也在 2016 年有了相对正式的榜单，故考虑数据的可获得性和准确性，此处城市层面采用 2016～2019 年的数据为研究样本，省级层面采用 2010～2019 年的数据为研究样本，计量模型为：

$$FIN\_charts_{it} = \gamma_0 + \gamma_1 FIN\_stru_{it} +$$
$$\gamma_2 CITY\_lev_{it} + \gamma_2 PART\_de_{it} + \kappa_j \sum_j^n Z_{ijt} + u_{it} \quad (3-9)$$

$$FIN\_charts_{it} = \varsigma_0 + \varsigma_1 FIN\_stru_{it} + \varsigma_2 PART\_de_{it} + v_j \sum_j^n Z_{ijt} + u_{it} \quad (3-10)$$

其中，模型 3-9 考察了城市等级特征和城市一体化参与度特征、模型 3-10 考察四省市的一体化参与度特征，计量结果呈现在表 3-15 和表 3-16 中。

表 3-15 基于省级层面一体化参与程度的稳健性检验

变量	(1) FIN_stru FE	(2) FIN_pset FE	(3) FIN_aleff FE	(4) FIN_diver FE	(5) FIN_int FE
FIN_sys	1.624* [0.940]	1.211** [0.415]	0.210*** [0.018]	0.343 [0.230]	1.041** [0.420]
PART_de	0.659*** [0.110]	0.629*** [0.207]	0.039** [0.016]	-0.292*** [0.035]	1.660*** [0.485]
常数项	9.645* [5.716]	13.169** [6.452]	0.032 [0.163]	9.453** [4.573]	1.931 [4.978]
控制变量	是	是	是	是	是
年份控制	是	是	是	是	是
省份控制	是	是	是	是	是
N	40	40	40	40	40
R-sq	0.379	0.755	0.927	0.187	0.789

表 3-16 考虑地级市层面一体化参与程度和城市等级的稳健性检验

变量	(1) FIN_stru FE	(2) FIN_pset FE	(3) FIN_aleff FE	(4) FIN_diver FE	(5) FIN_int FE
FIN_sys	0.940*** [0.120]	1.420*** [0.454]	0.317*** [0.071]	0.701* [0.409]	0.779*** [0.173]
PART_de	0.125** [0.062]	4.136** [2.239]	0.071** [0.039]	0.956*** [0.224]	0.260** [0.098]
CITY_lev	1.087*** [0.323]	0.588** [0.267]	0.651 [0.476]	1.882*** [0.273]	2.378*** [0.430]
常数项	−0.829 [1.066]	1.356 [1.373]	1.016 [1.654]	7.330 [9.490]	10.640** [4.015]
控制变量	是	是	是	是	是
城市控制	是	是	是	是	是
年份控制	是	是	是	是	是
省级聚类	是	是	是	是	是
N	108	108	108	108	108
R-sq	0.593	0.264	0.268	0.730	0.512

表 3-15 报告了省级层面一体化参与程度对结论稳健性影响的计量结果。分析发现：除第（4）列 FIN_sys 的系数不显著外，其他四组回归中 FIN_sys 的系数均显著为正，表明加强金融基础设施建设对金融市场的完善具有正向促进作用；除第（4）列一体化参与程度（PART_de）系数为负外，其他四组回归中 PART_de 的系数均显著为正，表明提高一体化参与程度有助于地区通过加强金融基础设施建设实现完善金融市场发展的目的。

表 3-16 报告了地级市层面考察一体化参与程度和城市等级外生性因素对结论稳健性的影响。结果显示：除第（4）列与前文结论存在差异外，其他四组的计量结果均证实了加强金融基础设施对金融体系完善的重要性，即无论是考虑地级市层面的异质性还是考虑省级层面的异质性，本章得到的基本结论都具有一定的稳健性。

第四节　本章小结

　　本章从金融结构优化、金融功能完善和金融协同融合发展角度分析了金融基础设施建设对金融体系完善的影响效应。其中以金融基础设施生态系统共生度指数表示长三角金融基础设施建设水平，并从金融结构活跃度和金融结构规模角度计算得到地区的金融结构优化度。同时，根据金融功能的不同层次，核算了地级市和四省份的金融支付结算能力、金融资源配置能力和金融风险分散能力。此外，通过构建金融协同融合发展的指标体系，利用泰尔指数核算长三角整体和省级层面的金融协同融合发展程度。在上述指标核算基础上，构建计量模型进行了分析，实证结果表明：①金融基础设施建设水平的提高对金融结构、金融功能和金融协同融合发展具有正向的优化效应。②加强金融基础设施建设不仅能提高当期金融体系的发展水平，还能通过滞后效应产生更长期的驱动作用。③加强金融基础设施建设对金融体系的优化存在以金融发展水平提高为渠道的间接实现机制。④在处理内生性问题、考虑城市异质性和省份异质性后，研究结论依然稳健。

　　本章证实了加强金融基础设施建设具有促进金融体系完善的效应，但这不是最终目标，而是加强金融基础设施建设的直观体现，其最终目标是促进经济发展。从长三角地区经济发展角度看，加强长三角金融基础设施建设的目标是实现地区经济高质量一体化发展。具体而言：加强金融基础设施建设既要有促进经济发展质量提高的效应，也要有促进一体化发展水平提高的效应，对此下文将具体展开分析。

第四章　长三角金融基础设施建设对经济发展的影响

　　第三章指出，提升长三角金融基础设施建设水平能促进金融体系的发展与完善，但这是加强金融基础设施建设的阶段性目标和直接效果体现，其最终目的是促进经济的高质量一体化发展。本章中，第一节从理论上分析金融基础设施建设对经济高质量发展的影响，并对长三角经济高质量一体化发展的逻辑展开讨论，从而提出研究假设；第二节根据研究假设和目的，测算相关指标、介绍实证方法并构建计量模型；第三节为实证分析，验证研究假设；第四节为本章小结。

第一节 理论分析与研究假设

一、金融基础设施建设与经济发展

经济与金融密不可分，金融市场为经济发展提供了资本以及资本流通的渠道，作为金融市场重要的基础性保障，长三角地区金融基础设施建设的完善将有助于经济实现高质量一体化发展。金融基础设施建设促进经济发展的效应存在直接和间接两种渠道。从直接渠道角度看，金融基础设施建设有效增加了金融供给、拓宽了经济活动主体参与金融市场运作的渠道，从而使经济活动主体能直接从这一过程中受益，例如第三方支付平台是典型的金融基础设施建设创新的产物，其发展提高了金融普惠水平，尤其是移动支付、二维码支付、指纹识别等技术在金融领域的使用极大地提高了公众和小型商业经营主体的金融可获得性。从间接渠道角度看，金融基础设施建设既包括了监管制度、市场准则、行业规范等制度层面的完善，也包括了如金融机构、金融平台、金融业务创新、金融技术部门等实体层面的建设与完善。这些硬件或软件层面的金融基础设施建设拓宽了社会投融资渠道、提高了金融服务的能力和效率、促进了金融体系的进一步完善，从而为经济发展提供了保障，可以说，金融基础设施建设促进经济发展的间接渠道是以金融体系完善为基础实现的。基于上述分析，提出假设 1 和假设 2：

H1：提升金融基础设施建设水平对经济发展具有正向促进作用。

H2：金融基础设施建设促进经济发展存在以金融体系完善为渠道的间接实现机制。

对经济发展的评价不应局限于分析经济总量的提升，经济发展的内涵中还引起更多的考量指标，如可持续性、高效性、经济性等。从长三角地区经济发展角度看，金融基础设施建设的经济效应还应体现在促进区域经济协调发展上，即一体化发展水平的提升，因此相应地将假设 1 和假设 2 扩充为：

H1a：加强金融基础设施建设能提升长三角经济发展质量。

H1b：加强金融基础设施建设有助于提升长三角地区经济一体化发展水平。

此外从间接渠道看，本章进一步从金融发展水平和金融体系特征（金融结构、金融功能和金融协调融合）角度展开分析，即将假设 H2 扩充为：

H2a：金融基础设施建设促进经济发展存在以金融发展水平提升为渠道的间接实现机制。

H2b：加强金融基础设施建设能通过完善金融结构、提升金融功能和促进金融协同融合发展等渠道实现经济发展水平的提升。

二、经济高质量一体化发展的逻辑

这里本章试图回答这样一个问题，长三角地区应当实行在高质量发展中谋求一体化发展的策略，还是在区域一体化中谋求高质量发展的策略，这也是当前学术界存在的争议、有待进一步探究的问题。

经济高质量发展优先策略有助于保障地区之间的高质量合作，在开展经济合作中根据自身经济发展的现实需求开展多方合作，从而形成优势互补，推动经济高质量一体化发展。当前长三角各城市之间的经济发展质量参差不齐，呈现出东高西低的聚类空间分布格局，各省边缘地区（如皖西、皖北、苏北和浙南地区）的经济发展质量普遍偏低。因此，在地区经济发展质量存在较大差异，尤其是邻近城市存在较大发展差距的情况下，一味地推动一体化发展可能适得其反：一方面经济发展质量水平较低的地区的议价能力相对较低，在区域合作中可能处于劣势地位，经济实力较强的地区可能将低附加值的产业转入，从而可能进一步造成产业布局的失衡；另一方面伴随区域一体化发展进程的推进，行政边界将逐渐模糊，资本流动的边界和门槛降低，经济实力较强的城市可能产生虹吸效应，进一步抑制欠发达地区经济发展质量的提高。反之，当城市之间的经济发展质量差距缩小时，此时推进双方合作将进一步降低合作成本，更有利于实现一体化发展。基于上文分析，提出假设3：

H3：优先提升经济发展质量更有利于实现经济高质量一体化发展。

然而，自经济高质量一体化发展战略提出以来，在一体化中谋求高质量发展被认为是有效实现更高质量一体化发展的途径，即优先提升长三角一体化发展水平将为经济实现高质量发展提供环境保障❶。首先，经济一体化有助于增强资本在不同地区间的流动性，从而提高资本配置效率，进而推动经济高质量发展。其次，优先实现经济一体化发展也有助于促进地区之间的帮扶与合作，从而产生学习效应和规模发展效应，进一步提高区域经济发展水平和协调发展能力，如2021年12月国家发展改革委发布了《沪苏浙城市结对合作帮扶皖北城市实施方案》旨在通过城市间的帮扶助力安徽地区经济发展，提高经济协调发展水平，从而实现长三角高质量一体化发展。本书认为，一体化发展的最终目的是实现经济高质量发展，虽然目前长三角地区经济一体化发展水平取得了长足进步，但在基础设施、生态环境、公共服务仍需要百尺竿头更进一步，即需要在一体化水平提高基础上，开创更高质量一体化发展的新局面，据此提出假设4：

H4：经济一体化发展优先策略有助于实现经济更高质量一体化发展。

---

❶ 人民网.人民网评：长三角，在"一体化"中实现"高质量"[EB/OL].（2020-08-23）[2022-10-22].
https://baijiahao.baidu.com/s?id=1675774973486405330&wfr=spider&for=pc

第二节 计量模型与变量选取说明

一、计量模型设定

为探究加强金融基础设施建设实现长三角经济高质量一体化发展的逻辑，此处分别将延后一期的经济发展质量（ECO_qua_{it+1}）和经济一体化发展水平（ECO_itg_{it+1}）作为被解释变量，对应地，分别将经济一体化发展水平（ECO_itg）和经济发展质量（ECO_qua）作为解释变量分别进行回归分析。同时，在这一过程中考虑金融基础设施建设水平（FIN_sys）的影响，具体计量模型为：

$$ECO\_qua_{it+1} = \alpha_0 + \alpha_1 ECO\_itg_{it} + \lambda_j \sum_j^n Z_{ijt} + u_{it} \qquad (4-1)$$

$$ECO\_qua_{it+1} = \alpha_0' + \alpha_1' ECO\_itg_{it} + \alpha_2' FIN\_sys_{it} + \lambda_j' \sum_j^n Z_{ijt} + u_{it} \qquad (4-2)$$

$$ECO\_itg_{it+1} = \beta_0 + \beta_1 ECO\_qua_{it} + \kappa_j \sum_j^n Z_{ijt} + u_{it} \qquad (4-3)$$

$$ECO\_itg_{it+1} = \beta_0' + \beta_1' ECO\_qua_{it} + \beta_2' FIN\_sys_{it} + \kappa_j' \sum_j^n Z_{ijt} + u_{it} \qquad (4-4)$$

除关注高质量一体化的实现逻辑外，我们还从促进经济高质量一体化目标的实现难易角度分析何种策略最有效率，此处主要借鉴岳华、张海军以及陈清等学者的方法，通过构建非动态面板门限模型进行分析。分析中，分别以经济发展质量（ECO_qua）和经济发展一体化发展水平（ECO_itg）作为门限变量，对应地，分别以经济一体化发展水平（ECO_itg）、经济发展质量水平（ECO_qua）和经济高质量一体化发展水平（ECO_qi）作为被解释变量进行分析，计量模型为：

$$\begin{aligned} ECO\_qua_{it}(ECO\_qi_{it}) = & \phi_0 + \phi_1 ECO\_itg_{it} I(ECO\_itg_{it} \leq q_1) + \\ & \phi_2 ECO\_itg_{it} I(q_1 < ECO\_itg_{it} \leq q_2) + \\ & \phi_3 ECO\_itg_{it} I(ECO\_itg_{it} > q_2) + \nu_j \sum_j^n Z_{ijt} + u_{it} \end{aligned} \qquad (4-5)$$

$$\begin{aligned} ECO\_itg_{it}(ECO\_qi_{it}) = & \varphi_0 + \varphi_1 ECO\_qua_{it} I(ECO\_qua_{it} \leq q_1) + \\ & \varphi_2 ECO\_qua_{it} I(q_1 < ECO\_qua_{it} \leq q_2) + \\ & \varphi_3 ECO\_qua_{it} I(ECO\_qua_{it} > q_2) + \theta_j \sum_j^n Z_{ijt} + u_{it} \end{aligned} \qquad (4-6)$$

进一步，我们分析了不同策略选择下加强金融基础设施建设促进经济高质量一体化的效率（实现难易程度）。分析中，分别将经济发展质量（ECO_qua）和经济发展一体化发展水平（ECO_itg）作为门限变量，考察金融基础设施建设水平提高对 ECO_itg、ECO_qua 和 ECO_qi 的影响，计量模型为：

$$ECO\_qua_{it}(ECO\_qi) = \eta_0 + \eta_1 FIN\_sys_{it} I(ECO\_itg_{it} \leq q_1) + \\ \eta_2 FIN\_sys_{it} I(q_1 < ECO\_itg_{it} \leq q_2) + \\ \eta_3 FIN\_sys_{it} I(ECO\_itg_{it} > q_2) + \vartheta_j \sum_j^n Z_{ijt} + u_{it} \quad (4-7)$$

$$ECO\_itg_{it}(ECO\_qi) = \zeta_0 + \zeta_1 FIN\_sys_{it} I(ECO\_qua_{it} \leq q_1) + \\ \zeta_2 FIN\_sys_{it} I(q_1 < ECO\_qua_{it} \leq q_2) + \\ \zeta_3 FIN\_sys_{it} I(ECO\_qua_{it} > q_2) + \omega_j \sum_j^n Z_{ijt} + u_{it} \quad (4-8)$$

其中，q 为待估门槛值，实际上门槛变量可能存在单一门槛值，也可能存在多重门槛值，一般根据门槛搜寻结果进行模型校正；其他变量与前文一致。

在分析金融基础设施建设对经济高质量一体化发展的影响中，此处使用混合 OLS 模型和固定效应模型进行检验，模型如下：

$$ECO\_charts_{it} = \vartheta_0 + \vartheta_1 FIN\_sys_{it} + \tau_j \sum_j^n Z_{ijt} + u_{it} \quad (4-9)$$

另外，本章考虑金融基础设施建设促进经济发展的滞后影响效应，以延后一期的经济发展变量（ECO_charts_{t+1}）作为被解释变量，计量模型为：

$$ECO\_charts_{it+1} = \psi_0 + \psi_1 FIN\_sys_i + \tau_j \sum_j^n Z_{ijt} + u_{it} \quad (4-10)$$

此外，本书还关注金融基础设施完善促进经济发展的间接效应，根据第五章的分析，金融基础设施建设将促进金融体系的完善，故本章通过构建交互项模型检验加强金融基础设施建设促进经济发展的金融体系完善间接效应，模型为：

$$ECO\_charts_{it} = \mu_0 + \mu_1 FIN\_sys_{it} + \mu_2 FIN\_charts_{it} + \\ \mu_3 (FIN\_sys \times FIN\_charts)_{it} + \pi_j \sum_j^n Z_{ijt} + u_{it} \quad (4-11)$$

其中，ECO_charts 为经济发展的特征指标，分别用经济高质量发展指数、经济一体化发展水平和经济高质量一体化发展指数表示，其中用经济一体化指数与经济高质量发展指数的乘积表示经济高质量一体化发展水平（ECO_qi），其数值越大，高质量一体化发展水平越高；FIN_charts 为金融体系发展的特征指标，与第五章一致；i 表示研究主体，也即省份与地级市；t 表示时间；Z 为控制变量序列；u_{it} 为随机扰动项。

二、变量选取与描述性分析

（一）被解释变量

根据研究目的，本章实证分析部分的被解释变量为经济发展的特征（ECO_charts），主要包括经济发展质量（ECO_qua）、经济一体化发展指数（ECO_itg）和经济高质量一体化指数（ECO_qi），指标的量化方式和结果参见第二章的阐述。

需要说明的是，鉴于地级市层面数据的完整性，分析中用地级市经济增长质量指数（QG）作为地级市经济发展质量的替代指标，因为第二章中分析表明经济发展质量和经济增长质量在省级层面趋势具有相对一致性。另外，地级市一体化发展指标层面，本书也尽可能地搜集了地级市发展特征的指标，如对外开放水平、非国有经济比重、社保覆盖率等，但市场一体化指数、人口地理密度、经济地理密度和经济联系强度需要用到县级市的相关数据，这些数据的获取难度较大，故此处在测算地级市一体化发展指数时，这些难以获取的指标使用地级市所在省份的相应变量值计算，从而得到相对体现各个地级市一体化发展程度的指数值。

（二）解释变量与机制变量

本章实证分析部分的解释变量为金融基础设施建设水平（FIN_sys），用金融基础设施生态系统共生度值表征，地级市层面金融基础设施建设水平值根据第五章中描述的方法测算得到。间接效应方面，选择金融发展水平（FIN_devp）和金融体系发展特征的指标（FIN_charts）作为机制变量进行分析。其中金融发展水平（FIN_devp）用金融业增加值占 GDP 比重表示；金融市场发展特征（FIN_charts）主要用金融结构（FIN_stru）、金融功能（FIN_pset，FIN_aleff 和 FIN_diver）和金融协同融合发展水平（FIN_int）表征，各变量的量化方式和结果参见第三章。

（三）控制变量

①地区综合经济创新能力（$Innovation$）。数据来源于《中国城市和产业创新力报告》和《中国区域创新能力评价报告》，用对数化处理后的数据表征，预期系数为正数。

②地区产业结构高级化指数（$Stru\_ais$）。具体计算方法参见张海军和岳华的研究。计算方法首先是依据三次产业的层次从高到低排列，并求出相应的夹角（θ），再计算得到产业优化度的值。$Stru\_ais$ 数值越大，表明产业结构越合理。夹角计算公式为：

$$\theta_j = \arccos \frac{\sum_{i=1}^{3}(x_{i,j} \cdot x_{i,0})}{\sum_{i=1}^{3}(x_{i,j}^2)^{1/2} \cdot \sum_{i=1}^{3}(x_{i,0}^2)^{1/2}} \quad (4-12)$$

产业结构高级化指数的计算公式为:

$$Stru\_ais_i = \sum_{k=1}^{3}\sum_{j=1}^{k}\theta_j \quad (4-13)$$

③地区产业结构合理化指数（$Stru\_ris$）。借鉴韩永辉等学者以及张海军和张志明的计算方法，在产业结构偏离度基础上进行适当修正，以体现各产业的重要程度，进而得到产业结构合理化指数。产业结构偏离度（E）的计算公式为:

$$E = \sum_{i=1}^{n}\left|\frac{Y_i/L_i}{(Y/L)-1}\right| = \sum_{i=1}^{n}\left|\frac{Y_i/Y}{(L_i/L)-1}\right| \quad (4-14)$$

修正后的产业结构合理化指数的计算公式为:

$$Stru\_ris = \sum_{i=1}^{n}\frac{Y_i}{Y}\left|\frac{Y_i/L_i}{Y/L}-1\right| \quad (4-15)$$

其中：Y 表示地区的产出水平；L 表示劳动力投入，即就业人数；i 表示第 i 个产业部门，$i=1$，2，3。但需要说明的是产业结构合理化的逆指标，即数值越大，产业结构合理化水平越低，反之说明产业结构越接近合理化均衡状态，预期系数为负数。

④商业环境优化度（$Bevi$）。通常商业环境的优劣是影响企业经营的重要因素，本书观点认为优化营商环境将促进地区实体行业、商业和贸易的发展，从而有助于带动和吸引投资，促进经济发展。考察商业环境的一个重要指标是地区企业的税收负担水平，具体而言：较高的企业赋税，意味着企业的营业利润将被压缩，企业营商环境将恶化；当企业税收负担下降时，企业的营商环境将得以优化，企业的盈利能力增强，有助于企业稳健经营。故此处用地区工业企业本年应交增值税平均值的倒数值量化，即数值越大，企业营商环境越好，预期系数为正。

此外，在效率层面选择全要素生产率（TFP）作为效率代理指标；在宏观经济指标层面选择了财政透明度（FT）、实体经济发展水平（Eco_real）、就业率（ER）和经济开放度（Eco_open）五个指标。其中 TFP 和 Eco_real 指标的量化与第四章一致，预期系数符号均为正；财政透明度（FT）用地区财政预算支出与财政预算收入比值表示，预期系数符号为正；就业率（ER）用地区就业人数占常住人口的比值表示，预期符号为正；经济开放度（Eco_open）用地区出口额占 GDP 的比重表示，预期系数为正。

（四）变量描述性统计与相关性分析

本章与第三章一致，选择 27 个地级市作为研究对象，数据主要来源于国泰安数据库（CSMAR）和各省市的统计年鉴。部分指标的测算在第三章已经完成，此处保持一致，变量的描述性统计结果如表 4-1 表示。

表 4-1 变量描述性统计

变量	变量名称	样本数	均值	最大值	最小值	标准差
ECO_qua	经济发展质量指数	270	1.045	4.556	0.392	1.973
ECO_itg	经济一体化发展指数	270	4.702	9.434	2.033	2.548
ECO_qi	经济高质量一体化指数	270	5.301	31.641	0.852	5.811
FIN_sys	金融基础设施建设水平	270	0.214	1.207	−0.517	0.300
FIN_stru	金融结构	270	0.667	3.085	0.137	1.461
FIN_pset	金融支付结算功能	270	5.031	6.017	2.735	1.031
FIN_aleff	金融资源配置效率	270	0.541	1.652	0.272	0.849
FIN_diver	金融风险分散功能	270	1.930	4.420	0.310	0.768
FIN_int	金融协同融合发展水平	270	1.311	3.799	0.036	0.938
FIN_devp	金融发展水平	270	6.331	17.401	2.451	2.437
Innovation	地区综合创新能力	270	4.293	4.602	2.876	0.326
TFP	全要素生产率	270	1.551	2.934	0.150	0.714
Eco_real	实体经济发展水平	270	0.865	0.954	0.719	0.046
Stru_ais	产业结构高级化指数	270	6.632	7.322	5.863	0.318
Stru_ris	产业结构合理化指数	270	9.281	57.266	0.808	9.950
Bevi	商业环境优化度	270	1.020	4.432	0.098	1.620
FT	财政透明度	270	1.692	4.436	0.904	0.791
ER	就业率	270	0.502	0.968	0.010	0.241
Eco_open	经济开放度	270	1.937	22.794	0.058	3.896

经济发展特征角度看，经济发展质量指数（ECO_qua）、经济一体化发展指数（ECO_itg）和经济高质量一体化指数（ECO_qi）的标准差分别为1.973、2.548和5.811，标准差相对较大，说明长三角地级市之间存在着显著的差异；金融基础设施建设水平（FIN_sys）的标准差仅为0.300，整体上看各地区金融基础设施建设水平的差距不大；控制变量角度看，地区产业结构、经济开放度、商业环境等指标的标准差说明地区间存在着较大的发展差距。

主要变量的相关性分析结果显示如表4-2所示。金融基础设施建设水平与经济发展质量之间的相关系数为0.257，通过1%的显著性检验，表明金融基础设施建设水平与经济发展质量之间存在显著的正相关性；金融基础设施建设水平与经济一体化发展水平之间的相关系数为0.470，通过1%的显著性检验，表明金融基础设施建设水平与经济一体化发展水平提升之间显著正相关。此外，除金融风险分散功能（FIN_diver）外，其他金融市场特征变量与经济发展质量和经济一体化水平之间均表现为显著的正相关性。需要指出的是，由于FIN_diver是逆指标，其与经济发展质量和经济一体化水平之间的相关系数为负数，说明金融风险分散功能的提升能在一定程度上促进经济高质量和一体化发展。

表 4-2 主要变量的相关性分析

变量	ECO_qua	ECO_itg	FIN_sys	FIN_stru	FIN_pset	FIN_aleff	FIN_diver	FIN_int
ECO_qua	1							
ECO_itg	0.257***	1						
FIN_sys	0.208***	0.470***	1					
FIN_stru	0.154**	0.740***	0.150**	1				
FIN_pset	0.374***	0.461***	0.685***	0.281***	1			
FIN_aleff	0.090	0.007	0.111*	−0.051	0.359***	1		
FIN_diver	−0.085	−0.196***	−0.141	−0.094	0.030	−0.092	1	
FIN_int	0.304***	0.680*	0.773***	0.418***	0.869***	−0.201***	−0.087	1

第三节 实证检验与分析

一、长三角实现经济高质量一体化发展的逻辑判断

（一）滞后效应角度的逻辑判定

为分析长三角金融基础设施建设促进实现经济高质量一体化的逻辑，此处从滞后效应角度回答经济高质量发展优先策略和经济一体化发展优先策略谁更优的问题。为此本节一是通过分析当期经济高质量发展指数与下一期经济一体化发展水平之间的关系来检验经济高质量发展优先策略的效应，二是通过分析当期经济一体化发展水平与下一期经济发展质量之间的关系来检验经济一体化发展优先策略的效应。表 4-3 报告了两种优先发展策略的计量结果。

表 4-3 两种优先发展策略的效果分析结果

策略思路与模型	(1)	(2)	(3)	(4)	(5)	(6)	(7)	(8)
	ECO_itg→ECO_qua$_{t+1}$				ECO_qua→ECO_itg$_{t+1}$			
	FE	FE	FE	FE	FE	FE	FE	FE
ECO_itg	0.044*** [0.005]	0.019*** [0.005]	0.032*** [0.005]	0.039*** [0.005]				
ECO_qua					0.036*** [0.005]	0.017** [0.007]	0.020*** [0.007]	0.025*** [0.001]

续表

策略思路与模型	(1)	(2)	(3)	(4)	(5)	(6)	(7)	(8)
	$ECO\_itg \rightarrow ECO\_qua_{t+1}$				$ECO\_qua \rightarrow ECO\_itg_{t+1}$			
	FE	FE	FE	FE	FE	FE	FE	FE
FIN_sys			0.202***	0.116***			0.090***	0.047***
			[0.016]	[0.017]			[0.028]	[0.017]
$Innovation$		0.078**		0.100***		0.482***		0.387
		[0.039]		[0.035]		[0.052]		[0.380]
TFP		−0.013**		0.016***		4.871**		0.045***
		[0.005]		[0.004]		[2.395]		[0.005]
Eco_real		0.026		−0.039		1.866***		0.423**
		[0.200]		[0.184]		[0.516]		[0.207]
$Stru\_ais$		0.228***		0.146***		−0.033**		0.190***
		[0.043]		[0.041]		[0.013]		[0.039]
$Stru\_ris$		−0.011		−0.005		1.398***		−0.026**
		[0.012]		[0.011]		[0.326]		[0.010]
$Bevi$		0.069**		0.052**		−0.131		0.143***
		[0.028]		[0.025]		[0.213]		[0.028]
FT		0.093***		0.086***		−1.541***		−0.011
		[0.017]		[0.016]		[0.281]		[0.172]
ER		0.107***		0.064***		−0.074		−0.157***
		[0.026]		[0.024]		[0.207]		[0.025]
Eco_open		−0.017		0.007		0.450		0.028
		[0.019]		[0.017]		[0.428]		[0.036]
常数项	0.429***	−1.435***	0.442***	−1.037***	2.113***	−13.470**	2.936***	−1.229***
	[0.027]	[0.416]	[0.023]	[0.384]	[0.415]	[4.851]	[0.485]	[0.394]
城市控制	是	是	是	是	是	是	是	是
年份控制	是	是	是	是	是	是	是	是
省级聚类	是	是	是	是	是	是	是	是
N	243	243	243	243	243	243	243	243
$R\text{-}sq$	0.257	0.704	0.606	0.762	0.198	0.574	0.233	0.584

第（1）列～第（4）列呈现了经济一体化发展优先策略对经济发展质量的影响，其中以延后一期的经济发展质量（ECO_qua_{t+1}）作为被解释变量。第（1）列为简单回归，直接考察了当期经济一体化发展水平（ECO_itg）对下一期经济发展质量的影响，ECO_itg 的系数为0.044，通过1%的显著性检验；第（2）列是考虑控制变量后的检验结果，ECO_itg 的系数为0.019，在1%的水平下显著；第（3）和第（4）列中将金融基础设施建设水平作为重要的解释变量的计量结果，ECO_itg 的系数分别为0.032和0.039，均通过1%的显著性检验，FIN_sys 的系数分别为0.202和0.116，也都在1%水平下通过显著性检验。第（1）列～第（4）列的计量结果表明经济一体化

发展水平和金融基础设施建设水平的提高，均能显著促进经济发展质量的提升。第（5）列～第（8）列呈现了经济高质量发展优先策略对经济一体化发展的影响，其中以延后一期的经济一体化发展水平（ECO_itg_{t+1}）作为被解释变量。第（5）列为简单回归，直接考察了当期发展增长质量（ECO_qua）对下一期经济一体化发展的影响，ECO_qua 的系数为 0.036，通过 1% 的显著性检验；第（6）列为考虑控制变量后的计量结果，ECO_qua 的系数为 0.017，在 5% 显著性水平下通过检验；第（7）列和第（8）列中考虑了金融基础设施建设水平的影响，ECO_qua 和 FIN_sys 的系数均显著为正。第（5）列～第（8）列的计量结果表明经济发展质量和金融基础设施建设水平的提高，均能显著促进经济一体化水平的提升。

对比第（2）列与第（6）列、第（4）列与第（8）列的结果可知，在一体化中寻求高质量发展是相对较好的策略选择，验证了假设 4。

此外，我们从当期经济发展质量（ECO_qua）和经济一体化发展水平（ECO_itg）对下一期经济高质量一体化发展（ECO_qi_{t+1}）影响的角度进行策略选择评价，计量结果呈现在表 4-4 中。其中，第（1）列～第（4）列为优先提升经济一体化水平对经济高质量一体化发展的影响；第（5）列～第（8）列为优先提升经济发展质量的经济高质量一体化发展效应。结果表明无论是高质量发展优先策略还是一体化发展优先策略，均能显著实现经济高质量一体化发展水平的提升。对比解释变量的系数，发现除第（2）列外，ECO_itg 的系数均显著高于 ECO_qua，再次验证了假设 4。此外，由第（4）列和第（8）的计量结果可知，加强金融基础设施建设能显著促进经济高质量一体化发展，且这一促进效应在经济一体化发展优先策略中更强，进一步说明了一体化优先发展策略的优越性。

表 4-4 经济高质量一体化实现策略分析结果

策略思路与模型	(1)	(2)	(3)	(4)	(5)	(6)	(7)	(8)
	$ECO\_itg \rightarrow ECO\_qi_{t+1}$				$ECO\_qua \rightarrow ECO\_qi_{t+1}$			
	FE	FE	FE	FE	FE	FE	FE	FE
ECO_itg	1.607*** [0.050]	1.293*** [0.053]	1.423*** [0.042]	1.289*** [0.048]				
ECO_qua					1.518*** [0.047]	1.363*** [0.053]	1.380*** [0.052]	1.130*** [0.065]
FIN_sys			0.326*** [0.026]	0.210*** [0.031]			0.079 [0.061]	0.080** [0.032]
Innovation		0.177** [0.067]		0.121* [0.061]		0.067 [0.075]		0.032 [0.042]
TFP		0.021** [0.010]		0.026** [0.011]		0.019 [0.012]		0.011 [0.016]

续表

策略思路与模型	(1)	(2)	(3)	(4)	(5)	(6)	(7)	(8)
	$ECO\_itg \to ECO\_qi_{t+1}$				$ECO\_qua \to ECO\_qi_{t+1}$			
	FE	FE	FE	FE	FE	FE	FE	FE
Eco_real		2.274*** [0.421]		1.863*** [0.388]		1.089** [0.428]		0.685** [0.311]
Stru_ais		0.132 [0.081]		0.017 [0.077]		0.626*** [0.074]		0.209** [0.077]
Stru_ris		−0.004** [0.002]		−0.004** [0.002]		−0.002 [0.002]		0.002 [0.002]
Bevi		0.111*** [0.018]		0.097*** [0.016]		0.027 [0.021]		−0.019 [0.019]
FT		0.068 [0.033]		0.036 [0.035]		0.017 [0.037]		0.105*** [0.029]
ER		0.199*** [0.049]		0.117** [0.046]		−0.207*** [0.056]		−0.108** [0.054]
Eco_open		0.007 [0.009]		0.018** [0.008]		−0.007 [0.008]		−0.005 [0.024]
常数项	−1.106*** [0.132]	1.098 [0.764]	−0.901*** [0.126]	1.284* [0.703]	1.595*** [0.059]	−3.708*** [0.724]	1.551*** [0.043]	−4.892*** [1.013]
城市控制	是	是	是	是	是	是	是	是
年份控制	是	是	是	是	是	是	是	是
省级聚类	是	是	是	是	是	是	是	是
N	270	270	270	270	270	270	270	270
R-sq	0.805	0.905	0.880	0.920	0.803	0.846	0.795	0.841

（二）实现难易角度的逻辑判定

此处采用非动态面板门限模型分析经济发展质量和经济一体化发展促进经济高质量一体化发展的实现条件，通过对比计量结果，得到可行的实现策略。图4-1和表4-5分别报告了两种机制下的门限搜寻结果和计量检验结果。其中第（1）列分析了经济一体化发展对经济高发展质量发展的影响效应，第（2）列报告了经济高质量发展对经济一体化发展的影响，第（3）列分析了经济一体化发展水平提升对经济高质量一体化发展水平的促进作用，第（4）列报告了经济发展质量提升对经济高质量一体化发展的影响效应。

1. 门限存在性分析

此处对四组回归的门槛个数和门槛值进行搜寻和检验：第（1）列中经济一体化发展与经济发展质量之间的作用存在单一门限效应，门限值为 4.075；第（2）列中经济发展质量提升促进经济一体化发展之间存在双重门限效应，门限值分别为 0.530 和 0.631；第（3）列和第（4）列中经济一体化发展水平（ECO_itg）和经济高质量发展水平（ECO_qua）与经济高质量一体化发展（ECO_qi）之间均存在单一的门限效应，门限值分别为 4.588 和 0.901。

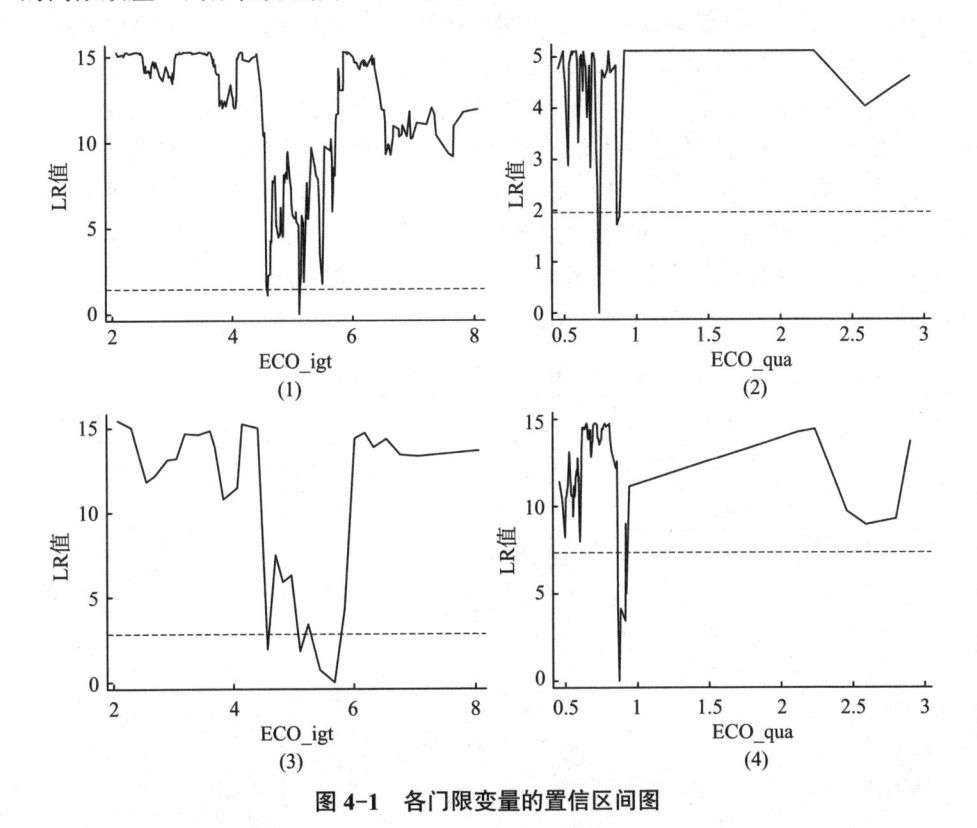

图 4-1　各门限变量的置信区间图

2. 门限回归结果分析

如表 4-5 第（1）列所示，当经济一体化发展水平低于 4.075 时，提升经济一体化发展水平并不能促进经济高质量增长，当经济一体化水平高于 4.075 时，经济一体化发展水平的系数为 0.622，并通过 1% 的显著性水平检验，表明经济一体化水平提升 1 个单位，将促进经济发展质量提升 0.622 个单位；第（2）列的计量结果表明，当经济发展质量发展低于 0.631 时，经济发展质量的提升难以促进经济一体化发展，当经济发展水平高于 0.631 时，经济发展质量的系数为 0.026，且通过 5% 的显著性检验，表明经济发展质量每提升 1 个单位，经济一体化发展水平将提升 0.026 个单位；第（3）列结果表明，当经济一体化发展水平低于 4.588 时，经济一体化水平的系数为 0.650，在 1% 水平下通过显著性检验；当经济一体化发展水平高于 4.588 时，ECO_itg 的系数为 0.724，通过 1% 的显著性检验，表明当经济一体化发展水平提升 1 个单位时，经济高质量一体化发展水平将提升至少 0.650 个单位。第（4）列的结果表明当经济发展质量不高时（ECO_qua<0.901），经济发展质量指数的系数不显著，表明提升经济发展质量不能显著提升经济高质量一体化发展水平；当经济发展质量较高时（ECO_qua≥0.901），经济发展质量指数的系数为 0.512，通过 1% 的显著性检验，表明经济发展质量水平提升 1 个单位时，经济高质量一体化发展水平将提升 0.512 个单位。

上述分析表明，无论是经济发展质量提升优先策略还是经济一体化发展优先策略，都将实现经济的高质量一体化发展。但经济一体化发展优先策略促经济高质量发展具有更强的效应，如第（1）列和第（2）列、第（3）列和第（4）列中 ECO_itg 的系数均大于 ECO_qua 的系数。此外，对比第（1）列和第（3）列、第（2）列和第（4）列的门槛值，单一目标优先策略相较于两者同时兼顾的发展策略更易于实现目标，计量结果验证了假设 4。

表 4-5 策略选择的门槛效应检验

门限判断	（1）		（2）		（3）		（4）	
因变量	ECO_qua		ECO_itg		ECO_qi		ECO_qi	
门槛变量	ECO_itg		ECO_qua		ECO_itg		ECO_qua	
第一门限值 置信区间	4.075** [3.867, 4.126]		0.530*** [0.519, 0.546]		4.588*** [4.522, 4.652]		0.901*** [0.898, 0.907]	
第二门限值 置信区间	4.588 [4.522, 4.671]		0.631** [0.623, 0.651]		5.500 [5.433, 5.667]		0.968 [0.964, 0.975]	
第三门限值 置信区间			0.868 [0.859, 0.886]					
计量结果	系数	标准误	系数	标准误	系数	标准误	系数	标准误
$qx < q_1$	−0.009	0.030	−0.472	0.391	0.650***	0.016	0.286	0.251
$q_1 \leq qx < q_2$	0.622***	0.163	0.069	0.225	0.724***	0.019	0.512***	0.106
$qx \geq q_2$			0.026**	0.012				
Innovation	0.074**	0.036	0.253	0.270	−0.027	0.277	0.407	0.453
TFP	0.010**	0.005	0.057*	0.033	0.071**	0.029	−0.025	0.063
Eco_real	2.751	1.905	5.439	1.950	2.957	2.483	16.400***	1.220
Stru_ais	−0.185	0.217	2.945***	0.382	0.633*	0.330	1.882***	0.130
Stru_ris	−0.080***	0.014	−0.019**	0.009	−0.070***	0.017	−0.070***	0.022

续表

计量结果	系数	标准误	系数	标准误	系数	标准误	系数	标准误
Bevi	0.114***	0.039	−0.130**	0.053	0.051	0.056	0.636**	0.243
FT	0.083**	0.039	0.624**	0.239	0.178	0.259	0.353	0.436
ER	0.171**	0.080	0.782***	0.203	0.613***	0.189	0.449	0.405
Eco_open	0.180***	0.025	0.112**	0.049	0.378***	0.065	1.401***	0.158
常数项	4.498	2.868	−21.182***	3.323	−9.056**	3.986	29.610*	17.370
N	270		270		270		270	
R-sq	0.656		0.470		0.939		0.766	

（三）基于金融基础设施建设水平的策略选择再检验

承接上文的分析，此处将分析金融基础设施建设在两种策略下的经济发展效应，进而剖析哪种策略更具优势。为此将经济发展质量和经济一体化发展水平作为门限变量，将金融基础设施建设水平作为受门限影响的变量进行分析，图4-2和表4-6为考虑金融基础设施建设水平的门槛存在性检验结果和计量分析结果。

第（1）列为在不同经济一体化水平下提升金融基础设施建设对经济发展质量提升的影响。结果表明经济一体化发展水平存在单一门限效应，当经济一体化发展水平低于门槛值时（$ECO\_itg < 5.539$），提升金融基础设施建设水平并不能显著地促进高质量发展；而当经济一体化发展水平超过门槛值时（$ECO\_itg \geqslant 5.539$），金融基础设施建设水平提升1个单位，将促进经济发展质量提升0.806个单位。第（2）列报告了在不同经济发展质量水平下，金融基础设施建设水平提高对经济一体化发展的影响，结果表明经济发展质量存在单一门限效应，当经济发展质量低于门槛值时（$ECO\_qua < 0.762$）时，金融基础设施建设水平的系数为0.072，通过1%的显著性检验；当经济发展质量高于门槛值时（$ECO\_qua \geqslant 0.762$），金融基础设施建设水平的系数为0.168，在1%水平下通过显著性检验。第（3）列考察了不同经济一体化发展水平下金融基础设施建设水平提升对经济高质量一体化发展水平的影响，结果表明：经济一体化发展水平依旧存在着单一门限效应，当经济一体化发展水平低于门槛值时（$ECO\_itg < 5.667$），金融基础设施建设水平与经济高质量一体化发展之间不存在显著关系；当经济一体化发展水平高于门槛值时（$ECO\_itg \geqslant 5.667$），金融基础设施建设水平与经济高质量一体化发展之间存在显著的正相关关系，系数为0.247，在5%显著性水平下通过检验，表明当金融基础设施水平提升1个单位，经济高质量一体化水平将提升0.247个单位。第（4）列的结果表明，当经济发展质量较低时（$ECO\_qua < 0.680$），金融基础设施建设水平提升难以促进经济高质量一体化发展；当经济发展质量较高时（$ECO\_qua \geqslant 0.680$），

金融基础设施建设水平的系数为 0.206，通过 1% 的显著性检验，表明金融基础设施水平提升 1 个单位，经济高质量一体化水平将提升 0.206 个单位。

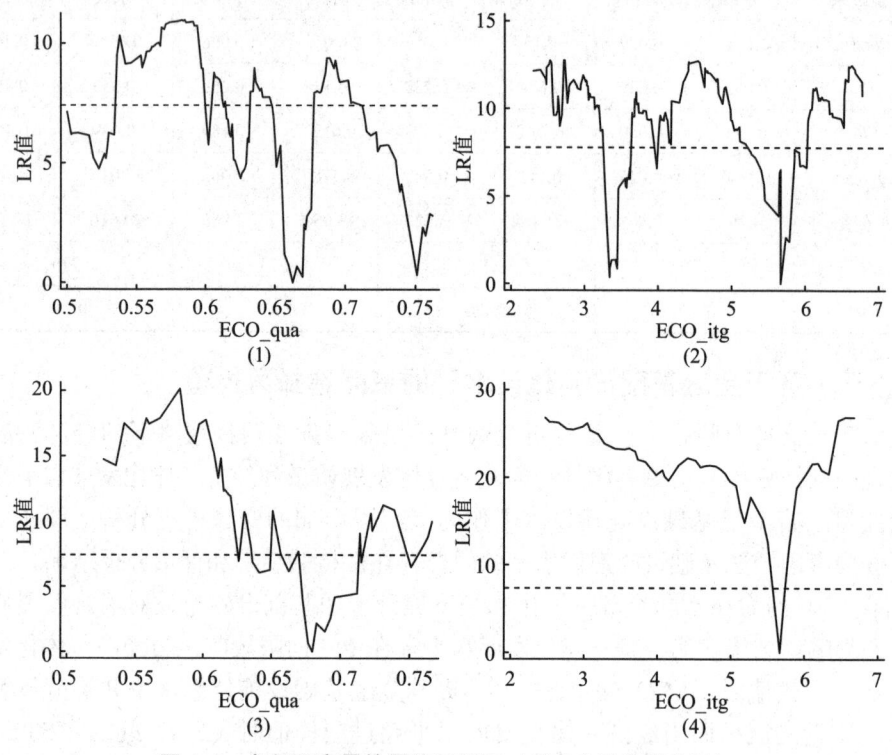

图 4-2　各门限变量的置信区间图（考虑金融发展水平）

表 4-6　考虑金融发展水平的策略选择门槛效应检验

门限判断	（1）		（2）		（3）		（4）	
因变量	ECO_qua		ECO_itg		ECO_qi		ECO_qi	
门槛变量	ECO_itg		ECO_qua		ECO_itg		ECO_qua	
第一门限值 置信区间	5.539** [5.459, 5.664]		0.762** [0.760, 0.763]		5.667* [5.466, 5.735]		0.680*** [0.674, 0.683]	
第二门限值 置信区间	3.340 [3.311, 3.341]		0.678 [0.648, 0.682]		6.457 [6.332, 6.551]		0.868 [0.869, 0.873]	
计量结果	系数	标准误	系数	标准误	系数	标准误	系数	标准误
$vx\ (qx < q_1)$	0.368	0.285	0.072***	0.017	−0.799	0.558	−0.053	0.477
$vx\ (qx \geq q_1)$	0.806***	0.239	0.168***	0.021	0.247***	0.050	0.206***	0.047
Innovation	0.002	0.035	0.609	0.446	0.813	0.800	0.423	0.798

续表

计量结果	系数	标准误	系数	标准误	系数	标准误	系数	标准误
TFP	0.018***	0.005	0.425***	0.051	−0.026	0.116	0.137	0.122
Eco_real	−0.046	0.248	4.098	2.865	14.617**	5.460	12.357**	5.536
$Stru\_ais$	0.344***	0.045	1.626***	0.556	−0.056	0.940	−0.161	0.943
$Stru\_ris$	0.001	0.001	−0.019	0.014	−0.061***	0.023	0.036	0.025
$Bevi$	0.037***	0.009	1.586***	0.349	0.939***	0.208	0.975***	0.209
FT	0.110***	0.023	0.237	0.242	1.279**	0.504	0.614	0.485
ER	0.052**	0.026	1.622***	0.294	−0.867	0.586	−0.596	0.592
Eco_open	0.035*	0.019	−0.188	0.223	−1.507	0.126	1.514***	0.127
常数项	0.072**	0.027	0.609	0.446	0.813	0.800	0.423	0.798
N	270		270		270		270	
$R\text{-}sq$	0.481		0.678		0.691		0.688	

对比第（1）列和第（2）列因变量的系数，发现在经济一体化发展优先策略中，加强金融基础设施建设能显著实现促进经济发展质量提升的作用；第（3）列和第（4）列的回归系数也同样表明在经济一体化发展优先策略中，提高金融基础设施建设水平更有助于经济高质量一体化发展水平的提高。

总之，基于金融基础设施建设水平的分析也表明应优先提升经济一体化水平，即在一体化中谋求经济高质量发展的逻辑更符合长三角经济高质量一体化发展的规律，验证了假设4。

二、长三角金融基础设施建设的经济效应分析

上文证实了金融基础建设与经济发展质量和经济一体化水平之间存在显著的正相关关系。为具体分析金融基础设施的经济效应，此处一是通过基准回归分析金融基础设施对经济发展质量和经济一体化水平的影响，二是考虑滞后效应，分析当期金融基础设施完善促进经济高质量一体化发展的效应，三是通过构建交互项模型，分析加强金融基础设施建设促进经济高质量一体化发展的间接实现机制。

（一）基准回归

表4-7报告了金融基础设施建设水平（FIN_sys）对经济高质量增长（ECO_qua）、经济一体化水平（ECO_itg）和经济高质量一体化水平（ECO_qi）的影响效应检验结果。

表 4-7 金融基础设施建设的经济效应基准回归结果

变量	（1） ECO_qua FE	（2） ECO_qua FE	（3） ECO_itg FE	（4） ECO_itg FE	（5） ECO_qi FE	（6） ECO_qi FE
FIN_sys	0.298*** [0.019]	0.148*** [0.020]	1.020*** [0.212]	0.387* [0.234]	2.336*** [0.200]	0.890*** [0.219]
Innovation		0.016 [0.033]		0.043 [0.406]		−0.274 [0.372]
TFP		0.017*** [0.005]		0.051 [0.061]		−0.061 [0.058]
Eco_real		−0.131 [0.171]		5.266** [2.381]		1.878 [2.018]
Stru_ais		0.271*** [0.036]		3.801*** [0.463]		3.262*** [0.413]
Stru_ris		−0.005*** [0.001]		0.023 [0.014]		−0.008 [0.012]
Bevi		0.034*** [0.009]		0.201* [0.111]		0.259** [0.103]
FT		0.079*** [0.015]		0.187 [0.206]		0.224 [0.180]
ER		0.072** [0.025]		−0.405 [0.303]		0.098 [0.279]
Eco_open		0.029* [0.017]		−0.250 [0.213]		−0.038 [0.192]
常数项	0.595*** [0.010]	−1.264*** [0.344]	4.384*** [0.193]	−24.760*** [4.568]	2.640*** [0.144]	−19.250*** [3.996]
城市控制	是	是	是	是	是	是
年份控制	是	是	是	是	是	是
省级聚类	是	是	是	是	是	是
N	270	270	270	270	270	270
R-sq	0.513	0.769	0.692	0.421	0.372	0.615

其中第（1）列和第（2）列为金融基础设施建设水平与经济发展质量之间关系的计量结果。金融基础设施建设水平的系数分别为 0.298 和 0.148，均通过 1% 的显著性检验，表明提升金融基础设施建设水平能显著地促进经济高质量发展；第（3）列和第（4）列中金融基础设施建设水平的系数为 1.020 和 0.387，分别通过 1% 和 10% 的显著性检验，表明金融基础设施建设水平与经济一体化发展水平之间存在显著正向促进作用；第（5）列和第（6）列考察了金融基础设施建设对地区经济高质量一体化发展的影响关系，金融基础设施建设水平的系数分别为 2.336 和 0.890，在 1% 的显著性水平下通过检验，表明加强金融基础设施建设水平能推动经济高质量一体化发展，验证了假设 1。此外，控制变量的计量结果与变量选取中的描述基本一致，此处不再赘述。

（二）滞后效应分析

此处的被解释变量将延后一期的经济发展质量、经济一体化水平和经济高质量一体化发展水平，在控制时间效应、个体效应和省级效应基础上，采用固定效应模型考察本期金融基础设施建设水平（FIN_sys）对下一期经济发展质量（ECO_qua_{t+1}）、经济一体化发展水平（ECO_itg_{t+1}）和经济高质量一体化发展的影响（ECO_qi_{t+1}），从而描述在长期中金融基础设施完善对经济高质量发展、一体化发展和高质量一体化发展的影响效应，计量结果呈现在表 4-8 中。

第（1）列和第（2）列中，被解释变量为延后一期的经济发展质量（ECO_qua_{t+1}），第（1）列中金融基础设施建设水平的系数为 0.234，在 1% 水平下显著；第（2）列中 FIN_sys 的系数为 0.103，通过 1% 的显著性检验，表明金融基础设施建设水平与延后一期的经济发展质量之间存在显著的正相关关系，结合表 4-7 中第（1）列和第（2）列的计量结果，表明加强金融基础设施不但在当期能对经济发展质量起到提升作用，也能在长期中促进经济高质量发展，但从系数上看，这一滞后影响效应存在衰减趋势。第（3）列和第（4）列中，分析了金融基础设施建设和延后一期经济一体化发展水平之间的关系，第（3）列中金融基础设施建设水平的系数为 1.470，通过 1% 的显著性检验；第（4）列中 FIN_sys 的回归系数为 0.569，在 5% 水平下通过显著性检验，对比表 4-7 中第（3）列和第（4）列的结果，同样表明加强金融基础设施建设既能在当期也能在长期中实现促进经济一体化发展的作用，对比前四组计量回归的系数，发现这一滞后影响效应存在增强趋势。第（5）列和第（6）列中，为金融基础设施建设与延后一期经济高质量一体化发展水平之间的关系，两组回归中金融基础设施建设水平的系数为 0.719 和 0.111，分别通过 1% 和 10% 的显著性检验，表明加强金融基础设施建设能在长期中实现促进经济高质量一体化发展的作用，对比表 4-7 中第（5）列和第（6）列中的系数，发现滞后影响效应存在衰弱趋势。

表 4-8　金融基础设施建设促进经济发展的滞后效应检验结果

变量	(1) FE	(2) FE	(3) FE	(4) FE	(5) FE	(6) FE
	ECO_qua_{t+1}	ECO_qua_{t+1}	ECO_itg_{t+1}	ECO_itg_{t+1}	ECO_qi_{t+1}	ECO_qi_{t+1}
FIN_sys	0.234*** [0.017]	0.103*** [0.018]	1.470*** [0.202]	0.569** [0.214]	0.719*** [0.070]	0.111* [0.065]
$Innovation$		0.111** [0.040]		0.700 [0.449]		0.067 [0.110]
TFP		0.018*** [0.005]		0.425*** [0.053]		0.006 [0.017]
Eco_real		0.391 [0.256]		4.348 [2.889]		1.290** [0.617]
$Stru\_ais$		0.223*** [0.052]		1.854*** [0.587]		1.380*** [0.136]
$Stru\_ris$		0.005 [0.012]		−0.021 [0.014]		−0.065* [0.036]
$Bevi$		0.104*** [0.031]		1.545*** [0.352]		0.115*** [0.030]
FT		0.127*** [0.023]		0.319 [0.260]		0.190*** [0.055]
ER		0.023 [0.026]		1.725*** [0.297]		0.004 [0.082]
Eco_open		−0.005 [0.020]		−0.140 [0.227]		0.032 [0.058]
常数项	0.583*** [0.011]	−1.798*** [0.506]	4.174*** [0.197]	−13.470** [5.723]	0.874*** [0.049]	−9.811*** [1.267]
城市控制	是	是	是	是	是	是
年份控制	是	是	是	是	是	是
省级聚类	是	是	是	是	是	是
N	243	243	243	243	243	243
R-sq	0.481	0.706	0.202	0.5138	0.308	0.713

上述分析表明，金融基础设施完善的经济发展效应存在显著的滞后影响效应，也即，加强金融基础设施建设能在长期中促进经济高质量一体化发展。

（三）间接效应分析

本章将考虑金融基础设施建设促进经济发展的实现机制。为便于分析，此处通过交互项模型进行检验，分析中设定经济高质量一体化发展水平（ECO_qi）为被解释变量,将 FIN_devp、FIN_stru、FIN_pset、FIN_aleff、FIN_diver 和 FIN_int 设定为机制变量,并将这些变量与金融基础设施建设水平(FIN_sys)构成交互项进行分析,计量结果呈现在表4-9中。

第(1)列中将金融发展水平(FIN_devp)作为机制变量的计量结果,金融基础设施建设水平的系数为1.153,通过10%的显著性检验,FIN_devp 的系数为0.033,没有通过显著性检验,但交互项(FIN_sys×FIN_devp)的系数为0.289,通过1%水平的显著性检验,表明加强金融基础设施建设能显著提高经济高质量一体化发展水平,同时存在以金融发展水平提高为路径的间接实现机制。

第(2)列中,机制变量为金融结构优化指数(FIN_stru),计量结果显示:FIN_sys 的系数为2.332,通过1%的显著性水平检验;金融结构优化指数的系数为1.473,在1%水平下通过显著性检验,且交互项(FIN_sys×FIN_stru)的系数为0.525,通过5%的显著性水平检验,说明加强金融基础设施建设能通过促进金融结构优化进而驱动经济高质量一体化发展。

第(3)列~第(5)列旨在分析金融基础设施通过改善金融功能进而促进经济高质量一体化发展的效应。其中:第(3)列的实现机制为"金融基础设施完善→金融支付结算能力提升→经济高质量一体化发展",交互项(FIN_sys×FIN_pset)系数为0.016,通过1%的显著性水平检验,表明这一实现机制是显著存在的;第(4)列中金融基础设施建设水平(FIN_sys)系数为6.636,并通过1%的显著性检验,尽管金融资源配置功能的(FIN_aleff)系数不显著,但交互项(FIN_sys×FIN_aleff)的系数显著且为正数,表明金融基础设施建设促进经济高质量一体化发展存在以金融资源配置功能完善为路径的实现机制;第(5)列核心解释变量中仅金融基础设施建设水平的系数显著为正,FIN_diver 的系数和交互项(FIN_sys×FIN_diver)的系数均为不显著的负数,说明不存在"金融基础设施完善→金融风险分散→经济高质量一体化发展"这一实现机制。

表4-9 金融基础设施建设促进经济发展的间接效应检验结果

变量与机制变量	(1) FIN_devp FE	(2) FIN_stru FE	(3) FIN_pset FE	(4) FIN_aleff FE	(5) FIN_diver FE	(6) FIN_int FE
FIN_sys	1.153* [0.677]	2.332*** [0.292]	3.703*** [0.664]	6.636*** [2.494]	1.290** [0.517]	3.946*** [0.990]
FIN_charts	0.033 [0.057]	1.473*** [0.093]	0.006*** [0.001]	1.021 [1.133]	−0.050 [0.092]	3.031*** [0.253]
FIN_sys×FIN_charts	0.289*** [0.081]	0.525** [0.236]	0.016*** [0.003]	0.700*** [0.049]	−0.199 [0.239]	1.757*** [0.391]

续表

变量与机制变量	(1) FIN_devp FE	(2) FIN_stru FE	(3) FIN_pset FE	(4) FIN_aleff FE	(5) FIN_diver FE	(6) FIN_int FE
Innovation	0.084 [0.364]	0.080 [0.246]	0.282 [0.323]	3.000** [1.081]	0.228 [0.379]	1.879** [0.867]
TFP	−0.033 [0.058]	0.171*** [0.047]	0.011 [0.049]	0.127 [0.170]	−0.060 [0.059]	0.319** [0.135]
Eco_real	4.037** [2.026]	−0.172 [1.057]	5.367*** [1.822]	34.230*** [6.231]	1.983 [2.018]	21.271*** [5.098]
Stru_ais	3.068*** [0.453]	1.469*** [0.287]	2.135*** [0.457]	4.345*** [1.135]	3.266*** [0.415]	9.813*** [1.035]
Stru_ris	−0.019 [0.012]	0.012 [0.008]	−0.001 [0.011]	−0.132*** [0.032]	−0.008 [0.012]	0.148*** [0.026]
Bevi	0.292*** [0.102]	0.159** [0.076]	0.038 [0.098]	1.440*** [0.302]	0.249** [0.107]	0.212 [0.253]
FT	0.222 [0.171]	0.093 [0.110]	−0.009 [0.167]	1.498** [0.556]	0.236 [0.181]	2.482*** [0.461]
ER	0.202 [0.273]	0.288 [0.190]	0.284 [0.241]	0.685 [0.833]	0.015 [0.298]	−0.257 [0.664]
Eco_open	0.034 [0.183]	0.408*** [0.118]	0.166 [0.169]	0.295** [0.120]	−0.038 [0.193]	0.264** [0.097]
常数项	−20.880*** [3.813]	−7.749*** [2.523]	−15.570*** [3.929]	80.409*** [10.850]	−19.674*** [4.034]	97.086*** [8.967]
城市控制	是	是	是	是	是	是
年份控制	是	是	是	是	是	是
省级聚类	是	是	是	是	是	是
N	270	270	270	270	270	270
R-sq	0.640	0.778	0.746	0.454	0.617	0.656

第（6）列考察了金融基础设施建设促进经济高质量一体化发展的金融协同融合发展水平提升的实现机制，金融基础设施建设水平的系数为3.946、金融协同融合发展水平（FIN_int）的系数为3.031以及交互项（$FIN\_sys \times FIN\_int$）的系数为1.757，均通过了1%的显著性水平检验，表明加强金融基础设施建设能通过提高金融协同融合发展水平进而实现经济高质量一体化发展。

表4-9的计量结果验证了假设2，即金融基础设施建设促进经济发展存在以金融体系完善为渠道的间接实现机制。

三、稳健性分析

（一）内生性问题处理

为排除生性问题对研究结论的影响，此处与第四章一致，一是采用常用方法，将滞后一期的金融基础设施建设水平（L.FIN_sys）作为解释变量进行计量检验；二是采用动态面板数据广义矩估计模型（GMM）进行分析。此处被解释变量为经济发展的特征变量 ECO_charts，包括 ECO_qua、ECO_itg 和 ECO_qi。

1. 内生性问题处理一：解释变量滞后一期分析

考虑滞后一期的金融基础设施建设水平对经济发展质量、经济一体化发展水平和经济高质量一体化发展的影响能在一定程度上克服内生性问题对结论的干扰。在匹配滞后一期金融基础设施建设水平并进行回归后，得到了如表 4-10 所示的计量结果。

表 4-10 滞后一期金融基础设施建设水平对经济发展的影响结果

变量	（1）	（2）	（3）	（4）	（5）	（6）
	ECO_qua		ECO_itg		ECO_qi	
	FE	FE	FE	FE	FE	FE
L.FIN_sys	0.454***	0.110**	1.309***	0.830***	4.105***	1.554**
	[0.119]	[0.056]	[0.205]	[0.208]	[1.111]	[0.629]
常数项	0.995***	5.240	4.556***	−21.200***	4.809***	30.660
	[0.020]	[3.916]	[0.035]	[5.145]	[0.189]	[30.502]
控制变量	否	是	否	是	否	是
城市控制	是	是	是	是	是	是
年份控制	是	是	是	是	是	是
省级聚类	是	是	是	是	是	是
N	243	243	243	243	243	243
R-sq	0.225	0.636	0.176	0.435	0.249	0.667

结果表明，无论是否考虑控制变量的影响，滞后一期的金融基础设施建设水平的系数均显著为正，表明在克服内生性问题后，金融基础设施建设水平的提高仍然能显著促进长三角地区经济发展质量、经济一体化发展水平和经济高质量一体化发展水平的提高。

2. 内生性问题处理二：动态面板数据广义矩估计分析

为进一步克服内生性问题对研究结论的影响，此处采用动态面板数据广义矩估计模型进行了分析，分析过程中将滞后一期的被解释变量作为核心解释变量，同时将滞后一期和滞后两期的金融基础设施建设水平作为工具变量进行分析。计量结果呈现在表4-11中。

表4-11 动态面板数据广义矩估计结果

变量	(1)	(2)	(3)	(4)	(5)	(6)
	ECO_qua		ECO_itg		ECO_qi	
	GMM	GMM	GMM	GMM	GMM	GMM
L.ECO_charts	0.923***	0.730***	4.355***	1.947*	6.469***	4.775***
	[0.042]	[0.079]	[0.984]	[1.114]	[0.638]	[0.957]
L.FIN_sys	0.034**	0.045**	0.646**	1.344***	0.861***	1.312***
	[0.016]	[0.020]	[0.306]	[0.281]	[0.190]	[0.237]
L2.FIN_sys	0.034*	0.036*	0.666*	1.127***	−0.043	−0.394
	[0.019]	[0.021]	[0.351]	[0.321]	[0.290]	[0.260]
常数项	0.075***	0.006	1.906***	−20.70***	−0.995**	−11.820**
	[0.025]	[0.500]	[0.630]	[6.003]	[0.369]	[6.045]
N	216	216	216	216	216	216
控制变量	否	是	否	是	否	是
城市控制	是	是	是	是	是	是
年份控制	是	是	是	是	是	是
省级聚类	是	是	是	是	是	是
AR(1)_p	0.013	0.049	0.245	0.062	0.043	0.051
AR(2)_p	0.812	0.851	0.217	0.451	0.630	0.645
Hansen_P	0.682	0.817	0.763	0.454	0.425	0.508
Sargan_p	0.443	0.610	0.356	0.793	0.340	0.739

从工具变量有效性和GMM模型序列相关检验结果看，Sargan检验和Hansen检验对应的p值表明工具变量是有效的；AR（1）对应的p值均低于0.1，AR（2）对应的p值均高于0.1，说明6组回归模型的残差项二阶序列均通过了相关性检验，表明模型是可靠的。

实证结果表明：第（1）列~第（6）列中滞后一期的金融基础设施建设水平的系数均显著为正；除第（5）列和第（6）列中滞后两期的金融基础设施建设水平的系数不显著外，其他四组回归中滞后两期的金融基础设施建设水平的系数均显著为正。上述内生性处理结果表明加强金融基础设施建设能显著促进经济高质量一体化发展，且这一促进作用具有长期性，这一结论与表4-7和表4-8所示的结果基本一致，说明本章研究结论具有稳健性。

3. 内生性问题处理三：工具变量法

此处与第四章一致，选取地级市到杭州市的距离（DIS_HZ）和地级市到上海市的距离（DIS_SH）作为工具变量，计量结果呈现在表4-12中。

表 4-12　工具变量法处理内生性问题的结果

	第二阶段估计结果			第二阶段估计结果		
	（1）	（2）	（3）	（4）	（5）	（6）
被解释变量	ECO_qua	ECO_itg	ECO_qi	ECO_qua	ECO_itg	ECO_qi
FIN_sys	1.382***	9.681***	14.089***	2.257*	8.523***	18.487**
	[3.25]	[4.47]	[3.47]	[1.68]	[5.07]	[2.54]
N	270	270	270	270	270	270
控制变量	是	是	是	是	是	是
城市控制	是	是	是	是	是	是
年份控制	是	是	是	是	是	是
省级聚类	是	是	是	是	是	是
被解释变量：FIN_sys	第一阶段估计结果			第一阶段估计结果		
工具变量：DIS_HZ	−0.0005***（−2.79）					
工具变量：DIS_SH				−0.0006***（−7.59）		
一阶段 F 统计量	28.190			57.594		
偏 R^2	0.215			0.341		
最小特征统计量	30.994			39.067		
Wald test 10% 临界值	16.38			16.38		

注　中括号中为 z 值、圆括号中为 t 值。

第（1）列～第（3）列是将地级市到杭州的距离（DIS_HZ）作为工具变量的结果。第一阶段的估计结果显示，偏 R^2 值为 0.215，说明工具变量 DIS_HZ 对 FIN_sys 具有较强的解释力度。F 统计量值为 28.192，远大于 10，同时最小特征统计量值为 30.994，也大于 Wald 检验中 10% 对应的临界值（16.38），说明 DIS_HZ 不是一个弱工具变量。从第二阶段的计量结果看，FIN_sys 的系数均在 1% 的显著性水平下通过检验，且系数为正，与上文的基准结果基本一致，较好地说明计量结果的稳健性。

同样，第（4）列～第（6）列是将地级市到上海的距离（DIS_SH）作为工具变量的计量结果，结果与第（1）列～第（3）列基本一致，说明上文的研究结论是稳健的。

（二）考虑地区特征的分析

此处考虑城市和省份异质性对计量结果的影响，具体而言：一是从省级层面考察了一体化参与程度对计量结果的影响，二是分析城市等级和参与一体化程度对研究结论的稳健性影响，三是从城市层面通过都市圈聚类分析方法分析金融基础设施建设对经济高质量一体化的影响❶。此处考虑金融基础设施建设对经济高质量一体化发展的影响，即被解释变量为经济高质量一体化发展水平（ECO_qi），主要原因一是基准回归结果（表4-7）和滞后效应检验结果（表4-8）都证实了金融基础设施建设水平的提高能显著促进经济高质量一体化发展水平；二是虽然长三角经济高质量一体化发展逻辑分析中（表4-5和表4-6）指出当前长三角地区实现经济高质量一体化发展较优的策略是"在一体化中谋求高质量发展"，但长远来看，一体化发展和高质量发展两手抓将会是重要的发展策略。

1. 考虑一体化参与程度与城市等级的影响

表4-13为基于省级层面和地级市层面数据从一体化参与程度和城市等级两个角度进行的稳健性分析结果。其中：第（1）列和第（2）列报告了省级层面一体化参与程度对研究结论的影响，FIN_sys 的系数为1.553和1.457，分别在10%和5%的显著性水平上显著；$PART\_de$ 的回归系数为15.960和9.733，分别在10%和1%的水平上通过显著性检验，表明参与一体化建设对本地经济高质量一体化发展具有较大的促进作用。第（3）列和第（4）列报告了地级市层面一体化参与程度对结论稳健性的影响，FIN_sys 的系数为1.108和1.469，均通过1%的显著性水平检验；$PART\_de$ 的系数为2.122和0.874，分别在5%和1%水平上通过显著性检验，依然表明参与一体化建设有助于实现经济高质量一体化发展。第（5）列和第（6）列为从地级市角度考虑城市等级对经济高质量一体化发展的影响，$CITY\_lev$ 的系数为4.395和2.413，分别通过1%和5%的显著性检验，表明提升城市综合竞争力更有助于提高经济高质量一体化发展水平。

表4-13报告的计量结果说明，无论是基于省级层面的聚类分析，还是考虑城市特征，研究结论都没有改变，即上文研究结论是稳健的。

表4-13　基于一体化参与程度与城市等级角度的稳健性检验结果

变量	（1）	（2）	（3）	（4）	（5）	（6）
	FE	FE	FE	FE	FE	FE
FIN_sys	1.553* [0.900]	1.457** [0.655]	1.108*** [0.170]	1.469*** [0.331]	1.491*** [0.224]	1.926*** [0.515]
$PART\_de$	15.960* [9.282]	9.733*** [2.949]	2.122** [0.800]	0.874*** [0.208]		
$CITY\_lev$					4.395*** [0.634]	2.413** [1.123]

---

❶ 根据2021年6月印发的《长三角一体化发展规划"十四五"实施方案》，长三角城市圈包含上海都市圈、南京都市圈、苏锡常都市圈、杭州都市圈、宁波都市圈和合肥都市圈。其中上海都市圈包含上海的行政区划和江浙的近沪区域，即嘉兴市的平湖、嘉善，苏州的部分市辖区和昆山、常熟和太仓，但在分析过程中，本书将上海都市圈设定上海、嘉兴和苏州3座城市。其他城市分别对应到不同的都市圈，部分城市同属于两个都市圈的，分别在组内进行计量分析。

续表

变量	(1) FE	(2) FE	(3) FE	(4) FE	(5) FE	(6) FE
常数项	6.228** [2.508]	-126.873 [277.412]	1.759*** [0.347]	5.848 [5.346]	2.888*** [0.348]	-10.561** [4.618]
控制变量	否	是	否	是	否	是
城市控制	否	否	是	是	是	是
年份控制	是	是	是	是	是	是
省级控制	否	否	是	是	是	是
N	40	40	108	108	108	108
R-sq	0.309	0.911	0.268	0.179	0.160	0.179

2. 基于都市圈层面的聚类稳健性分析

利用固定效应模型从都市圈层面分析了金融基础设施与经济高质量一体化发展的关系，结果呈现在表4-14中。第（1）列~第（6）列中 FIN_sys 的系数均显著为正，第（7）列为非都市圈城市的计量结果，系数也显著为正，表明金融基础设施建设对经济高质量发展的促进效应并不受研究对象的自身特征的影响，表明本章的研究结论具有稳健性，即加强金融基础设施建设对经济高质量一体化发展具有显著的促进作用。

从 FIN_sys 系数的绝对值上看，这一促进作用受都市圈经济实力和都市圈中心城市经济发展水平的影响，即都市圈经济实力越强、都市圈中心城市经济实力越强，加强金融基础设施建设促进经济高质量一体化发展的效应越显著。

表4-14 基于都市圈层面的聚类稳健性分析结果

都市圈 与变量	(1) 上海 FE	(2) 苏锡常 FE	(3) 南京 FE	(4) 宁波 FE	(5) 杭州 FE	(6) 合肥 FE	(7) 其它 FE
FIN_sys	4.016*** [0.471]	3.066** [1.136]	3.447*** [0.351]	1.358* [0.757]	3.329*** [0.425]	0.916* [0.488]	0.478** [0.194]
常数项	4.143*** [0.212]	3.024*** [0.182]	3.024*** [0.182]	3.610*** [0.292]	2.330*** [0.199]	-14.301*** [2.405]	1.191*** [0.101]
控制变量	是	是	是	是	是	是	是
城市控制	是	是	是	是	是	是	是
年份控制	是	是	是	是	是	是	是
N	30	30	30	30	40	30	80
R-sq	0.892	0.894	0.859	0.838	0.840	0.922	0.811

第四节 本章小结

本章旨在分析加强金融基础设施建设促进经济高质量一体化发展的效应，重点回答了两个问题：一是长三角实现经济高质量一体化发展的逻辑，即在推进经济高质量一体化发展中，一体化发展优先和高质量发展优先哪种策略是最佳选择？二是长三角金融基础设施建设对经济高质量发展、经济一体化发展和经济高质量一体化发展的影响效应如何，存在何种实现机制？

为回答第一个问题，本章采用延后一期的经济发展质量和经济一体化发展水平及二者的交互项（经济高质量一体化发展水平）作为被解释变量，分别以当期经济一体化发展水平和经济发展质量作为核心解释变量进行计量分析。计量结果表明一体化优先发展策略是相对更优越的策略选择。基于此，本书进一步采用非动态面板门限模型进一步分析，结果表明：采取一体化优先策略促进经济更高质量一体化发展的门槛更低，即一体化优先策略更有利于经济高质量一体化发展目标的实现。

为回答第二个问题，本章采用了固定效应模型和交互项模型进行实证检验。研究发现加强金融基础设施建设对经济发展质量、经济一体化发展水平和经济高质量一体化发展水平具有长期且显著的正向促进作用。另外，本章从金融发展水平提高和金融体系完善角度探究了加强金融基础设施建设促进经济高质量一体化发展的间接实现机制，计量结果表明存在以金融发展水平提升、金融结构优化、金融功能完善和金融一体化发展水平提高为渠道的间接实现机制。

在排除内生性问题后，研究结论依然成立。同时基于省级层面、地级市层面和都市圈层面的聚类稳健性分析结果也验证了本章基本假设是成立的，即加强金融基础设施有助于长三角经济高质量一体化发展。

此外，基于都市圈层面的稳健性分析结果表明加强金融基础设施建设促进经济高质量发展的作用与都市圈经济发展水平和都市圈中心城市的经济实力呈正相关关系。换言之，都市圈经济实力越强、都市圈中心城市经济实力越强，加强金融基础设施建设对经济高质量一体化发展的促进作用越强。因此能否通过加强中心城市金融基础设施建设依靠溢出效应实现都市圈经济高质量一体化水平提升，进而依托都市圈之间的溢出效应实现全域经济高质量一体化发展是下文研究的重点内容。

第五章　长三角金融基础设施建设的空间溢出效应分析：基于经济高质量一体化发展视角的检验

　　本书第四章从地级市和省份层面分析了金融基础设施建设对经济高质量一体化发展影响，认为加强金融基础设施建设能显著提升经济高质量一体化水平，这可以看成一种"本地"效应。基于都市圈的稳健性分析指出，都市圈经济发展水平和中心城市经济实力越强，加强金融基础设施建设促进经济高质量一体化发展的效应越强。因此能否通过加强都市圈和中心城市的金融基础设施建设提高整体金融基础设施建设水平，进而实现经济高质量一体化发展是本章关注的重点，这也是基于空间上对"本地"效应的进一步分析。同时本章也从邻近省份层面和长江经济带层面对"邻地"效应展开讨论。本章第一节为研究假设，主要介绍进行外部性分析的现实必要性；第二节为研究设计，重点介绍并构建空间计量模型；第三节为实证分析，主要从长三角内部和外部展开具体分析；第四节为本章小结。

第一节 研究假设

　　针对城市群协同发展的研究证实了经济发展存在较强的溢出效应，有利于收窄地区间的经济发展差距。这些研究从产业分工与集聚、交通基础设施建设、资本集聚与流动、制度环境、城市（知识）外部性等角度分析了影响经济增长和区域经济收敛的因素。

　　新经济增长理论指出，经济增长与发展的基本特征就是城市外部性带来的知识和技术溢出。在区域协同发展战略下，区域内经济主体的经济发展不仅取决于自身因素，还受其他经济主体经济发展的外部性影响，即溢出效应的影响。尤其是对城市群而言，城市群内部城市之间往往具有较强的经济联系，在人才要素、资本要素和产业协作等方面的联动作用不断增强，从这一角度看，城市群的高质量发展不仅受限于单一城市经济发展水平，还取决于城市群内部要素空间结构、城市网络外部性、区域核心城市的影响力。

　　从长三角城市群经济高质量一体化发展的"本地—邻地"效应看，本地效应体现为经济主体（城市、都市圈、省份）的自身内部因素对经济发展质量的影响，邻地效应表现为其他经济主体经济发展的溢出效应对本地经济发展质量带来的冲击。此外，金融是长三角城市群显著区别于其他城市群的重要元素，四省市之间的存在联系紧密，其将对经济高质量一体化发展起到了重要的推动作用。然而，尽管长三角四省市金融基础设施建设水平均得到显著提高，但四省市之间的金融基础设施建设水平依然存在显著差距：地级市层面的测算结果显示，上海市金融基础设施建设水平最高，2010～2019年均值为0.256，而安徽省宿州市最低，仅为0.031。因此能否通过金融基础设施建设的溢出效应提升长三角城市群整体金融基础设施建设水平的提升，进而达到促进经济高质量一体化发展的作用是当前值得研究的问题。同时，相对于交通基础设施、创新体系、生态环境、要素投入等因素对经济发展影响的研究，聚焦金融基础设施建设自身的外部性及其促进经济高质量一体化发展溢出效应的研究明显偏少。因此在长三角经济更高质量一体化发展的宏观背景下，从加强金融基础设施建设的外部性视角展开分析具有现实必要性。

　　根据上文分析，本章从金融基础设施建设水平自身外部性和对经济高质量一体化发展影响的外部性角度提出如下两个假设：

　　H1：加强金融基础设施建设具有显著的空间外部性，不仅能促进本地金融基础设施建设水平的提高，也能促进其他地区金融基础设施建设水平的提高。

　　H2：金融基础设施建设水平的提高对经济高质量一体化发展的影响具有空间溢出效应。

第二节 研究设计

一、实证模型设定

传统的计量分析难以很好地分析区域之间的空间相关性,例如上文基于都市圈层面的分析也仅得到金融基础设施促进经济高质量一体化发展的效应与城市自身特征、都市圈的经济实力和中心城市的经济发展水平有关,但依然未能解释不同城市和不同都市圈之间在空间上存在何种联系。特别地,长三角城市群高质量一体化发展作为中国空间布局中重要的环节,提升金融基础设施建设水平和经济高质量一体化发展水平能否对周边经济体产生辐射效应同样值得关注。这些问题依靠传统计量分析通常都是难以实现的,而空间计量模型的出现为分析地区间的空间关联提供了可能。空间计量模型在传统的计量模型中考虑了区域之间在时间和空间上的差异性与关联性,通过引入不同的空间权重矩阵解决了区域之间的空间异质性、空间依赖关系和空间模拟问题。

根据区域之间的空间传导机制的差异,空间计量模型存在五种不同的设定,即空间滞后模型(SLM)、空间自回归模型(SAR)、空间误差模型(SEM)、空间自相关模型(SAC)和空间杜宾模型(SDM)。模型的主要区别在于:SEM模型只考虑了空间误差项依赖性,即认为地区间的相互作用是随机冲击造成的,考察了邻近地区因变量误差项的冲击对本地区的影响;SAR模型只包含了空间因变量滞后因子,即所有自变量可以通过溢出效应或空间传导机制对其他地区产生影响;SAC模型既包含空间因变量滞后因子又包含空间误差项依赖性,但只要其中一个不存在则模型将退化成SEM模型或SLM模型,因此SAC模型的稳定性较差;SDM模型既包含空间因变量的滞后项也包含空间自变量滞后项,即同时考虑了自变量和因变量的空间溢出效应,可见SDM模型相对具有优势。本章初步选择空间杜宾模型(SDM)作为计量分析的基本模型,借鉴白俊红、张海军和岳华等学者的思路,遵循OLS—SEM(SLM)—SAR—SAC—SDM的顺序来选择最优的空间计量模型。空间杜宾模型(SDM)的一般形式为:

$$Y_{it} = \vartheta_0 + \rho_1 W Y_{it} + \vartheta_1 X_{it} + \rho_2 W X_{it} + \omega_j \sum_{j=1}^{n} Z_{jit} + \varepsilon_{it} \quad (5-1)$$

此外本章中OLS模型为:

$$Y_{it} = \alpha_0 + \alpha_1 X_{it} + \chi_j \sum_{j=1}^{n} Z_{jit} + \varepsilon_{it} \quad (5-2)$$

空间误差模型（SEM），也称空间滞后模型（SLM），模型设定为：

$$Y_{it} = \beta_0 + \beta_1 X_{it} + \delta_j \sum_{j=1}^{n} Z_{jit} + u_{it}, \quad u_{it} = \lambda W u_{it} + \varepsilon_{it} \quad (5-3)$$

空间自回归模型（SAR）的一般形式为：

$$Y_{it} = \gamma_0 + \rho_1 W Y_{it} + \gamma_1 X_{it} + \varphi_j \sum_{j=1}^{n} Z_{jit} + \varepsilon_{it} \quad (5-4)$$

空间自相关模型（SAC）设定为：

$$Y_{it} = \eta_0 + \rho_1 W Y_{it} + \eta_1 X_{it} + \nu_j \sum_{j=1}^{n} Z_{jit} + u_{it}, \quad u_{it} = \lambda W u_{it} + \varepsilon_{it} \quad (5-5)$$

其中，i 为研究对象序数，t 为时间，W 为空间权重矩阵，Z 为控制变量矩阵，ε_{it} 和 u_{it} 为扰动项，ρ 和 λ 表示空间自相关系数，WY、WX 为因变量和自变量的空间滞后项。

二、实证逻辑、变量说明与空间权重选取

（一）实证逻辑与变量说明

本章旨在分析长三角金融基础设施建设对经济高质量一体化发展的溢出效应，主要检验长三角金融基础设施建设是否存在溢出效应、长三角高质量一体化是否具有溢出效应以及长三角能否依托金融基础设施建设的溢出效应促进经济高质量一体化发展。同时将长三角作为一个整体分析其"本地—邻地"效应，即一是分析长三角金融基础设施建设对促进本地区经济高质量一体化的作用，二是从长三角邻近省份（山东省、河南省、湖北省、江西省和福建省）和长江经济带 11 省市角度分析长三角金融基础设施建设对经济协调发展影响的溢出效应。

根据研究目的，本节选取的解释变量与第三章和第四章基本一致，即被解释变量为经济高质量一体化发展水平（ECO_qi），核心解释变量为长三角金融基础设施建设水平（FIN_sys）。控制变量方面，一是选取影响金融基础设施建设的变量如金融发展水平（FIN_devp）、地区综合创新能力（$Innovation$）和金融开放水平（$Finop$）；二是选取与影响经济高质量一体化发展的变量如地区产业结构高级化指数（$Stru\_ais$）、地区产业结构合理化指数（$Stru\_ris$）、全要素生产率（TFP）、商业环境优化度（$Bevi$）、财政透明度（FT）、就业率（ER）、实体经济发展水平（Eco_real）和经济开放度（Eco_open）。

（二）空间权重矩阵的选取

本章将借助空间计量模型分析邻近区域金融基础设施建设和经济高质量一体化发展的溢出效应对本地解释变量的影响，因此合理设定空间权重矩阵是必要的。常

用的空间权重矩阵主要有地理邻接矩阵和地理距离矩阵。为全面、客观地分析长三角金融基础设施建设和经济高质量一体化发展的空间溢出效应,我们还选取了基于经济社会特征的经济距离矩阵和基于地理与经济距离嵌套权重矩阵,下文将对4种矩阵的构建进行简单介绍。

1. 地理邻接空间权重矩阵(W^n)

参照一般做法,根据ROOK邻接标准生成二进制邻接空间权重矩阵,矩阵中对应位置元素是根据区域之间相对位置关系通过赋值并标准化处理得到,权重矩阵计算公式和矩阵元素为:

$$W_{ij}^n = w_{ij}^n / \sum_{j=1}^{N} w_{ij}^n, \quad w_{ij}^n = \begin{cases} 1 & \text{区域} i \text{与区域} j \text{相邻} \\ 0 & \text{区域} i \text{与区域} j \text{不相邻} \end{cases} \quad (5-6)$$

需要说明的是地理邻接空间权重矩阵(W^n)中对角线元素均为0,且每行元素之和为1。

2. 地理距离空间权重矩阵(W^d)

地理距离相对邻近空间能在区域空间联系上体现更多的细节,即不仅能具体表征相邻区域之间的空间关系,而且能测度更远空间单元之间的关系。标准化处理后的矩阵中,权重矩阵计算公式和矩阵对应位置的元素为:

$$W_{ij}^d = \begin{cases} w_{ij}^d / \sum_{j=1}^{N} w_{ij}^d, & i \neq j \\ 0, & i = j \end{cases}, \quad w_{ij} = \frac{1}{d_{ij}} \quad (5-7)$$

其中,d_{ij}为i区域与j区域之间的距离,由于研究对象的不同,距离的计算存在差异,具体而言,地级市之间的距离用城市之间公路总里程数表示,数据收集于高速公路查询网❶;省级层面的距离使用各省地理几何中心之间的距离表示,根据测算江苏省的地理几何中心为高邮市❷、浙江省的地理几何中心为金华市❸、安徽省的几何中心为合肥市❹;都市圈之间的距离用都市圈中心城市之间的距离表示,其中苏锡常都市圈的中心城市设定为无锡市。

3. 经济距离空间权重矩阵(W^e)

区域经济发展的溢出效应不仅与地区之间的距离有关,还与地区之间经济发展

---

❶ 高速公路查询网网址为:http://www.0512s.com/licheng/,此处采用总里程数计算。

❷ 高邮市人民政府. 高邮被确认为"江苏之心"[EB/OL]. (2018-05-07)[2021-11-17]. http://gaoyou.yangzhou.gov.cn/gaoyou/zwyw/201805/f9b4fb1996cf4225ba9e79319d8ee1a1.shtml.

❸ 由于浙江省地理几何中心较少被正式提及和报道,本书参照相关研究测算的结果,将浙江省的几何中心设为金华市,数据来源于 https://zhuanlan.zhihu.com/p/98370021。该文测算结果具有一定可靠性,安徽省和江苏省几何中心与官方认定的基本一致或较为接近,其他省份的几何中心同样从该网络文章获取。

❹ 新浪新闻. 全省几何"中心"位于省城天鹅湖[EB/OL]. (2007-11-11)[2021-11-17]. https://news.sina.com.cn/c/2007-01-11/084710973363s.shtml.

水平相关，若仅以地理距离测度溢出效应，结论可能会存在偏差。因此以地区人均GDP作为地区经济发展水平的代理变量，通过构造经济距离空间权重矩阵进行分析，权重矩阵计算公式以及对应位置的元素为：

$$W_{ij}^{e} = \begin{cases} \dfrac{w_{ij}^{e}}{\sum_{j=1}^{N} w_{ij}^{e}}, & i \neq j \\ 0, & i = j \end{cases}, \quad w_{ij}^{e} = \begin{cases} \dfrac{1}{|E_i - E_j|}, & i \neq j \\ 0, & i = j \end{cases} \quad (5-8)$$

其中，E_i 为第 i 地区观测期内人均 GDP 的均值，W_{ij}^{e} 为标准化后的空间权重矩阵。

4. 地理与经济距离嵌套权重矩阵（W^{de}）

地理距离和经济距离都能影响溢出效应，因此为全面刻画长三角及周边地区在经济和空间上的关联程度，进而得到较为稳健的研究结论，此处参照邵帅等（2016）的研究构造地理与经济距离嵌套权重矩阵，即既考虑地理上的邻近（距离）关系，又考虑地区之间的经济关联情况，权重矩阵计算公式为：

$$W_{ij}^{de} = \tau W_{ij}^{d} + (1-\tau) W_{ij}^{e} \quad (5-9)$$

其中，$0 < \tau < 1$，表示地理距离权重影响溢出效应的相对重要性，参照邵帅等学者的研究，取 $\tau = 0.5$。实证分析中使用标准化后的地理与经济距离嵌套权重矩阵（W_{ij}^{*de}）进行实证检验，标准化公式为：

$$W_{ij}^{*de} = \begin{cases} \dfrac{W_{ij}^{de}}{\sum_{j=1}^{N} W_{ij}^{de}}, & i \neq j \\ 0, & i = j \end{cases} \quad (5-10)$$

第三节 计量结果与分析

一、探索性空间数据分析

地区经济活动的溢出效应取决于地区之间的相互关联程度，因此需要对被解释变量（ECO_qi）和核心解释变量（FIN_sys）的空间相关性进行检验。本节借鉴 Kelejian 和 Prucha 的研究，使用全局莫兰指数（Moran's I）从整体上刻画长三角高质量一体化发展水平和金融基础设施建设水平的空间分布和集聚情况，计算公式如下：

$$\text{Moran's I} = \frac{\sum_{i=1}^{N}\sum_{j}^{N} W_{ij}(y_i - \bar{y})(y_j - \bar{y})}{s^2 \sum_{i=1}^{N}\sum_{j=1}^{N} W_{ij}} \qquad (5-11)$$

其中，$s^2 = \frac{1}{N}\sum_{i=1}^{N}(y_i - \bar{y})^2$，$\bar{y} = \frac{1}{N}\sum_{i=1}^{N} y_i$，分析中 y_i 分别用长三角地区及周边地区的各省市的 ECO_qi 和 FIN_sys 表示，W_{ij} 为空间权重矩阵，全局莫兰指数值介于 –1 和 1 之间，其符号代表区域空间关联的方向，且绝对值越大空间相关性越强。

为进一步分析长三角地级市经济高质量一体化发展水平和金融基础设施建设水平的局部空间依赖性和异质性，我们绘制了 Moran's I 散点图，其中局部 Moran's I 指数计算公式为：

$$\text{Moran's I}_i = \frac{n(y_i - \bar{y})\sum_{j}^{N} W_{ij}(y_j - \bar{y})}{\sum_{i=1}^{N}(y_i - \bar{y})^2} \qquad (5-12)$$

Moran's I 散点图第一象限和第三象限代表着地区高—高集聚和低—低集聚，第二象限和第四象限是观测值集聚性相异的地区，即表示负的空间自相关性。

（一）全局空间相关性分析

此处利用 Arcgis 软件测算了地理邻接空间权重矩阵下长三角金融基础设施建设水平和经济高质量一体化发展水平的全局莫兰指数（见表 5-1）。

全局相关性检验结果表明，金融基础设施建设水平和经济高质量一体化发展水平的全局 Moran's I 指数均在 1% 或 5% 的水平下通过显著性检验，且指数均为正值，表明长三角地区金融基础设施建设水平和经济高质量一体化发展水平呈现显著的正空间相关性。从 Moran's I 值上看，2010～2019 年长三角地区金融基础设施建设水平和经济高质量一体化发展水平的空间关联程度呈现增强趋势，即地区间的联系日趋紧密，因此在计量分析时有必要纳入空间要素，考虑地区发展的溢出效应。

表 5-1 长三角金融基础设施建设和经济高质量一体化的莫兰指数表

年份	金融基础设施建设的空间相关性检验			经济高质量一体化发展的空间相关性检验		
	Moran's I	Z 值	P 值	Moran's I	Z 值	P 值
2010	0.332***	3.207	0.00134	0.368***	2.877	0.00403
2011	0.448***	3.399	0.00068	0.540***	4.082	0.00005

续表

年份	金融基础设施建设的空间相关性检验			经济高质量一体化发展的空间相关性检验		
	Moran's I	Z 值	P 值	Moran's I	Z 值	P 值
2012	0.278**	2.222	0.02640	0.392***	3.039	0.00237
2013	0.540***	4.131	0.00004	0.485***	3.684	0.00023
2014	0.242**	1.972	0.04860	0.574***	4.302	0.00002
2015	0.616***	4.586	0.00005	0.610***	4.599	0.00004
2016	0.660***	4.885	0.00001	0.659***	4.869	0.00001
2017	0.789***	5.922	0.00000	0.550***	4.129	0.00036
2018	0.691***	5.086	0.00000	0.617***	4.609	0.00000
2019	0.710***	5.340	0.00000	0.730***	5.364	0.00000

（二）局域空间相关性分析

图 5-1 和图 5-2 展现了 2011、2015 和 2019 年长三角经济高质量一体化发展水平和金融基础设施建设水平的局部 Moran's I 散点图（使用 Geoda 软件作图），可见长三角地区 ECO_qi 和 FIN_sys 的局部 Moran's I 值大多位于第一象限和第三象限，即表现为高—高集聚和低—低集聚的空间正相关依赖特征。且随时间推移，ECO_qi 和 FIN_sys 高—高型集聚涵盖区域数量略有增加，说明区域间的相互影响效应增强。

二、空间计量分析

（一）空间计量模型选择

借鉴姚丽、白俊红、张海军和岳华以及 Anselin 等学者有关模型选择判别标准和研究思路，在 OLS 回归基础上，利用两个拉格朗日乘子 LM-Error、LM-Lag 及其稳健拉格朗日乘子 R-LM-Lag、R-LM-Error 对空间四大模型 SEM、SAR、SAC 和 SDM 进行检验，具体的识别过程如图 5-3 所示。通常而言，SDM 模型在分析空间中是相对更为优越的模型，其考虑了空间交互作用，即 SDM 模型不仅考虑了地区经济的发展与自身变量之间的关系，也考虑了与周围地区经济发展和相关变量之间的关联情况，故我们也更倾向于使用 SDM 模型进行分析，但依然要根据模型的选择结果进行确定。

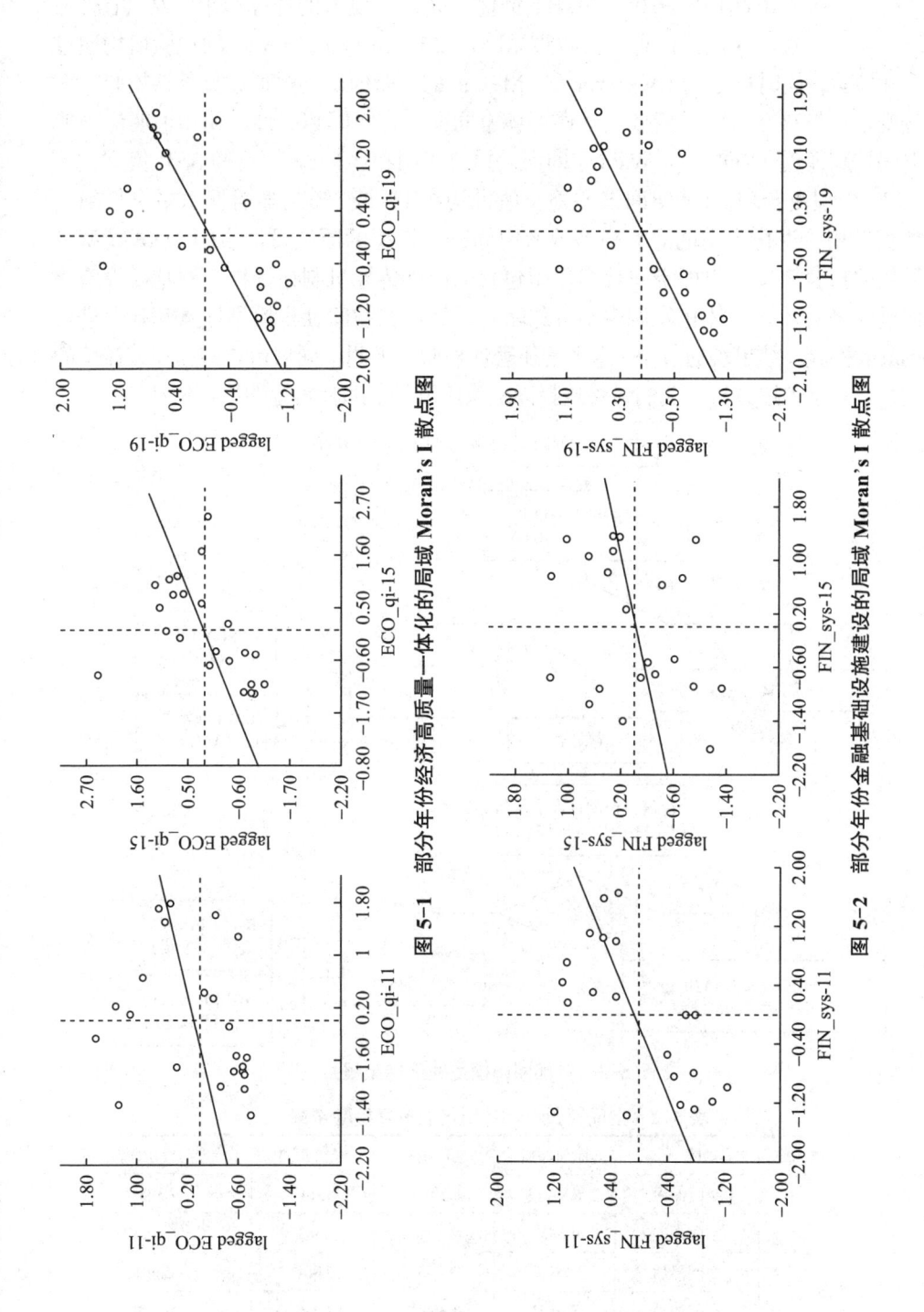

图 5-1　部分年份经济高质量一体化的局域 Moran's I 散点图

图 5-2　部分年份金融基础设施建设的局域 Moran's I 散点图

表 5-2 报告了四种空间权重矩阵下最优空间计量模型的选择结果。结合图 5-3 的检验流程发现，无论是何种空间权重矩阵，LM-Error 和 LM-Lag 的检验值均通过显著性检验，同时稳健的 LM-Error 和 LM-Lag 的检验值也同样通过显著性检验，表明各变量不仅存在空间滞后效应，误差项也同样存在空间相关性，初步说明应当使用空间杜宾模型（SDM）。Wald 空间误差检验表明相比 SEM 模型和 SAR 模型，选择 SDM 模型更合理；LR 空间误差检验值也均在 1% 或 5% 的显著性水平下拒绝空间杜宾模型应退化为空间滞后模型或者空间误差模型的原假设，表明 SDM 模型具有最优的拟合效果，也即空间杜宾模型包含的两种传导机制在分析金融基础设施建设促进经济高质量一体化发展中不可忽略。最后，在空间杜宾模型计量基础上进行 Hausman 检验，结果均通过 1% 水平的显著性检验，说明不同城市之间存在着显著的异质性。基于上述分析，我们最终选择固定效应下的空间杜宾模型进行估计。

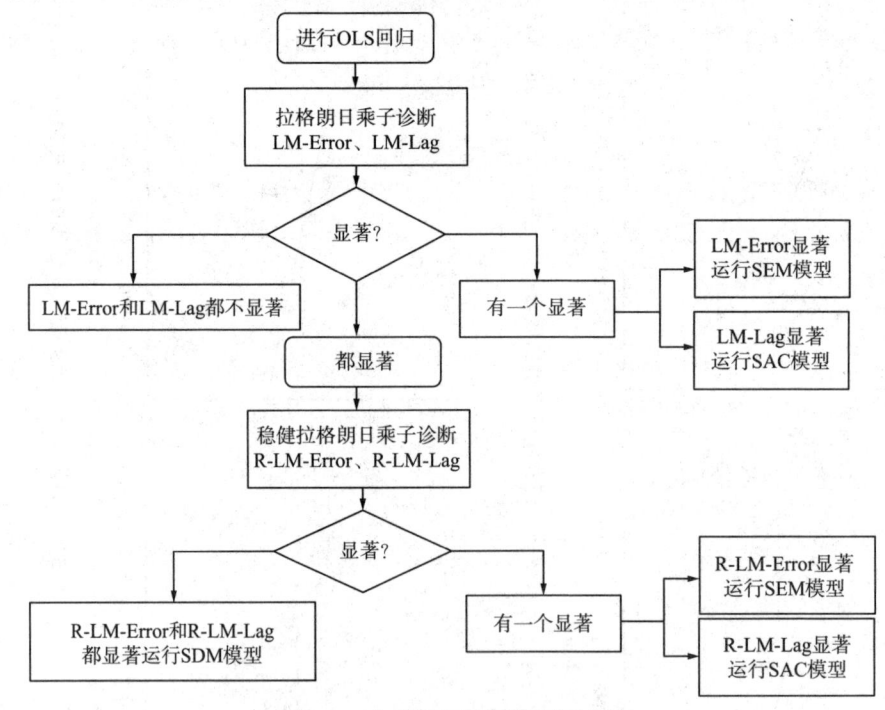

图 5-3　空间回归模型的选择流程

表 5-2　空间回归最优计量模型选择检验结果

检验方法与空间权重矩阵		地理邻接	地理距离	经济距离	地理与经济距离嵌套
LM 检验	空间滞后	6.898***	6.801***	7.014***	7.308***
	空间误差	4.675**	1.875*	2.683**	5.103***
稳健 LM 检验	空间滞后	23.519***	13.675***	16.001***	12.981***
	空间误差	18.956***	8.659***	12.480***	2.390*

续表

检验方法与空间权重矩阵		地理邻接	地理距离	经济距离	地理与经济距离嵌套
LR 检验	空间滞后	26.84***	44.38***	38.97***	43.90***
	空间误差	23.39**	45.57***	40.70***	42.66***
Wald	空间滞后	4.96**	50.66***	12.57***	11.74***
	空间误差	4.24**	41.12***	13.59***	3.82**
Hausman 检验		72.25***	116.90***	207.37***	73.08***

（二）实证结果与分析

1. OLS 模型计量结果

基于上文的模型设定和分析步骤，首先用 OLS 模型进行分析，回归结果如表 5-3 所示。结果表明加强金融基础设施建设对经济高质量一体化发展具有显著的正向促进作用。控制变量的计量结果与第四章和第五章描述基本一致，此处不再赘述。

表 5-3 OLS 估计结果

变量	系数	标准误	变量	系数	标准误
FIN_sys	2.010***	[0.239]	FT	−0.206	[0.133]
FIN_devp	0.178***	[0.039]	$Bevi$	0.406***	[0.101]
$Innovation$	−0.288	[0.296]	ER	0.044	[0.238]
TFP	−0.048	[0.068]	ECO_open	0.070**	[0.034]
ECO_real	5.725***	[1.207]	$Finop$	0.114**	[0.049]
$Stru\_ais$	0.991**	[0.362]	常数项	−7.985***	[2.634]
$Stru\_ris$	−0.028**	[0.010]	$R\text{-}sq$	0.731	

注　①中括号为稳健标准误；本章各表统同。

2. 空间计量回归结果

根据模型选择部分的阐述，此处分别在四种空间权重下运用空间杜宾模型（SDM）分析加强金融基础设施建设对经济高质量一体化发展空间影响，计量结果呈现在表 5-4 中。

结果表明四种空间权重矩阵下，空间交互项的系数 ρ 均显著且是正数，表明长三角地区加强金融基础设施建设促进经济高质量一体化发展具有显著的空间溢出效应，即本地经济高质量一体化发展水平的提高依赖于其地区经济高质量一体化水平的提升；FIN_sys 系数为正，且通过 1% 或 10% 水平的显著性检验，说明提高本地区金融基础设施建设水平能显著地促进本地区经济高质量发展；$W*FIN\_sys$ 的系数均为正数，且通过了 1%、5% 或 10% 的显著性水平检验，说明金融基础设施建设水平具有显著的空间正向相关性，也就是说，其他地区加强金融基础设施建设能够促进本地区金融基础设施建设水平的提高，进而促进经济高质量一体化发展。

然而，空间杜宾模型（SDM）的回归系数并不能直接反映自变量对因变量的影响程度，因此需要对加强金融基础设施建设促进经济高质量一体化发展的效应进行分解，计算出直接效应、间接效应（空间溢出效应）和总效应，计算公式为：$direct = \partial Y_i / \partial X_i$、$indirect = \partial Y_i / \partial X_j$，$total = indirect + direct$，分解结果呈现在表5-5中。

表 5-4 空间计量结果

变量与矩阵	（1） W^n	（2） W^e	（3） W^d	（4） W^{de}
ρ	0.709*** [0.044]	0.675*** [0.049]	0.742*** [0.068]	0.745*** [0.060]
FIN_sys	0.797*** [0.194]	0.161* [0.088]	0.328* [0.183]	0.250*** [0.085]
FIN_devp	0.054* [0.028]	0.029* [0.016]	0.045*** [0.015]	0.037 [0.034]
Innovation	0.281 [0.239]	0.317 [0.226]	0.559** [0.217]	0.580** [0.218]
TFP	0.050 [0.066]	0.009 [0.064]	0.027 [0.066]	0.009 [0.065]
ECO_real	2.479* [1.426]	3.423* [1.965]	4.921** [1.941]	4.203** [1.852]
Stru_ais	0.568 [0.385]	−1.002** [0.426]	−0.467 [0.394]	0.522 [0.432]
Stru_ris	−0.010 [0.060]	−0.016** [0.007]	−0.020*** [0.007]	−0.023*** [0.007]
FT	0.023 [0.167]	0.037 [0.146]	0.158** [0.641]	0.116** [0.051]
Bevi	0.096 [0.093]	0.186 [0.115]	0.078 [0.101]	0.111 [0.111]
ER	−0.045 [0.209]	0.001 [0.170]	0.209 [0.171]	0.122 [0.168]
ECO_open	0.055 [0.038]	0.076** [0.034]	0.107** [0.041]	0.104** [0.038]
Finop	0.003 [0.040]	0.029 [0.035]	0.046 [0.034]	0.071** [0.034]
W*FIN_sys	0.641*** [0.218]	0.337** [0.149]	0.541** [0.274]	0.143*** [0.035]
常数项	−2.709 [3.807]	−12.602** [6.594]	−10.540 [17.315]	−14.704 [13.492]
个体固定	是	是	是	是
时点固定	是	是	是	是
R-sq	0.847	0.759	0.842	0.836
Log-L	125.687	144.461	124.421	122.697

注 ①中括号内为稳健标准误；②本表未报告控制变量的空间交互系数。

表 5-5　空间溢出效应分解

变量与矩阵	地理邻接			经济距离			地理距离			地理与经济距离嵌套		
	直接效应	间接效应	总效应	直接效应	间接效应	总效应	直接效应	间接效应	总效应	直接效应	间接效应	总效应
FIN_sys	0.794*** [0.207]	-0.204 [0.595]	0.590 [0.695]	0.256*** [0.067]	1.025* [0.615]	1.281* [0.683]	0.504*** [0.163]	2.658* [1.402]	3.162** [1.417]	0.396** [0.170]	2.234** [1.015]	2.630** [1.000]
FIN_devp	0.065** [0.032]	0.268 [0.170]	0.333* [0.195]	0.119** [0.045]	1.065*** [0.294]	1.184*** [0.325]	-0.019 [0.032]	-0.038 [0.227]	-0.056 [0.236]	-0.006 [0.032]	0.147 [0.216]	0.141 [0.220]
Innovation	-0.220 [0.256]	0.745 [1.312]	0.525 [1.468]	-0.142 [0.322]	1.756 [1.851]	1.614 [2.120]	0.609*** [0.196]	1.895 [1.213]	2.504* [1.297]	0.669*** [0.194]	2.309** [0.911]	2.978*** [0.998]
TFP	0.486*** [0.063]	0.032 [0.123]	0.518*** [0.125]	0.005 [0.060]	-0.038 [0.119]	-0.033 [0.124]	0.133* [0.069]	1.129* [0.600]	1.261** [0.613]	0.094 [0.064]	0.672* [0.366]	0.766** [0.390]
ECO_real	2.375 [2.363]	-1.359 [8.212]	1.016 [9.991]	6.807*** [2.432]	39.823*** [13.679]	46.630*** [15.281]	2.135 [1.880]	-19.660 [13.229]	-17.525 [14.017]	3.489* [1.805]	11.014 [10.402]	14.503 [10.827]
Stru_ais	0.604* [0.367]	0.401 [0.948]	1.004 [1.092]	1.030** [0.415]	0.528 [1.839]	1.558 [1.943]	0.633 [0.406]	4.499** [2.189]	5.132** [2.161]	1.028** [0.471]	0.147 [1.537]	1.175 [1.382]
Stru_ris	0.010 [0.009]	-0.013 [0.043]	-0.003 [0.046]	0.014 [0.009]	-0.025 [0.056]	-0.011 [0.062]	-0.021*** [0.008]	-0.126** [0.053]	-0.147** [0.065]	-0.024*** [0.007]	0.028 [0.039]	0.004 [0.041]
FT	0.485*** [0.168]	0.479 [0.563]	0.527 [0.638]	-0.033 [0.172]	-0.774 [0.851]	-0.806 [0.957]	0.135 [0.146]	1.907* [1.017]	2.042 [1.068]	0.087 [0.143]	1.494* [0.766]	1.580* [0.816]
Bevi	0.102* [0.061]	0.351* [0.212]	0.454* [0.239]	0.192* [0.108]	0.192 [0.258]	0.384 [0.269]	0.056 [0.087]	0.077 [0.617]	0.131 [0.617]	0.006 [0.102]	0.177 [0.341]	0.184 [0.298]
ER	-0.016 [0.217]	0.493 [0.765]	0.477 [0.849]	0.017 [0.202]	0.112 [0.893]	0.129 [1.016]	-0.192 [0.161]	2.100** [0.938]	1.910** [0.933]	-0.130 [0.157]	0.455 [0.597]	0.325 [0.584]
ECO_open	-0.062 [0.045]	-0.136 [0.334]	-0.197 [0.364]	0.341** [0.144]	1.068 [1.568]	1.409** [0.608]	0.137** [0.043]	0.798 [0.436]	0.935** [0.461]	0.148*** [0.044]	1.613*** [0.450]	1.761*** [0.476]
Finop	0.007 [0.045]	0.016 [0.176]	0.023 [0.201]	0.082 [0.058]	0.588 [0.433]	0.670 [0.480]	0.035 [0.036]	0.204 [0.263]	0.239 [0.272]	0.058* [0.035]	0.407* [0.211]	0.466** [0.217]

在地理邻接空间权重矩阵下,金融基础设施建设水平的直接效应为 0.794,通过 1% 的显著性检验,表明加强金融基础设施建设能显著提升本地区经济高质量一体化发展水平,但间接效应为 -0.204,并不显著,说明地理上相邻城市加强金融基础设施建设不能促进本地经济高质量一体化发展,同时总效应也为不显著的正数,说明地理邻接不是金融基础设施建设空间传导机制的主要方式。当使用经济距离空间权重矩阵、地理距离空间权重矩阵和经济与地理矩阵嵌套空间权重矩阵分析时发现,金融基础设施建设的直接效应、间接效应和总效应均为正数,且均通过显著性检验,说明本地区经济高质量一体化发展水平不仅受益于本地金融基础设施建设水平的提高,同时也受其他地区金融基础设施建设的正向溢出影响。也可以说,加强金融基础设施建设在一定程度上能促进本地区和空间邻近地区金融基础设施建设水平的提高,进而通过乘数效应和规模效应促进全域经济高质量一体化发展,图 5-4 直观地展示了这一实现机制。

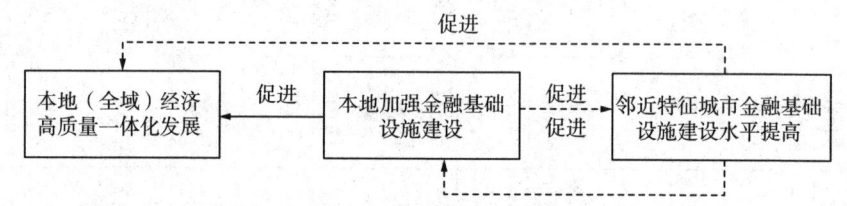

图 5-4　金融基础设施建设促进经济高质量一体化发展的实现机制

注:实线表示直接效应,虚线表示间接效应。

3. 稳健性检验

四种空间权重矩阵下的计量结果均验证了加强长三角地区金融基础设施建设促进经济高质量一体化发展存在显著的空间溢出效应,说明上文的研究结论具有稳健性。

为排除空间计量模型选择偏误对研究结论的影响,此处借鉴胡振华和金旗的研究思路,换用空间自回归模型(SAR)进行分析。SAR 模型有助于讨论不同城市经济高质量一体化发展水平的空间相关关系,同时也可以检验在不同空间权重矩阵下,长三角地区金融基础设施建设水平与经济高质量一体化发展水平之间是否存在正向的空间关联效应。空间自回归模型(SAR 模型)如式(5-4)所示,计量结果呈现在表 5-6 中。

表 5-6　空间自回归模型计量结果

变量与矩阵	(1)	(2)	(3)	(4)
	W^n	W^e	W^d	W^{de}
ρ	0.681***	0.751***	0.867***	0.859***
	[0.043]	[0.042]	[0.033]	[0.035]
FIN_sys	0.551***	0.447**	0.489***	0.464***
	[0.149]	[0.146]	[0.133]	[0.134]

续表

变量与矩阵	(1) W^n	(2) W^e	(3) W^d	(4) W^{de}
FIN_devp	0.074** [0.038]	0.055* [0.029]	0.048 [0.033]	0.056* [0.033]
$Innovation$	−0.009 [0.241]	0.481** [0.229]	0.548* [0.212]	0.550* [0.214]
TFP	0.034** [0.015]	0.037** [0.013]	0.012 [0.031]	0.020 [0.031]
ECO_real	2.801* [1.537]	3.094** [1.503]	4.189* [1.770]	4.165** [1.767]
$Stru\_ais$	0.654** [0.297]	0.337 [0.281]	0.065 [0.260]	0.410* [0.258]
$Stru\_ris$	−0.009 [0.007]	−0.013* [0.007]	−0.013* [0.007]	−0.013* [0.007]
FT	0.015 [0.143]	−0.021 [0.140]	−0.213* [0.123]	−0.179 [0.132]
$Bevi$	0.096** [0.046]	0.122** [0.062]	0.088*** [0.018]	−0.019 [0.058]
ER	0.022 [0.181]	0.065 [0.171]	−0.060 [0.159]	−0.022 [0.160]
ECO_open	0.062* [0.036]	0.079** [0.036]	0.065** [0.033]	0.056* [0.032]
$Finop$	−0.008 [0.036]	0.008 [0.034]	0.013 [0.032]	0.019 [0.032]
常数项	−4.732* [2.667]	−2.173 [2.784]	−0.441 [2.575]	−1.123*** [0.263]

结果表明在四种空间权重下，空间交互项的系数 ρ 均为显著的正数，表明各城市经济高质量一体化发展水平在空间上存在正向相关关系；FIN_sys 系数为正，均通过 1% 的显著性检验，表明加强金融基础设施建设能显著地促进经济高质量一体化发展。总体而言，空间自回归模型（SAR）的计量结果与空间杜宾模型（SDM）计量结果基本一致，说明研究结论是可靠稳健的。

（三）基于长三角内部空间结构的再讨论：都市圈视角的分析

长三角一体化进程中，经济相对发达的城市均在寻求与周边城市的合作，形成了以邻近城市为重要成员的都市圈系统。一些研究表明，大都市圈是区域一体化发展的逻辑起点和重要基础，都市圈中心城市的带动辐射效应对促进区域协调、实现高质量一体化发展具有重要的意义。因此从都市圈角度分析加强金融基础设施建设对经济高质量一体化发展的影响效应具有一定的现实必要性，故下文将使用空间杜宾模型（SDM）从六大都市圈和都市圈中心城市角度展开具体分析。

这里有必要对空间权重矩阵的构建作简要说明。①根据都市圈边界在空间上是否存在重合构建地理邻接空间权重矩阵（W^n），重合记为 1，否则记为 0。②根据都市圈中心城市之间的公路距离计算地理距离空间权重矩阵（W^d），其中苏锡常都市圈中将位于地理中心的无锡市作为都市圈中心。③根据都市圈内城市的人均 GDP 均值和中心城市人均 GDP 分别计算经济距离权重矩阵（W_1^e 和 W_2^e）。④分别根据不同的经济距离权重矩阵和地理距离空间权重矩阵计算地理与经济距离嵌套权重矩阵（W_1^{de}、W_2^{de}）。

都市圈层面分析中使用的样本数据的简要说明：被解释变量（ECO_qi）和核心解释变量（FIN_sys）根据第三章的测算方法计算得到；控制变量的计算方法与第四章和第五章一致。此处由于使用同一组样本数据，那么对比不同空间权重矩阵的计量结果能发现更多的细节，计量结果呈现在表 5-7 中。

第（1）列为普通最小二乘法（OLS）回归结果，FIN_sys 的系数为 1.259，通过 5% 的显著性检验，表明加强金融基础设施建设促进经济高质量一体化发展存在都市圈层面的经验证据支持。第（2）列考虑相邻都市圈之间空间关联效应，经济高质量一体化发展水平的空间交互项系数 ρ 通过了 1% 的显著性检验，说明都市圈之间的经济高质量一体化发展水平在空间层面上存在正相关关系；金融基础设施建设水平的空间交互项（$W*FIN\_sys$）系数为 0.556，在 10% 的显著性水平下通过检验，表明本地金融基础设施建设水平的提高与邻近地区金融基础设施建设水平提高之间存在正向关联效应。

表 5-7　六大都市圈 SDM 模型计量结果

变量与矩阵	(1) OLS	(2) W^n	(3) W_1^e	(4) W_2^e	(5) W^d	(6) W_1^{de}	(7) W_2^{de}
ρ		0.453*** [0.107]	0.327 [0.226]	0.378** [0.155]	0.684** [0.263]	0.337 [0.227]	0.638*** [0.166]
FIN_sys	1.259** [0.547]	0.802** [0.329]	0.276 [0.267]	0.878*** [0.252]	0.435** [0.221]	0.311 [0.279]	0.709*** [0.253]
FIN_devp	0.554** [0.214]	0.109* [0.056]	0.086 [0.123]	0.093 [0.110]	0.581*** [0.119]	0.092 [0.124]	−0.114 [0.094]
Innovation	0.183*** [0.046]	−0.047 [0.039]	0.125*** [0.045]	0.026** [0.012]	0.135*** [0.033]	0.126** [0.045]	0.078*** [0.030]

续表

变量与矩阵	(1) OLS	(2) W^n	(3) W_1^e	(4) W_2^e	(5) W^d	(6) W_1^{de}	(7) W_2^{de}
TFP	0.170* [0.106]	0.141* [0.079]	0.111 [0.082]	0.008 [0.068]	0.273*** [0.076]	−0.112 [0.082]	0.087 [0.058]
ECO_real	32.989** [11.909]	14.634* [7.843]	14.419* [8.034]	6.509 [6.357]	52.480*** [10.168]	15.004* [9.104]	3.504 [6.319]
Stru_ais	4.808** [1.454]	2.348* [1.209]	2.493** [1.259]	0.362 [0.645]	4.654*** [1.310]	2.464* [1.262]	3.143*** [0.979]
Stru_ris	−0.028 [0.028]	−0.023* [0.013]	−0.054** [0.023]	−0.041*** [0.012]	−0.027* [0.016]	−0.055** [0.023]	0.051*** [0.011]
FT	0.603*** [0.075]	0.366 [0.603]	0.006 [0.766]	0.859*** [0.296]	0.956* [0.597]	0.024 [0.768]	−0.584 [0.556]
Bevi	0.080 [0.229]	−0.032 [0.206]	0.048 [0.169]	−0.157 [0.137]	0.161 [0.152]	−0.046 [0.167]	0.252** [0.112]
ER	−0.133 [0.648]	0.244 [0.271]	0.830* [0.331]	1.194*** [0.261]	0.134 [0.213]	0.095 [0.327]	0.985*** [0.295]
ECO_open	0.339** [0.148]	0.168* [0.102]	0.372** [0.176]	−0.004 [0.047]	0.464*** [0.141]	0.389** [0.180]	0.382*** [0.100]
Finop	−0.099 [0.108]	0.088* [0.034]	0.074 [0.083]	−0.055 [0.051]	0.289** [0.096]	0.075 [0.084]	0.022 [0.061]
W*FIN_sys		0.556* [0.264]	−0.617 [0.911]	2.460*** [0.440]	0.939 [0.647]	−0.716 [0.916]	1.424*** [0.499]
个体固定		是	是	是	是	是	是
时点固定		是	是	是	是	是	是
Log-L		20.608	28.569	23.273	35.610	23.546	42.369
R-sq	0.734	0.966	0.974	0.967	0.982	0.968	0.982

注 本表未报告控制变量的空间交互系数和常数项。

第(3)列和第(4)列分别以都市圈之间的经济差距和以中心城市之间的经济差距为空间权重矩阵的计量结果，对比可见，在都市圈中心城市经济距离空间权重矩阵下（W_2^e），都市圈之间的高质量发展在空间上存在显著的正相关关系（ρ为显著的正数），同时 W*FIN_sys 的系数也显著为正，说明都市圈之间在空间上的关联效应主要取决于中心城市的经济发展水平，而与都市圈整体的经济发展水平相关性不高。第(5)列分析了在地理距离空间权重矩阵下都市圈层面经济高质量一体化的空间相关性，空间交互项系数ρ显著为正，说明都市圈经济高质量一体化水平在地理距离层面上存在正向相关关系；但 $W*FIN\_sys$ 的系数没有通过显著性检验，表明地理距离不是影响都市圈金融基础设施建设产生溢出效应的原因。第（6）列和第（7）列分别分析了都市圈和中心城市的地理与经济距离嵌套权重矩阵对计量结果的影响，计量结果依然说明都市圈之间经济高质量一体化发展的溢出效应和金融基础设施建设水平提升的溢出效应更多取决于都市圈中心城市的经济发展水平。

基于都市圈层面的讨论证实了长三角金融基础设施建设水平和经济高质量一体化发展水平之间存在显著的正向空间溢出效应，说明上文的研究结论具有一定的可靠性。且从计量结果可以大致归纳出加强长三角金融基础设施建设促进经济高质量一体化发展的逻辑：从中心城市切入，提高中心城市的金融基础设施建设水平，利用辐射效应提高全域金融基础设施建设水平，进而促进全域经济高质量一体化发展。

三、基于长三角外部空间联系的分析

长三角区域一体化是我国区域协调发展战略体系中的重要内容，对我国未来发展空间布局有着深远的影响，其中最直接的影响是实现局部经济高质量协调发展。上文从长三角内部的分析表明，加强金融基础设施建设具有促进经济高质量一体化发展的效应，且在空间上具有显著的关联性，但上文并未分析长三角金融基础设施建设促进邻近地区或具有战略重要地区的经济高质量发展的效应，因此本章进一步从邻近省份和长江经济带角度开展分析。

（一）基于四省市及相邻省份关系的讨论

1. 样本与数据来源说明

此处以长三角四省市及相邻省份（山东省、河南省、江西省、湖北省和福建省）为对象分析金融基础设施建设促进经济高质量一体化发展的对外溢出效应。与上文一致，此处解释变量为金融基础设施建设水平（FIN_sys）；核心解释变量为经济高质量一体化发展水平（ECO_qi），测算方法与第四章一致。

2. 全局空间相关性分析

与上文分析一致，首先在邻接空间权重矩阵下对长三角地区及周边五省的金融基础设施建设和经济高质量一体化的全局莫兰指数进行测算，结果呈现在表5-8中。结果显示，除2014年经济高质量一体化发展水平的系数为不显著的负数外，其他年份均为显著的正数，说明长三角四省市和周边五省之间经济高质量发展水平和金融基础设施建设水平之间具有明显的正向空间相关性。从系数上看，经济高质量一体化发展在空间上的关联效应逐年增强，而金融基础设施建设水平的空间关联效应存在小幅波动，同时对比表5-1的系数可知，长三角与邻近省份之间的空间关联程度要小于城市群内部城市之间的关联程度，这一结论也比较符合经济发展的现实。

表 5-8 空间相关性检验莫兰指数表（邻近省份）

年份	FIN_sys 的空间相关性检验			ECO_qi 的空间相关性检验		
	Moran's I	Z值	P值	Moran's I	Z值	P值
2010	0.390***	3.030	0.00245	0.347***	3.436	0.00059
2011	0.301**	2.403	0.01628	0.247**	2.487	0.01290
2012	0.368***	2.857	0.00428	0.261***	2.740	0.00615
2013	0.463***	3.520	0.00432	0.303***	3.013	0.00259
2014	0.400***	3.080	0.00207	−0.291	−0.038	0.96948
2015	0.521***	3.964	0.00007	0.289***	2.894	0.00380
2016	0.483***	3.687	0.00023	0.331***	3.265	0.00109
2017	0.419***	3.248	0.00116	0.472***	4.552	0.00001
2018	0.425***	3.287	0.00101	0.433***	4.194	0.00003
2019	0.571***	4.270	0.00000	0.482***	4.649	0.00000

3. SDM 计量结果与分析

为便于分析，此处采用空间杜宾模型（SDM）进行分析，空间权重矩阵依然根据经济距离、地理距离、邻接关系以及同时考虑经济距离和地理距离四个方面构建空间权重矩阵，其中：邻接矩阵方面，若周边省份与长三角四省市相邻则记为 1，否则记为 0；地理距离用省会城市之间的距离表征；经济距离的计算方式与上文描述基本一致；地理与经济距离嵌套矩阵为地理距离矩阵和经济距离矩阵的线性组合，根据一般做法，系数取值为 0.5。计量结果呈现在表 5-9 中。

表 5-9 SDM 模型空间计量结果（邻近省份）

变量与矩阵	（1）	（2）	（3）	（4）	（5）
	OLS	W^n	W^e	W^d	W^{de}
FIN_sys	0.129**	0.077*	0.058***	0.047	0.071***
	[0.051]	[0.043]	[0.006]	[0.035]	[0.016]
W*FIN_sys		−0.015	0.266***	0.330**	0.245**
		[0.073]	[0.074]	[0.135]	[0.090]
ρ		0.077	0.487*	1.280***	1.207***
		[0.200]	[0.262]	[0.337]	[0.312]
控制变量	是	是	是	是	是
个体固定	否	是	是	是	是
时点固定	否	是	是	是	是
R-sq	0.821	0.966	0.963	0.913	0.950
Log-L		226.025	247.374	239.944	258.675

注　本表未报告控制变量的空间交互系数、常数项和控制变量的计量结果。

第（1）列为 OLS 模型的计量结果，FIN_sys 的系数为 0.129，通过 5% 水平的显著性检验，说明加强金融基础设施建设能显著促进经济高质量一体化发展。第（2）列考察了地理邻接空间关系下加强金融基础设施建设促进经济高质量一体化发展的溢出效应，FIN_sys 的系数为 0.077，通过 10% 的显著性检验，但空间交互项的系数 ρ 和 W*FIN_sys 均不显著，说明地理邻接不是溢出效应的必要条件。第（3）列报告了经济距离空间权重矩阵下加强金融基础设施建设促进经济高质量一体化发展的效应，结果表明空间交互项系数 ρ、W*FIN_sys 系数和 FIN_sys 的系数均显著为正，且分别通过 1%、1% 和 10% 的显著性检验，说明长三角经济高质量一体化发展的溢出效应与地区之间经济相对发展水平有关，即其他地区加强金融基础设施建设促进经济高质量一体化发展的效应能影响到本地区金融基础设施建设的经济高质量一体化发展效应。第（4）列和第（5）列分别使用地理距离空间权重矩阵和地理与经济距离嵌套空间权重矩阵进行分析，结果同样表明长三角经济高质量一体化发展和金融基础设施建设具有对外溢出的效应，且从系数显著性角度看，这一溢出效应对地理空间（地理距离、地理邻接）的依赖性不强，与地区间经济相对发展水平有显著的正向相关关系。

为能直接反映加强金融基础设施建设对经济高质量一体化发展的影响程度，此处对溢出效应进行了分解（见表 5-10）。结果表明：在地理邻接空间权重矩阵下，加强金融基础设施建设对经济高质量一体化的促进作用仅在直接效应上显著为正，间接效应和总效应均不显著，说明其他地区金融基础设施建设水平的提高很难促进本地经济高质量一体化发展。在经济距离空间权重矩阵和经济距离空间权重矩阵下，直接效应均不显著，但间接效应和总效应显著为正，表明本地金融基础设施建设的经济高质量一体化发展效应与地理距离接近和经济发展情况相近地区的金融基础设施建设水平有正向关联效应。在同时考虑地理距离和经济发展水平时，直接效应、间接效应和总效应均显著为正，说明加强金融基础设施建设促进经济高质量一体化发展的溢出效应与地理距离和经济相对发展水平有关。

表 5-10 SDM 模型的溢出效应分解（邻近省份）

变量：FIN_sys	直接效应	间接效应	总效应
地理邻接	0.077**	0.020	0.097
	[0.036]	[0.090]	[0.123]
经济距离	0.029	0.186***	0.216***
	[0.018]	[0.062]	[0.065]
地理距离	−0.007	0.178***	0.171**
	[0.019]	[0.066]	[0.080]
地理与经济距离嵌套	0.039**	0.104**	0.142***
	[0.018]	[0.052]	[0.054]

此外，结合都市圈层面的分析结果能得到一些政策启示，如在注重铁路、公路等重要基础设施的过程中，应同时关注区域中心城市的经济建设，增强区域中心城市经济的辐射效应，从而构成"点—线—面"多层次的经济协同发展模式。

（二）基于长江经济带的稳健性分析

加强长三角金融基础设施建设对经济高质量一体化发展的影响能否在更大的空间上具有溢出效应？对此本章从长江经济带沿线省份角度展开讨论[1]，指标体系和实证方法与上文一致。

1. 全局空间相关性分析

此处在邻接空间权重矩阵下检验长江经济带 11 省市之间金融基础设施建设水平和经济高质量一体化发展水平的空间相关性，结果呈现在表 5-11 中。

表 5-11　空间相关性检验莫兰指数表（长江经济带）

年份	FIN_sys 的空间相关性检验			ECO_qi 的空间相关性检验		
	Moran's I	Z 值	P 值	Moran's I	Z 值	P 值
2010	0.236*	1.909	0.05626	0.237**	2.000	0.04560
2011	0.166	1.411	0.15825	0.152	1.381	0.16713
2012	0.223*	1.813	0.06983	0.225*	1.911	0.05602
2013	0.320*	2.492	0.01270	0.363***	2.872	0.00408
2014	0.046	1.026	0.30489	-0.149	0.204	0.83824
2015	0.324**	2.529	0.01145	0.136	1.572	0.11595
2016	0.310***	2.739	0.00617	0.331***	3.265	0.00109
2017	0.362***	3.250	0.00115	0.472***	4.552	0.00001
2018	0.344***	3.083	0.00205	0.433***	4.194	0.00003
2019	0.412***	3.606	0.00031	0.482***	4.649	0.00000

结果显示，除 2011 和 2014 年金融基础设施建设的空间相关性不显著外，其他年份均为显著的正向相关性；经济高质量一体化发展的空间相关性结果表明，除 2011、2014 和 2015 年相关性不显著外，其他年份表现为显著的正相关关系。但对比长三角城市群内部和邻近省份的空间相关性结果，可见长江经济带层面 FIN_sys 和 ECO_qi 的 Moran's I 指数值相对较小，说明空间相关性相对较低。

2. SDM 计量结果与分析

与上文一致，此处在四种权重下利用空间杜宾模型（SDM）对溢出效应进行探讨，分析过程中邻接空间权重矩阵依然根据其他七个省市与长三角城市群是否存在边界构建；经济距离空间权重矩阵以长三角四省市人均 GDP 的均值以及其他省份

---

[1] 长江经济带东起上海，西至云南。沿线共 11 个省市，除安徽省、江苏省、上海市和浙江省之外，还包括湖南省、湖北省、江西省、四川省、重庆市、贵州省和云南省。

人均 GDP 之间的关系构建；地理距离空间权重矩阵以省会城市之间的公路里程数计算；经济与地理距离嵌套矩阵为地理距离空间权重矩阵和经济距离空间权重矩阵的线性组合，系数设为 0.5，计量结果呈现在表 5-12 中。

从 OLS 模型的回归结果看，加强金融基础设施建设对经济高质量一体化发展具有显著的正向促进作用。第（2）~（5）列分别在四种空间权重矩阵下分析金融基础设施建设促进经济高质量一体化发展的溢出效应，从空间交互项系数 ρ 角度看，除地理邻接空间权重矩阵下空间交互项系数 ρ 不显著外，其他空间关联中空间交互项系数 ρ 均为显著的正数。W*FIN_sys 的系数在经济距离、地理距离和经济与地理距离嵌套权重矩阵下均为显著的正数，表明其他省份加强金融基础设施建设能显著地促进本地金融基础设施建设水平的提高。由此可见，长江经济带各省市之间金融基础设施建设水平和经济高质量一体化发展水平在空间上具有显著的正向关联性，即存在显著的"邻地"溢出效应。

表 5-12　SDM 模型空间计量结果（长江经济带）

变量与空间权重矩阵	（1）OLS	（2）W^n	（3）W^e	（4）W^d	（5）W^{de}
FIN_sys	0.532*** [0.051]	0.067*** [0.016]	0.045** [0.020]	0.090** [0.038]	0.073* [0.041]
W*FIN_sys		−0.060 [0.064]	0.305*** [0.105]	0.268* [0.162]	0.436*** [0.106]
ρ		−0.105 [0.285]	0.771*** [0.203]	1.306*** [0.241]	0.751*** [0.056]
控制变量	是	是	是	是	是
个体固定		是	是	是	是
时点固定		是	是	是	是
Log-L		267.528	277.094	266.779	215.659
R-sq	0.778	0.708	0.715	0.847	0.898

注　本表未报告控制变量的空间交互系数、常数项和控制变量的计量结果。

此外，我们在四种空间影响关系下对溢出效应进行了分解，结果呈现在表 5-13 中。结果表明，经济距离和经济与地理距离嵌套矩阵下，直接效应、间接效应和总效应均显著为正，说明加强金融基础设施建设促进经济高质量一体化发展的效应在空间上不仅与本地金融基础设施建设水平有关，也与其他地区金融基础设施建设水平显著相关，且这一溢出效应的传导渠道更多地取决于不同地区经济的相对发展水平。

表 5-13　SDM 模型的溢出效应分解（长江经济带）

变量：FIN_sys	直接效应	间接效应	总效应
地理邻接	0.063** [0.029]	0.007 [0.049]	0.070** [0.036]
经济距离	0.276*** [0.073]	1.791*** [0.401]	2.067*** [0.468]
地理距离	0.062* [0.033]	0.087 [0.108]	0.149 [0.112]
地理与经济距离嵌套	0.281*** [0.107]	1.831*** [0.629]	2.112*** [0.731]

第四节　本章小结

本章利用空间计量模型，分析了长三角加强金融基础设施建设促进经济高质量一体化发展的"本地—邻地"效应。"本地"效应从长三角城市群内部地级市层面和都市圈层面展开了讨论；"邻地"效应从与长三角相邻省份和长江经济带沿线省份角度展开了分析。结果发现：①空间相关性 Moran's I 指数除个别年份不显著外其他年份均显著为正，说明长三角内部和外部均存在显著的正向空间关联效应，且从不同的样本角度看，城市群内部的空间关联效应最强、长江经济带各省市之间的空间关联效应最弱，这一结论符合长三角地区与其他地区在地理空间上关联的现实情况。②本地金融基础设施建设水平与相邻地区金融基础设施建设水平之间具有高度正相关关系，即邻地加强金融基础设施建设能显著促进本地金融基础建设水平的提高。从这一角度看，引导区域内各经济单元加强金融基础设施合作建设能促进整体金融基础设施生态系统的完善。③溢出效应与地区空间互动关系相关，如以地理距离、经济距离等衡量的空间互动关系中溢出效应更显著，即压缩经济距离是长三角溢出效应空间传导机制的主要实现方式，张海军和岳华的研究也得到了相似的结论，因此需要加强地区间的经济合作，缩小经济发展差距。④都市圈层面的分析发现，当以中心城市经济发展差距量化空间互动关系时，溢出效应要显著强于以都市圈经济发展差距量化空间互动关系的结果，说明以区域中心城市建设为突破口，加强区域中心城市的金融基础设施建设水平和经济发展水平，从而推动经济高质量一体化发展的模式是相对合理的策略选择，而这也是当前各中心城市打造都市圈联盟的一种合理解释。⑤以邻近省份和长江经济带为样本的稳健性分析均表明本章的研究结论具有稳健性，即加强金融基础设施建设对经济高质量一体化发展的促进效应在空间上存在显著的正向关联性。

第六章　长三角金融基础设施合作建设的效果模拟

　　本书第三章至第五章的研究结论证实了金融基础设施建设水平提升能促进金融体系完善和经济高质量一体化发展，且在空间上具有溢出影响效应，故可以加强金融基础设施建设并借助溢出效应实现整体水平提升，但上文并没有过多阐述如何加强金融基础设施建设。事实上，提升长三角地区金融基础设施建设水平一是要促进长三角内部各经济主体在金融基础设施建设领域合作，二是要促进金融基础设施生态系统中各生态单元完善，本章旨在对这两条完善路径展开具体分析。本章分为四节：第一节运用基于博弈分析方法论证长三角金融基础设施合作的必要性和影响因素。首先从金融协同融合发展角度分析金融基础设施建设主动合作的效果，其次通过构建微分博弈模型比较纳什非合作博弈模型和协同合作博弈模型的分析结果得到相应的结论，最后通过构建演化博弈模型分析影响金融体系协调融合发展的动态演化机制。第二节和第三节在第三章第二节和本章第一节基础上，从金融基础设施生态系统和主动合作效应角度提出完善长三角金融基础设施建设的措施，并通过理论分析、统计分析和数值模拟仿真等方法分析、评估政策实行的可能效果；第四节对本章内容进行结论性评述。

第一节　博弈视角下的长三角金融基础设施建设合作

一、金融基础设施建设中的利益主体与利益冲突分析

作为一项重大的国家战略,长三角经济一体化发展战略实施的目的是提高长三角地区经济发展质量、促进经济协调发展水平提升和提高经济竞争力等。从这一角度看,长三角加强金融基础设施建设的重要目的是促进金融体系和金融功能完善、提升金融服务长三角经济发展的效能。而这当中,区域性质的金融基础设施建设必然牵涉多方利益主体,而这些利益主体之间因其不同利益诉求必然会产生利益冲突。

长三角金融基础设施建设过程中涉及的利益主体较多,从整体到局部看,这一利益体系由以下几个部分组成:一是长三角区域合作办公室。其职能是统筹、统领长三角地区一体化发展,将其作为利益主体是现实且必要的。二是四省市。作为最主要的利益主体,省份之间的经济竞争和行政分割是造成决策主体利益诉求差异的直接原因。换言之,只要行政割据状态和区域经济竞争存在,那么这一边界短期内不会随着一体化战略的推进而变得模糊。三是都市圈。都市圈发展战略成为长三角城市群内部地级市之间开展合作的微观组成部分,如南京都市圈、上海大都市圈、合肥都市圈等,其中上海大都市圈和南京都市圈是由跨省级行政区地级市组成的合作单位,因而更具一般意义上的一体化内涵,这些地级市组成的利益联盟旨在促进都市圈更高质量一体化发展,从而提升都市圈的竞争力,从这一角度看,都市圈是长三角金融基础设施建设中的主要利益主体。四是由区县组成的利益联盟。区县之间探索性的合作是长三角一体化发展的新趋势,如苏州市吴江区、嘉兴市嘉善县和上海市青浦区成立的长三角一体化发展示范先行区,再如由上海市青浦区、安徽省黄山市、苏州市吴江区、浙江省嘉兴市成立的长三角区域一体化七市区县工会合作组织,这些是微观层面的利益联盟的代表。从长远看地级市和区县之间形成的利益联盟是长三角经济高质量一体化发展中最基本的经济合作主体。

金融合作并不总是一帆风顺,这些利益主体之间的合作过程中必然存在着摩擦。从长三角区域合作办公室角度看,其以最大化的金融市场功能完善和金融一体化程度为诉求,因此其出台的一系列促进长三角金融协同发展的纲领性文件可能难以兼顾不同主体之间的利益诉求,同时四省市在金融基础设施建设上的禀赋差距决定了其改革成本的不同,需要采取差异化的策略,但政策的制定通常难以做到针对性,因而四省市难免会形成利益冲突,意味着短期内也难以形成合作共赢局面,故

只有在长期慢慢磨合中形成合作均衡。当然，合作是必要的，即便利益诉求不同，合作开展难度大，但由于地区之间经济相关性较强，合作产生的外部性对合作双方都将是有利的，因此长远来看，加强合作是必然且理性的选择。

故如何引导四省市在金融基础设施领域开展主动合作共建，以高效地实现金融协同融合发展成为重要的研究内容，下文通过博弈模型进行分析。

二、金融协同融合发展与金融基础设施建设主动合作

上文从理论上分析了利益主体的利益冲突和主动合作动机，分析认为利益主体之间存在着紧密的联系，任何一方的行为都将对相关利益者产生外部性影响。传统的经济学基于理性人（经济人）假设分析指出，决策主体的策略选择都是基于自身利益的最大化，此处并不否定基于这一经典理论得到的结论，然而理性人的假设过于严苛，现实中完美的理性人显然是不可能存在的。随着行为经济学的发展，古典决策理论中的理性人假设很难解释决策实践中的很多事实，经济学家认为这些矛盾并不是在分析逻辑上存在问题，而是经济人假设的这一公理存在缺陷。于是在探讨加强金融基础设施建设合作促进区域金融协同融合发展中，有必要在有限理性的框架下讨论利益主体的博弈均衡策略。

合作共赢是长三角优化经济发展的路径，在金融基础设施建设合作领域也是如此。完善金融基础设施最直接的表现是金融协同融合发展程度提高，只有当各地区金融市场实现最大化的协同融合发展，促进金融基础设施合作共建的一系列措施实施的成本才会更低。因此，尽管长三角地区经济和金融发展差距都相对较大，经济主体的利益诉求各不相同，但在推进经济高质量一体化发展过程中，各利益主体都在努力通过合作形成有机协同整体，且在这一整体中，各方均以最大化的金融协同融合发展为目标，通过相互学习，确定最优的策略选择。换言之，各利益主体在采取相关策略前，将与其他利益主体展开论证，在充分考虑成本收益时，采取针对性的领导或追随策略，以此达到在不损害双方利益的前提下实现金融协同融合发展。另外考虑到利益双方可能存在信息不对称性和契约不完全性，需要在动态演化中通过激励合作和实行成本收益共享共担等手段引导不同地区开展金融基础设施合作共建。且这一过程中双方合作的激励机制具有现代意义上的最终目标，即金融高度协同融合发展。

从现实角度看，长三角近年来出台了一些促进地区加强金融合作的文件，但成效甚微。其背后的原因是金融基础设施合作共建中各主体合作意愿和努力程度不够，且这种受行政力量约束而形成的被动合作也难以形成共赢局面。故需要寻求最优的主动合作共建引导策略，进而高效率地促进长三角地区金融协同融合发展。本章借鉴刘伟的研究，在其构建的博弈模型基础上，一是重点将政府部门的引导作用

纳入模型，即分析政府对双方合作开销进行补贴和对违约进行惩罚这一策略对博弈均衡结果的影响；二是重点考虑了获益较多一方对另一方合作产生的成本进行补偿这一机制对博弈均衡的影响；三是修正了其模型在成本核算方面存在的欠妥之处，从而使得博弈均衡分析结果更准确；四是通过数值模拟仿真方法将引导机制效果可视化，直观展示了引导策略效果，进一步挖掘模型推导过程中难以体现的细节，使引导政策更具针对性。

三、长三角金融基础设施建设的微分博弈分析

（一）博弈双方目标函数

金融服务区域经济发展本质上要求相关利益主体形成合作关系促进金融体系协同融合发展，这一目标的实现取决于博弈双方努力程度和收益成本共享分担机制的完善程度。本节首先通过构建微分博弈模型，求解双方的收益目标函数。

便于分析，假设博弈双方为金融基础设施建设水平存在差异的利益主体，如两省、两个都市圈或两个城市，这里不作细分研究。定义 $FS(t)$ 和 $FW(t)$ 分别为金融基础设施建设较强和较弱的博弈方，考虑到金融基础设施建设的长期性，假设双方在促进金融基础设施合作建设方面的努力程度为时间的函数分别用 $\varGamma_{FS}(t)$ 和 $\varGamma_{FW}(t)$ 表示，且 $\mathrm{d}\varGamma_{FS}(t)/\mathrm{d}t < 0$，$\mathrm{d}\varGamma_{FW}(t)/\mathrm{d}t < 0$，即若双方想在短期内实现金融协同融合发展或金融基础设施协调一致，那么就需要付出较大的努力。同时博弈双方在推进金融协同融合发展过程中可能会产生来自机构人员设置、政策转换、利益损失、监管等方面的开销成本。于是，将成本定义为关于努力程度的二次函数形式❶：

$$C_{FS} = \frac{k_{FS}}{2}\varGamma_{FS}^2(t) \quad ; \quad C_{FW} = \frac{k_{FW}}{2}\varGamma_{FW}^2(t) \tag{6-1}$$

其中，k_{FS} 和 k_{FW} 分别表示金融基础设施建设水平较强方和金融基础设施建设水平较弱方促进金融协同融合发展的成本系数。其一阶微分方程分别为：

$$C_{FS}^{'} = k_{FS}\varGamma_{FS}(t) \quad \text{和} \quad C_{FW}^{'} = k_{FW}\varGamma_{FW}(t) \tag{6-2}$$

可知双方促进金融协同融合发展所承担的成本是各自努力程度的凸函数，也即合作双方付出的努力越高，金融市场协同融合发展的程度越高，同时双方所承担的促进金融协同融合发展成本也就越高。此外定义 $\xi(t)$ 为双方金融协同融合发展水平，假设双方的信息完全且完全按照契约行事，那么双方可以通过不断合作促进金融体系的稳健发展，实现金融协同融合发展水平提高。促进金融协同融合发展的过

---

❶ 需要特别说明的是，金融基础设施建设必然是巨大工程，成本较高，远远超过了金融基础设施单个利益主体取得的收益，但却远小于金融基础设施所产生的正外部性。因此可以将金融基础设施建设的前期投入看成是各利益主体付出的沉没成本，与当前是否选择努力合作的决策无关，故为便于分析，不考虑前期投入对利益主体决策的影响。

程是长期的，且具有较强的时间特征，因此将金融协同融合发展水平设定为关于时间的函数，可用随机微分方程表示为：

$$\xi'(t) = \frac{d\xi(t)}{dt} = mC'_{FS} + nC'_{FW} - \lambda\xi(t) \xrightarrow{\Delta} \xi'(t) = \alpha\Gamma_{FS} + \beta\Gamma_{FW} - \gamma\xi(t) \quad (6-3)$$

其中，α、β 为金融协同融合发展系数，分别度量金融基础设施建设水平较高和金融基础设施建设较低的利益主体在促进金融协同融合发展方面的努力程度对金融协同融合发展程度的影响水平。如果双方没有按照约定的契约进行合作，即出台的相关政策失灵，那么金融体系的发展将朝着极化的方向发展，也即难以实现协同融合发展局面，设定这一协同融合发展程度的衰减水平是关于时间的函数，其系数为 γ。于是，t 时刻由于合作双方推进金融协同融合发展带来的金融体系总收益函数为：

$$R(t) = \theta\Gamma_{FS}(t) + \phi\Gamma_{FW}(t) + \varphi\xi(t) \quad (6-4)$$

式中，θ 和 ϕ 分别表示金融基础设施建设水平较高一方和较低一方推进金融协同融合发展对金融体系整体收益的贡献系数，即为双方的边际收益系数；φ 度量了金融协同融合发展水平对金融体系整体收益率的贡献度。由于金融体系总收益是合作双方共同努力的结果，如何对收益进行分成显得尤为重要：一方面利益分成制相对于其他合约而言具有分散风险、降低合作成本的效应；另一方面，利益分成制也具有激励和监督功能。故此处假定金融基础设施建设水平较低的一方所获得的收益占比为 p（$p \in (0,1)$），则金融基础设施建设水平较高的一方获得的收益为 $(1-p)$。此外，由于金融资源存在明显逐利性和集聚效应，在合作双方推动金融协同融合发展过程中，金融资源会更多地流向发达体系一方，从而导致欠发达地区收益下降，同时无论是从推动金融协同融合发展角度还是从推动区域经济一体化发展角度考虑，适当的激励政策都是必需的。因此我们设计了这样一个区际利益补偿机制，即金融基础设施建设水平较发达的一方将收益的一部分补贴给欠发达的一方，降低欠发达一方的开销成本，提高其收益水平。为了便于模型阐述，分析中假设金融基础设施建设水平较高的一方转移的收益占金融基础设施建设水平较低一方成本开销的比例为 $\lambda(t)$（$\lambda(t) \in [0,1]$），实际上这一比例 $\lambda(t)$ 也可以看成发达一方对欠发达一方的激励系数。近年来，长三角金融协同融合进展相对缓慢，其背后的原因是各自为政，难以达成合作的契约，更重要的原因则是金融市场分成机制的缺失和改革成本过高，故采取一定的措施，如补贴、奖励或备忘录的形式，能够在一定程度上降低合作成本，提高合作主体的积极性，进而打通合作过程中的壁垒实现金融协同融合发展。因此统筹机构（常由政府部门联合组成）在协调各方利益的同时，也可以通过对相关主体的开销进行补贴以达到推动金融协同融合发展的目的，此处假设补贴系数分别 $w_{FS}(t)$ 和 $w_{FW}(t)$，且满足 $w_{FS}(t) < w_{FW}(t)$。此外，假设模型中的贴现率

固定为 σ ($\sigma > 0$)，博弈双方基于利益最大化目标寻求最优的金融协同融合发展策略。

金融基础设施建设水平较高的一方的目标收益函数为：

$$R_{FS} = \int_0^\infty e^{-\sigma t}\{(1-p)(\theta\Gamma_{FS}(t) + \phi\Gamma_{FW}(t) + \varphi\xi(t) + [w_{FS}(t)-1]C_{FS}(t) - \lambda(t)C_{FW}(t)\}dt$$

$$= \int_0^\infty e^{-\sigma t}\{(1-p)(\theta\Gamma_{FS}(t) + \phi\Gamma_{FW}(t) + \varphi\xi(t) + [w_{FS}(t)-1]\frac{k_{FS}}{2}\Gamma_{FS}^2(t) - \lambda(t)\frac{k_{FW}}{2}\Gamma_{FW}^2(t)\}dt \tag{6-5}$$

同理，金融基础设施建设水平较低的一方的目标收益函数为：

$$R_{FW} = \int_0^\infty e^{-\sigma t}\{p(\theta\Gamma_{FS}(t) + \phi\Gamma_{FW}(t) + \varphi\xi(t) + [w_{FW}(t)+\lambda(t)-1]C_{FW}(t)\}dt$$

$$= \int_0^\infty e^{-\sigma t}\{p(\theta\Gamma_{FS}(t) + \phi\Gamma_{FW}(t) + \varphi\xi(t) + [w_{FW}(t)+\lambda(t)-1]\frac{k_{FW}}{2}\Gamma_{FW}^2(t)\}dt$$

$$\tag{6-6}$$

分析可知，博弈双方的目标收益函数取决于双方努力程度 $\Gamma_{FS}(t)$、$\Gamma_{FW}(t)$、金融协同发展水平 $\xi(t)$、激励系数 $\lambda(t)$ 和政府补贴系数 $w_{FS}(t)$、$w_{FW}(t)$。需要特别说明的是，政府的补贴相对合作成本和激励来说较少，对双方博弈策略的选择影响较小，因此，下文将对其影响效应分情况进行讨论。为便于分析，我们规定上述两式中仅有 $\Gamma_{FS}(t)$、$\Gamma_{FW}(t)$、$\xi(t)$ 和 $\lambda(t)$ 控制变量，其他参数均为正实数。那么双方合作与不合作的经济效果如何更值得研究，因此下文将基于非合作和合作博弈模型具体分析。

（二）纳什非合作博弈模型

在非合作博弈模型中，博弈双方是平等独立的主体，都是满足理性人的基本假设，即所作出的决策都是以利益最大化为目的，在此背景下双方通过制定最优的协同努力策略并达到均衡。因此在非合作博弈模型中，即便博弈主体制定了某些契约，如成本共享、收益分担等约定，但双方是否合作始终取决于合作能否带来自身收益的提高，也就是说，并不是形成了利益一致的整体。换言之，尽管双方都会努力促进金融协同融合发展，但本质上双方还是处于"各行其是"的状态，故成本收益的共担共享机制很难形成。因此，金融基础设施建设水平相对较高的一方并不会承担金融基础设施建设水平较低方在推进金融协同融合发展中的成本开销，即 $\lambda(t) = 0$。那么此时双方的目标收益函数分别为：

$$R_{FS} = \int_0^\infty e^{-\sigma t}\{(1-p)(\theta\Gamma_{FS}(t) + \phi\Gamma_{FW}(t) + \varphi\xi(t) + [w_{FS}(t)-1]\frac{k_{FS}}{2}\Gamma_{FS}^2(t)\}dt \tag{6-7}$$

$$R_{FW} = \int_0^\infty e^{-\sigma t} \{p(\theta \Gamma_{FS}(t) + \phi \Gamma_{FW}(t) + \varphi \xi(t) + [w_{FW}(t)-1]\frac{k_{FW}}{2}\Gamma_{FW}^2(t)\} dt \quad (6-8)$$

同时，假设博弈双方存在有界、可微和连续的金融协同融合发展收益函数，分别记为 $\Lambda_{FS}(\xi)$ 和 $\Lambda_{FW}(\xi)$，那么对任意的非负数 ξ，该双方收益函数对应的哈密顿-雅可比-贝尔曼方程（HJB）为：

$$\sigma \Lambda_{FS}(\xi) = \max_{\Gamma_{FS} \geq 0} \{(1-p)(\theta \Gamma_{FS}(t) + \phi \Gamma_{FW}(t) + \varphi \xi(t) + [w_{FS}(t)-1]\frac{k_{FS}}{2}\Gamma_{FS}^2(t) + \Lambda'_{FS}(\xi)[\alpha \Gamma_{FS} + \beta \Gamma_{FW} - \gamma \xi(t)]\} \quad (6-9)$$

$$\sigma \Lambda_{FW}(\xi) = \max_{\Gamma_{FW} \geq 0} \{p(\theta \Gamma_{FS}(t) + \phi \Gamma_{FW}(t) + \varphi \xi(t) + [w_{FW}(t)-1]\frac{k_{FW}}{2}\Gamma_{FW}^2(t) + \Lambda'_{FW}(\xi)[\alpha \Gamma_{FS} + \beta \Gamma_{FW} - \gamma \xi(t)]\} \quad (6-10)$$

此处分别对式（6-9）和式（6-10）中的 Γ_{FS} 和 Γ_{FW} 分别求一阶偏导，得到收益达到最大值时博弈双方的金融协同融合发展努力函数：

$$\Gamma_{FS}(t) = \frac{(1-p)\theta + \Lambda'_{FS}(\xi)\alpha}{[1-w_{FS}(t)]k_{FS}} \quad (6-11)$$

$$\Gamma_{FW}(t) = \frac{p\phi + \Lambda'_{FW}(\xi)\beta}{[1-w_{FW}(t)]k_{FW}} \quad (6-12)$$

将式（6-11）和式（6-12）分别代入式（6-9）和式（6-10），可得：

$$\sigma \Lambda_{FS}(\xi) = [(1-p)\varphi - \Lambda'_{FS}(\xi)\gamma]\xi$$
$$+ \frac{1}{2}\frac{[(1-p)\theta + \Lambda'_{FS}(\xi)\alpha]^2}{[1-w_{FS}(t)]k_{FS}} + \frac{[(1-p)\phi + \Lambda'_{FS}(\xi)\beta][p\phi + \Lambda'_{FW}(\xi)\beta]}{[1-w_{FW}(t)]k_{FW}} \quad (6-13)$$

$$\sigma \Lambda_{FW}(\xi) = [p\varphi - \Lambda'_{FW}(\xi)\gamma]\xi$$
$$+ \frac{1}{2}\frac{[p\phi + \Lambda'_{FW}(\xi)\beta]^2}{[1-w_{FW}(t)]k_{FW}} + \frac{[(1-p)\theta + \Lambda'_{FS}(\xi)\alpha][p\theta + \Lambda'_{FW}(\xi)\alpha]}{[1-w_{FS}(t)]k_{FS}} \quad (6-14)$$

式（6-13）和式（6-14）表明，HJB 方程的解是关于双方金融协同融合发展水平的一次函数形式，故可根据以上两式将双方的融合发展收益函数定义为：

$$\Lambda_{FS}(\xi) = \mu_1 \xi + \mu_2 \quad (6-15)$$

$$\Lambda_{FW}(\xi) = \eta_1 \xi + \eta_2 \quad (6-16)$$

其中，μ_1、μ_2、η_1、η_2 为待估常数值，对式（6-15）和式（6-16）求一阶偏导可得 μ_1、η_1：

$$\mu_1 = \Lambda'_{FS}(\xi) = \frac{\partial \Lambda_{FS}(\xi)}{\partial \xi}; \quad \eta_1 = \Lambda'_{FW}(\xi) = \frac{\partial \Lambda_{FW}(\xi)}{\partial \xi} \quad (6-17)$$

将式（6-15）、式（6-16）和式（6-17）代入式（6-13）和式（6-14）得:

$$\sigma(\mu_1\xi+\mu_2)=[(1-p)\varphi-\mu_1\gamma]\xi+\frac{1}{2}\frac{[(1-p)\theta+\mu_1\alpha]^2}{[1-w_{FS}(t)]k_{FS}}+\frac{[(1-p)\phi+\mu_1\beta](p\phi+\mu_1\beta)}{[1-w_{FW}(t)]k_{FW}} \quad (6-18)$$

$$\sigma(\eta_1\xi+\eta_2)=[p\varphi-\eta_1\gamma]\xi+\frac{1}{2}\frac{[p\phi+\eta_1\beta]^2}{[1-w_{FW}(t)]k_{FW}}+\frac{[(1-p)\theta+\mu_1\alpha](p\theta+\eta_1\alpha)}{[1-w_{FS}(t)]k_{FS}} \quad (6-19)$$

根据式（6-18）和式（6-19）中等式两边ξ系数相同可得:

$$\sigma\mu_1=(1-p)\varphi-\mu_1\gamma \Rightarrow \mu_1=\frac{(1-p)\varphi}{\sigma+\gamma}; \quad \sigma\eta_1=p\varphi-\eta_1\gamma \Rightarrow \eta_1=\frac{p\varphi}{\sigma+\gamma} \quad (6-20)$$

将式（6-20）代入式（6-18）和式（6-19）得:

$$\mu_2=\frac{(1-p)^2[\theta(\sigma+\gamma)+\varphi\alpha]^2}{2\sigma(\sigma+\gamma)^2[1-w_{FS}(t)]k_{FS}}+\frac{p(1-p)[\phi(\sigma+\gamma)+\varphi\beta]^2}{\sigma(\sigma+\gamma)^2[1-w_{FW}(t)]k_{FS}} \quad (6-21)$$

$$\eta_2=\frac{p^2[\phi(\sigma+\gamma)+\varphi\beta]^2}{2\sigma(\sigma+\gamma)^2[1-w_{FW}(t)]k_{FW}}+\frac{p(1-p)[\theta(\sigma+\gamma)+\varphi\alpha]^2}{\sigma(\sigma+\gamma)^2[1-w_{FS}(t)]k_{FS}} \quad (6-22)$$

将式（6-20）代入式（6-11）和式（6-12），可得博弈双方最优的金融协同融合发展努力程度$\varGamma_{FS}^*(t)$和$\varGamma_{FW}^*(t)$，计算结果如下:

$$\varGamma_{FS}^*(t)=\frac{(1-p)[\theta(\sigma+\gamma)+\varphi\alpha]}{[1-w_{FS}(t)]k_{FS}(\sigma+\gamma)} \quad (6-23)$$

$$\varGamma_{FW}^*(t)=\frac{p[\phi(\sigma+\gamma)+\varphi\beta]}{[1-w_{FW}(t)]k_{FW}(\sigma+\gamma)} \quad (6-24)$$

将式（6-20）~式（6-22）代入式（6-15）和式（6-16）可得博弈双方最优金融协同融合发展的收益函数为:

$$\varLambda_{FS}^*(\xi)=\frac{(1-p)\varphi}{\sigma+\gamma}\xi+\frac{(1-p)^2[\theta(\sigma+\gamma)+\varphi\alpha]^2}{2\sigma(\sigma+\gamma)^2[1-w_{FS}(t)]k_{FS}}+\frac{p(1-p)[\phi(\sigma+\gamma)+\varphi\beta]^2}{\sigma(\sigma+\gamma)^2[1-w_{FW}(t)]k_{FW}} \quad (6-25)$$

$$\varLambda_{FW}^*(\xi)=\frac{p\varphi}{\sigma+\gamma}\xi+\frac{p^2[\phi(\sigma+\gamma)+\varphi\beta]^2}{2\sigma(\sigma+\gamma)^2[1-w_{FW}(t)]k_{FW}}+\frac{p(1-p)[\theta(\sigma+\gamma)+\varphi\alpha]^2}{\sigma(\sigma+\gamma)^2[1-w_{FS}(t)]k_{FS}} \quad (6-26)$$

根据博弈双方最优金融协同融合发展收益函数，对两式加总，可得在非合作博弈情形下，金融体系最优的总收益函数:

$$\varLambda^*(\xi)=\varLambda_{FS}^*(\xi)+\varLambda_{FW}^*(\xi)=\frac{\varphi\xi}{\sigma+\gamma}+\frac{(1-p^2)[\theta(\sigma+\gamma)+\varphi\alpha]^2}{2\sigma(\sigma+\gamma)^2[1-w_{FS}(t)]k_{FS}}+\frac{p(2-p)[\phi(\sigma+\gamma)+\varphi\beta]^2}{2\sigma(\sigma+\gamma)^2[1-w_{FW}(t)]k_{FW}} \quad (6-27)$$

（三）协同合作博弈模型

合作共赢，顾名思义是指双方通过在各个领域展开合作以达到自身利益最大化和整体利益最大化的理想状态。在协同合作博弈模型中，博弈双方在金融基础设施领域展开合作，如促进地方金融机构的跨区市经营、合作建立区域性质的金融机构、以优惠贷款利率支持对方企业发展、为区域产业承接转移提供资金支持等。在协同合作背景下，博弈双方本质上形成了一个经济联盟，是一个有机协同整体，同时依然以最大化的金融协同融合发展为目标，为此双方都将尽最大的努力。于是，假定双方确定了在促进金融协同融合发展方面作出的最佳努力函数 $\Gamma_{FS}(t)$ 和 $\Gamma_{FW}(t)$ 以及双方联盟所形成的金融体系的最佳收益 $\Lambda(\xi)$。需要说明的是，如果将双方作为一个整体，那么金融基础设施建设水平较高一方对金融基础设施建设水平较低一方实施的成本补贴，可以看作是金融体系内部资金的转移问题，因此无论激励系数 $\lambda(t)$ 如何取值，都不会影响双方的博弈策略和均衡状态。本节其他参数与上一节的假设一致，因此在协同合作博弈中，金融体系总收益为：

$$R = R_{FS} + R_{FW} = \int_0^\infty e^{-\sigma t} \{\theta \Gamma_{FS}(t) + \phi \Gamma_{FW}(t) + \varphi \xi(t) + \left[w_{FW}(t) - \frac{k_{FW}}{2} \Gamma_{FW}^2(t)\right] + \left[w_{FS}(t) - \frac{k_{FS}}{2}\right] \Gamma_{FS}^2(t)\} dt \quad (6-28)$$

与非合作博弈中的做法一致，同样假定二者的收益函数为 $\Lambda_{FS}(\xi)$ 和 $\Lambda_{FW}(\xi)$，且具备有界性、可微性和连续性的特征，那么对任意的非负数 ξ（双方金融协同融合发展水平）均满足哈密顿-雅可比-贝尔曼方程（HJB）：

$$\sigma \Lambda(\xi) = \max_{\Gamma_{FS} \geq 0, \Gamma_{FW} \geq 0} \left\{ \theta \Gamma_{FS}(t) + \phi \Gamma_{FW}(t) + \varphi \xi(t) + [w_{FW}(t) - 1]\frac{k_{FW}}{2} \Gamma_{FW}^2(t) + [w_{FS}(t) - 1]\frac{k_{FS}}{2} \Gamma_{FS}^2(t) + \dot{\Lambda}(\xi)[\alpha \Gamma_{FS} + \beta \Gamma_{FW} - \gamma \xi(t)] \right\} \quad (6-29)$$

对 $\Gamma_{FS}(t)$ 和 $\Gamma_{FW}(t)$ 求一阶偏导，且使二者为 0，可得整体收益达到最大值时博弈双方的金融协同融合努力函数：

$$\Gamma_{FS}(t) = \frac{\theta + \dot{\Lambda}_{FS}(\xi)\alpha}{[1 - w_{FS}(t)]k_{FS}} \; ; \; \Gamma_{FW}(t) = \frac{\phi + \dot{\Lambda}_{FW}(\xi)\beta}{[1 - w_{FW}(t)]k_{FW}} \quad (6-30)$$

将式（6-30）代入式（6-29），可得金融体系的最佳收益 $\Lambda(\xi)$：

$$\sigma \Lambda(\xi) = [\varphi - \gamma \dot{\Lambda}(\xi)]\xi(t) + \frac{[\phi + \dot{\Lambda}_{FW}(\xi)\beta]^2}{2[1 - w_{FW}(t)]k_{FW}} + \frac{[\theta + \dot{\Lambda}_{FS}(\xi)\alpha]^2}{2[1 - w_{FS}(t)]k_{FS}} \quad (6-31)$$

上式表明金融体系的最佳收益 $\Lambda(\xi)$ 是关于 $\xi(t)$ 的一次函数形式，可记为：

$$\Lambda(\xi) = \upsilon_1 \xi + \upsilon_2 \quad (6-32)$$

其中，υ_1 和 υ_2 为待估常数值，满足：

$$\Lambda^{'}(\xi) = \frac{\partial \Lambda(\xi)}{\partial \xi} = \upsilon_1 \tag{6-33}$$

将式（6-32）和式（6-33）代入式（6-31），得：

$$\sigma[\upsilon_1 \xi + \upsilon_2] = [\varphi - \gamma \upsilon_1]\xi + \frac{[\phi + \Lambda^{'}(\xi)\beta]^2}{2[1-w_{FW}(t)]k_{FW}} + \frac{[\theta + \Lambda^{'}(\xi)\alpha]^2}{2[1-w_{FS}(t)]k_{FS}} \tag{6-34}$$

比较等式结构可得：

$$\upsilon_1 = \frac{\varphi}{\sigma+\gamma}; \quad \upsilon_2 = \frac{1}{2\sigma(\sigma+\gamma)^2}\left\{\frac{[\phi(\sigma+\gamma)+\varphi\beta]^2}{[1-w_{FW}(t)]k_{FW}} + \frac{[\theta(\sigma+\gamma)+\varphi\alpha]^2}{[1-w_{FS}(t)]k_{FS}}\right\} \tag{6-35}$$

将式（6-35）代入式（6-30），可得博弈双方在促进金融协同融合发展方面最优的努力策略为：

$$\Gamma_{FS}^{**}(t) = \frac{\theta(\sigma+\gamma)+\varphi\alpha}{[1-w_{FS}(t)]k_{FS}(\sigma+\gamma)} \tag{6-36}$$

$$\Gamma_{FW}^{**}(t) = \frac{\phi(\sigma+\gamma)+\varphi\beta}{[1-w_{FW}(t)]k_{FW}(\sigma+\gamma)} \tag{6-37}$$

将式（6-35）代入式（6-32），可得金融体系最优的协同融合总收益：

$$\Lambda^{**}(\xi) = \frac{\varphi}{\sigma+\gamma} + \frac{1}{2\sigma(\sigma+\gamma)^2}\left\{\frac{[\phi(\sigma+\gamma)+\varphi\beta]^2}{[1-w_{FW}(t)]k_{FW}} + \frac{[\theta(\sigma+\gamma)+\varphi\alpha]^2}{[1-w_{FS}(t)]k_{FS}}\right\} \tag{6-38}$$

因为金融体系总收益在双方之间进行分配，依然假设金融基础设施建设水平较低的一方收益占比为 p（$p \in (0,1)$）。那么协同合作背景下，博弈双方最优金融协同融合发展收益分别为：

$$\Lambda_{FS}^{**}(\xi) = (1-p)\Lambda^{**}(\xi) = \frac{(1-p)\varphi\xi}{\sigma+\gamma} + $$
$$\frac{(1-p)}{2\sigma(\sigma+\gamma)^2}\left\{\frac{[\phi(\sigma+\gamma)+\varphi\beta]^2}{[1-w_{FW}(t)]k_{FW}} + \frac{[\theta(\sigma+\gamma)+\varphi\alpha]^2}{[1-w_{FS}(t)]k_{FS}}\right\} \tag{6-39}$$

$$\Lambda_{FW}^{**}(\xi) = p\Lambda^{**}(\xi) = \frac{p\varphi\xi}{\sigma+\gamma} + $$
$$\frac{p}{2\sigma(\sigma+\gamma)^2}\left\{\frac{[\phi(\sigma+\gamma)+\varphi\beta]^2}{[1-w_{FW}(t)]k_{FW}} + \frac{[\theta(\sigma+\gamma)+\varphi\alpha]^2}{[1-w_{FS}(t)]k_{FS}}\right\} \tag{6-40}$$

（四）博弈结论分析

比较博弈双方在非合作博弈和协同博弈两种情境下的金融体系的总收益差，可得：

$$\Lambda^{**}(\xi) - \Lambda^{*}(\xi) = \frac{(p-1)^2[\phi(\sigma+\gamma)+\varphi\beta]^2}{2\sigma(\sigma+\gamma)^2[1-w_{FW}(t)]k_{FW}} + \frac{p^2[\theta(\sigma+\gamma)+\varphi\alpha]^2}{2\sigma(\sigma+\gamma)^2[1-w_{FS}(t)]k_{FS}} \tag{6-41}$$

显然，在参数的取值范围内一定可以得到 $\Lambda^{**}(\xi) - \Lambda^{*}(\xi) > 0$，也即协同合作博弈情景下金融体系的总收益要显著地高于非合作博弈情景下金融体系的总收益。故作为理性的决策主体，参与金融基础设施合作建设将有助于促进金融体系的完善，从而更好地服务于地区经济发展。

尽管双方采取协同合作策略能使金融体系总收益增加，但作为个体决策者，依然要保证自身利益不受损失。也就是说，要确保合作策略的完美实行，就必须保证双方在协同合作情境下的收益至少不低于纳什非合作博弈情境下的收益，也即需要满足式（6-42）～式（6-44）所示的条件：

$$\Lambda_{FS}^{**}(\xi) - \Lambda_{FS}^{*}(\xi) \geq 0 \ ; \ \Lambda_{FW}^{**}(\xi) - \Lambda_{FW}^{*}(\xi) \geq 0 \quad (6-42)$$

将相关参数代入上式，可得：

$$\Lambda_{FS}^{**}(\xi) - \Lambda_{FS}^{*}(\xi) = \frac{(p-p^2)}{2\sigma(\sigma+\gamma)^2} \frac{[\theta(\sigma+\gamma)+\varphi\alpha]^2}{[1-w_{FS}(t)]k_{FS}} + \\ \frac{(1-p)(1-2p)}{2\sigma(\sigma+\gamma)^2} \frac{[\phi(\sigma+\gamma)+\varphi\beta]^2}{[1-w_{FW}(t)]k_{FW}} \geq 0 \quad (6-43)$$

$$\Lambda_{FW}^{**}(\xi) - \Lambda_{FW}^{*}(\xi) = \frac{p(2p-1)}{2\sigma(\sigma+\gamma)^2} \frac{[\theta(\sigma+\gamma)+\varphi\alpha]^2}{[1-w_{FS}(t)]k_{FS}} + \\ \frac{p-p^2}{2\sigma(\sigma+\gamma)^2} \frac{[\phi(\sigma+\gamma)+\varphi\beta]^2}{[1-w_{FW}(t)]k_{FW}} \geq 0 \quad (6-44)$$

由不等式（6-43）可得金融基础设施建设水平较高一方参与金融基础设施合作共建的收益分成比例条件：

$$p \leq \frac{k_{FS}[1-w_{FS}(t)][\phi(\sigma+\gamma)+\varphi\beta]^2}{2k_{FS}[1-w_{FS}(t)][\phi(\sigma+\gamma)+\varphi\beta]^2 - k_{FW}[1-w_{FW}(t)][\theta(\sigma+\gamma)+\varphi\alpha]^2} \quad (6-45)$$

同理，由不等式（6-44）可得金融基础设施建设水平较低一方参与金融基础设施合作共建的收益分成比例条件：

$$p \geq \frac{k_{FW}[1-w_{FW}(t)][\theta(\sigma+\gamma)+\varphi\alpha]^2 - k_{FS}[1-w_{FS}(t)][\phi(\sigma+\gamma)+\varphi\beta]^2}{2k_{FW}[1-w_{FW}(t)][\theta(\sigma+\gamma)+\varphi\alpha]^2 - k_{FS}[1-w_{FS}(t)][\phi(\sigma+\gamma)+\varphi\beta]^2} \quad (6-46)$$

由上述分析可知，即便参与金融基础设施合作共建的主体知道合作能够带来金融体系整体收益的提高，但对不同主体而言，只有参与合作共建后自身利益能得到提高才会有合作的动机。因此为使金融基础设施建设水平不同的主体实现帕累托最优，就要使博弈双方相互合作所形成的金融体系总收益在成员之间的分成比例满足式（6-45）和式（6-46）的所示的条件。

式（6-25）～式（6-27）、式（6-38）～式（6-40）分别描述了金融基础设施建设水平存在差异的两个利益主体在纳什非合作博弈模型和协同合作博弈模型两种情境下的均衡状态。结果表明：①金融体系最优的总收益 $\Lambda(\xi)$ 与双方金融协调融合发展程度衰减水平 γ 以及双方在促进金融协同融合发展方面的成本系数 k_{FS}、k_{FW} 呈反向相关关系,但随着融合发展系数 α、β 以及双方金融协同融合发展对金融体系收益贡献度 θ、ϕ 和 φ 的提高,双方在促进金融协同融合发展的努力程度和收益都将随之提高。②无论是考虑金融协同融合发展的金融体系总收益还是各自金融市场的收益情况,协同合作情境下的收益都要显著高于非合作情境下的收益,说明了双方金融体系形成协同融合的整体具有较强的优越性。③政府补贴能显著提高金融体系的收益,因此在双方合作意愿不强时,政府部门通过对相关主体的金融协同融合开销进行适当补贴,有助于提高努力程度和收益水平。④利益分配机制是影响双方合作的重要因素,即分析发现金融基础设施建设水平较低的一方在收益中分成比例 p 呈现倒"U"形关系,因此合理的分配比例能在一定程度上促进双方合作,故在上文提出的收益分配比例范围内进行策略选择能在实现博弈双方帕累托最优效率的同时,最大化地促进金融体系协同融合发展。

四、长三角金融基础设施建设的演化博弈分析

上文分析表明,博弈双方采取协同合作策略能显著提高金融体系的总收益。然而金融体系的完善本身属于系统工作,协同融合发展金融体系的构建不会一蹴而就,正如长三角地区金融基础设施合作建设一样,政策的实施也是在示范区先行,形成可复制、可借鉴经验后才能推广开来。在这一过程中,利益主体并非上文所述的完全理性人,而是具有有限理性和异质性特征的个体,换言之,在利益主体的学习能力、理性分析能力和认知水平存在异质性的条件下,最终决策也必然存在差异,故博弈双方之间必然将在多次博弈过程中走向均衡,为此下文将基于演化博弈模型具体分析双方金融体系走向协同融合发展的动态演化过程。

(一)演化博弈模型构建

此处对演化博弈理论做一个简要的介绍。演化博弈理论是在放宽传统博弈理论假设基础上提出,该理论对完全理性和完全信息不作要求。事实上,博弈双方不会一开始就能找到最优的合作策略,而是在博弈过程中不断学习、改进、调整等基础上,寻找最优的稳定化策略,这与金融基础设施建设中各博弈主体所处的情境基本一致,即既具备信息不完全特征又符合有限理性假设。具体而言,博弈双方均不知道对方的合作努力程度和合作策略选择,且博弈双方均在有限理性情形下作出策略选择,传统的博弈模型难以刻画这一过程,故运用演化博弈模型将使得这一分析过程成为可能。为直观地描述博弈双方金融基础设施合作建设实现金融市场协同融合发展的动态演化过程,我们做如下假设:

1. 完美的策略选择

通过设定非此即彼的 1 或 0 策略选项作为博弈双方的策略选择集合,也即,博

弈双方开展金融基础设施共建的策略集合为｛协同合作，非协同合作｝≙(1,0)。完美决策的含义是在动态演化过程中，金融基础设施建设水平存在差异的博弈双方能够有效地根据对方的决策信息选择自己最优的策略。同时，假设双方在动态演化分析过程中依然以追求最大化的金融协同融合发展水平为目标。故当博弈双方一致策略为协同合作时，金融体系的总收益为$\kappa\Gamma(t)$，其中系数κ为双方协同合作收益率，$\Gamma(t)=\Gamma_{FS}(t)+\Gamma_{FW}(t)$依然表示长三角地区各经济主体在促进金融基础设施共建方面的总努力程度。与前文内容一致，设定金融基础设施建设水平较低一方所获得的收益占比为p，金融基础设施建设水平较高一方获得的收益占比为$1-p$。当双方采用非协同合作的策略时，金融基础设施建设水平较高一方的收益为R_{FS}，金融基础设施建设水平较低一方的收益为R_{FW}，博弈双方在非协同合作策略下的收益为双方的正常收益，该收益不只与自身的决策有关，对方的策略选择也将是外生影响因素。当双方采取协同合作策略时，除获得正常的收益外，博弈双方还能额外获得金融体系总收益的分成，故金融基础设施建设水平较高一方的总收益为$R_{FS}+(1-p)\kappa\Gamma(t)$，金融基础设施建设水平较低一方的总收益为$R_{FW}+p\kappa\Gamma(t)$。合作意味着双方需要在政策上做出变革，因此存在着合作成本，与前文一致假设双方的协同开销成本与协同融合发展努力程度正相关，分别为C_{FS}和C_{FW}❶。此外，为促进博弈双方能够协同合作，假设统筹机构将进行多方利益协调，从而对博弈双方协同合作的开销成本进行补贴，补贴额分别为$w_{FS}C_{FS}$和$w_{FW}C_{FW}$，其中w_{FS}和w_{FW}为补贴系数。

2. 博弈双方存在机会主义倾向

博弈双方采取协同合作策略不但能促进金融协同融合发展还能获得金融体系协同融合发展带来的收益分成，但这并不意味着合作一定能带来收益。正如上文分析，合作存在成本，且这一成本与双方共建金融基础设施的努力程度之间是凸函数，意味着"越努力，成本越高"，因此双方协同合作的额外收益能否弥补合作成本是策略选择的重要决定因素。此外，由于博弈双方存在着信息不对称，至少在合作初始阶段，博弈一方对合作方是否会完美执行合作策略持谨慎态度，同时由于双方之间的合作存在制度不完善等问题，博弈双方可能倾向于采取背离合作策略的单边机会主义行为，从而给对方造成利益损失。这一情境中，若博弈一方采取了合作策略，那么策略实施会使违约一方产生正外部性，从而提高违约者的收益水平，故这种机会主义倾向将破坏协同合作的方向，从而使合作体系瓦解。不妨假设金融基础设施建设水平较高和较低方违约的收益系数分别为ψ_{FS}和ψ_{FW}，且违约收益

---

❶ 与式（6-1）和式（6-2）描述一致，即协同开销成本为为努力程度的二次函数，且为努力程度的凸函数，即越努力促进金融市场协同融合，博弈双方所需承担的协同融合成本越高。

取决于合作方努力程度；同时假设统筹机构对合作过程加以引导和监督，即一方面对合作一方的成本进行补贴，补贴系数依然为 w_{FS} 和 w_{FW}，另一方面根据违约方的违约收益情况对违约一方进行罚款，设定罚款系数为 ς_{FS} 和 ς_{FW}（系数均小于1）。故当金融基础设施建设水平较高一方寻求合作而金融基础设施建设水平较低一方不合作时，博弈双方的收益分别为 $R_{FS} - (1-w_{FS})C_{FS}$ 和 $R_{FW} + (1-\varsigma_{FW})\psi_{FW}\Gamma_{FS}(t)$；当金融基础设施建设水平较低一方寻求合作，而金融基础设施建设水平较高一方不合作时，双方的收益分别为 $R_{FW} - (1-w_{FW})C_{FW}$ 和 $R_{FS} + (1-\varsigma_{FS})\psi_{FS}\Gamma_{FW}(t)$；当博弈双方采取协同合作策略时，双方的收益分别为 $R_{FS} + (1-p)\kappa\Gamma(t) - (1-w_{FS})C_{FS}$ 和 $R_{FW} + p\kappa\Gamma(t) - (1-w_{FW})C_{FS}$；当双方均不采取合作策略时收益分别为 R_{FW} 和 R_{FS}。以上分析可知，合作双方的演化博弈支付矩阵如图6-1所示。

		金融基础设施建设水平较高地区	
		合作	不合作
金融基础设施建设水平较低地区	合作	$R_{FW} + p\kappa\Gamma(t) - (1-w_{FW})C_{FW}$； $R_{FS} + (1-p)\kappa\Gamma(t) - (1-w_{FS})C_{FS}$	$R_{FW} - (1-w_{FW})C_{FW}$； $R_{FS} + (1-\varsigma_{FS})\psi_{FS}\Gamma_{FW}(t)$
	不合作	$R_{FW} + (1-\varsigma_{FW})\psi_{FW}\Gamma_{FS}(t)$； $R_{FS} - (1-w_{FS})C_{FS}$	R_{FW}；R_{FS}

图6-1 合作双方演化博弈支付矩阵

（二）局部渐进稳定分析：演化博弈模型求解

根据图6-1所示的演化博弈支付矩阵，假设金融基础设施建设水平较低的地区选择合作的概率为 m，则选择不合作的概率为 $1-m$；金融基础设施建设水平较高的地区选择合作的概率为 n，则选择不合作的概率为 $1-n$。

那么，金融基础设施建设水平较低的地区选择{协同合作，非协同合作}策略的收益和期望收益分别为 $E(m)$、$E(1-m)$ 和 Em，具体形式如下：

$$E(m) = np\kappa\Gamma(t) + R_{FW} - (1-w_{FW})\frac{k_{FW}}{2}\Gamma_{FW}^2(t) \quad (6-47)$$

$$E(1-m) = n(1-\varsigma_{FW})\psi_{FW}\Gamma_{FS}(t) + R_{FW} \quad (6-48)$$

$$\begin{aligned} Em &= mE(m) + (1-m)E(1-m) \\ &= mnp\kappa\Gamma(t) + R_{FW} - m(1-w_{FW})\frac{k_{FW}}{2}\Gamma_{FW}^2(t) + (1-m)n(1-\varsigma_{FW})\psi_{FW}\Gamma_{FS}(t) \end{aligned} \quad (6-49)$$

金融基础设施建设水平较高的地区选择{协同合作，非协同合作}策略的收益和期望收益分别为 $E(n)$、$E(1-n)$ 和 En，具体如下：

$$E(n) = m(1-p)\kappa\Gamma(t) + R_{FS} - (1-w_{FS})\frac{k_{FS}}{2}\Gamma_{FS}^2(t) \quad (6-50)$$

$$E(1-n) = m(1-\varsigma_{FS})\psi_{FS}\Gamma_{FW}(t) + R_{FS} \tag{6-51}$$

$$En = nE(n) + (1-n)E(1-n) = mn(1-p)\kappa\Gamma(t) +$$
$$R_{FS} - n(1-w_{FS})\frac{k_{FS}}{2}\Gamma_{FS}^2(t) + m(1-n)(1-\varsigma_{FS})\psi_{FS}\Gamma_{FW}(t) \tag{6-52}$$

所以金融基础设施建设水平较低地区选择协同合作策略的复制动态方程为：

$$F_W(m,n) = \frac{\mathrm{d}m}{\mathrm{d}t} = m[E(m) - Em]$$
$$= m(1-m)\left[np\kappa\Gamma(t) - (1-w_{FW})\frac{k_{FW}}{2}\Gamma_{FW}^2(t) - n(1-\varsigma_{FW})\psi_{FW}\Gamma_{FS}(t)\right] \tag{6-53}$$

同理，金融基础设施建设水平较高地区选择协同合作策略的复制动态方程为：

$$F_S(m,n) = \frac{\mathrm{d}n}{\mathrm{d}t} = n[E(n) - En]$$
$$= n(1-n)\left[m(1-p)\kappa\Gamma(t) - (1-w_{FS})\frac{k_{FS}}{2}\Gamma_{FS}^2(t) - m(1-\varsigma_{FS})\psi_{FS}\Gamma_{FW}(t)\right] \tag{6-54}$$

分别令 $F_W(m,n) = 0$ 和 $F_S(m,n) = 0$，可得 (m,n) 稳定均衡点可能取值为 $O(0,0)$、$A(0,1)$、$B(1,0)$、$C(1,1)$ 和 $D(m^*, n^*)$。

其中

$$\begin{cases} m^* = \dfrac{(1-w_{FS})\dfrac{k_{FS}}{2}\Gamma_{FS}^2(t)}{(1-p)\kappa\Gamma(t) - (1-\varsigma_{FS})\psi_{FS}\Gamma_{FW}(t)} \\ n^* = \dfrac{(1-w_{FW})\dfrac{k_{FW}}{2}\Gamma_{FW}^2(t)}{p\kappa\Gamma(t) - (1-\varsigma_{FW})\psi_{FW}\Gamma_{FS}(t)} \end{cases} \tag{6-55}$$

此处使用Jacobian矩阵的局部稳定性来分析金融基础设施建设水平较高一方和较低一方合作的局部渐进稳定性，故复制动态方程组的Jacobian矩阵为：

$$J = \begin{bmatrix} \dfrac{\partial F_W(m,n)}{\partial m} & \dfrac{\partial F_W(m,n)}{\partial n} \\ \dfrac{\partial F_S(m,n)}{\partial m} & \dfrac{\partial F_S(m,n)}{\partial n} \end{bmatrix}$$

$$= \begin{bmatrix} (1-2m)[np\kappa\Gamma(t) - (1-w_{FW})C_{FW} - n(1-\varsigma_{FW})\psi_{FW}\Gamma_{FS}(t)] \\ m(1-m)[p\kappa\Gamma(t) - (1-\varsigma_{FW})\psi_{FW}\Gamma_{FS}(t)] \\ n(1-n)[(1-p)\kappa\Gamma(t) - (1-\varsigma_{FS})\psi_{FS}\Gamma_{FW}(t)] \\ (1-2n)[m(1-p)\kappa\Gamma(t) - (1-w_{FS})C_{FS} - m(1-\varsigma_{FS})\psi_{FS}\Gamma_{FW}(t)] \end{bmatrix} \tag{6-56} ❶$$

该Jacobian矩阵对应的行列式为：

---

❶ 为方便计算和求解，此处用 C_{FW} 和 C_{FS} 替换上式中复杂代数形式，即式（6-1）。

$$\begin{aligned}Det(J) = &(1-2m)(1-2n)[np\kappa\Gamma(t)-(1-w_{FW})C_{FW}-n(1-\varsigma_{FW})\psi_{FW}\Gamma_{FS}(t)]\times \\ &[m(1-p)\kappa\Gamma(t)-(1-w_{FS})C_{FS}-m(1-\varsigma_{FS})\psi_{FS}\Gamma_{FW}(t)]- \\ &mn(1-m)(1-n)[(1-p)\kappa\Gamma(t)-(1-\varsigma_{FS})\psi_{FS}\Gamma_{FW}(t)]\times \\ &[p\kappa\Gamma(t)-(1-\varsigma_{FW})\psi_{FW}\Gamma_{FS}(t)]\end{aligned} \quad (6-57)$$

该 Jacobian 矩阵的迹为:

$$\begin{aligned}Tr(J) = &(1-2m)[np\kappa\Gamma(t)-(1-w_{FW})C_{FW}-n(1-\varsigma_{FW})\psi_{FW}\Gamma_{FS}(t)]+\\ &(1-2n)[m(1-p)\kappa\Gamma(t)-(1-w_{FS})C_{FS}-m(1-\varsigma_{FS})\psi_{FS}\Gamma_{FW}(t)]\end{aligned} \quad (6-58)$$

根据 5 个可能均衡点的雅可比（Jacobian）矩阵行列式和矩阵迹的符号判断均衡点的演化稳定性，计算结果如表 6-1 所示，结果表明动态演化博弈的局部均衡点为 $O(0,0)$ 和 $C(1,1)$，即博弈双方的系统稳定策略组合是｛非协同合作，非协同合作｝与｛协同合作，协同合作｝。

图 6-2 描述了金融基础设施建设双方博弈的复制动态过程。其中鞍点 $D(m^*,n^*)$ 与 $O(0,0)$、$A(0,1)$、$B(1,0)$ 和 $C(1,1)$ 的连线将区域分为如图所示的四个部分。双方的动态演化过程取决于初始状态与鞍点的相对位置，当初始状态在区间Ⅰ和Ⅱ内（即四边形 ADBC 内部）时，博弈最终结果收敛于 $C(1,1)$，即｛协同合作，协同合作｝为稳定策略。相反，当初始位置位于区间Ⅲ和Ⅳ内（即四边形 AOBD 内部）时，双方的合作将趋于瓦解，即｛非协同合作，非协同合作｝是稳定的策略选择。

表 6-1 和图 6-2 表明，初始状态、鞍点的相对位置和动态演化的稳定策略选择取决于博弈双方努力程度、成本因素、收益分配机制、激励机制以及政府部门努力等因素，作为一个系统，只有各方共同努力才能促进双方合作。

表 6-1　均衡点行列式和迹符号及稳定性分析

均衡点	$Det(J)$ 与 $Tr(J)$	符号	稳定性
$O(0,0)$	$Det(J)\|_{O(0,0)}=(1-w_{FW})C_{FW}(1-w_{FS})C_{FS}$	+	ESS
	$Tr(J)\|_{O(0,0)}=-(1-w_{FW})C_{FW}-(1-w_{FS})C_{FS}$	−	
$A(0,1)$	$Det(J)\|_{A(0,1)}=[p\kappa\Gamma(t)-(1-w_{FW})C_{FW}-(1-\varsigma_{FW})\psi_{FW}\Gamma_{FS}(t)](1-w_{FS})C_{FS}$	+	不稳定
	$Tr(J)\|_{A(0,1)}=p\kappa\Gamma(t)-(1-w_{FW})C_{FW}-(1-\varsigma_{FW})\psi_{FW}\Gamma_{FS}(t)+(1-w_{FS})C_{FS}$	+	
$B(1,0)$	$Det(J)\|_{A(1,0)}=(1-w_{FW})C_{FW}[(1-p)\kappa\Gamma(t)-(1-w_{FS})C_{FS}-(1-\varsigma_{FS})\psi_{FS}\Gamma_{FW}(t)]$	+	不稳定
	$Tr(J)\|_{A(0,1)}=(1-w_{FW})C_{FW}+(1-p)\kappa\Gamma(t)-(1-w_{FS})C_{FS}-(1-\varsigma_{FS})\psi_{FS}\Gamma_{FW}(t)$	+	

续表

均衡点	$Det(J)$ 与 $Tr(J)$	符号	稳定性
$C(1,1)$	$Det(J)\|_{C(1,1)} = [p\kappa\Gamma(t) - (1-w_{FW})C_{FW} - (1-\varsigma_{FW})\psi_{FW}\Gamma_{FS}(t)] \times [(1-p)\kappa\Gamma(t) - (1-w_{FS})C_{FS} - (1-\varsigma_{FS})\psi_{FS}\Gamma_{FW}(t)]$	+	ESS
	$Tr(J)\|_{C(1,1)} = -[p\kappa\Gamma(t) - (1-w_{FW})C_{FW} - (1-\varsigma_{FW})\psi_{FW}\Gamma_{FS}(t)] - [(1-p)\kappa\Gamma(t) - (1-w_{FS})C_{FS} - (1-\varsigma_{FS})\psi_{FS}\Gamma_{FW}(t)]$	−	
$D(m^*, n^*)$	$Det(J)\|_{D(m^*,n^*)} = -(1-m)(1-n)(1-w_{FS})C_{FS}(1-w_{FW})C_{FW}$	−	鞍点
	$Tr(J)\|_{D(m^*,n^*)} = 0$	0	

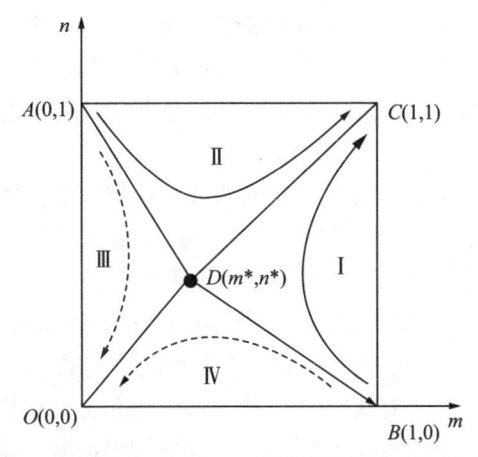

图 6-2 金融基础设施建设双方博弈的复制动态与稳定性

第二节 提升金融基础设施生态系统共生度的对策与效果模拟

长三角金融基础设施生态系统共生度的提升需要避免短板效应,需要企业种群、金融机构和金融市场种群、中介机构种群和政府部门种群之间的相互协作和全面协调发展。本节基于第三章的统计测度分析结果,从上述四个生态种群角度提出改进措施,并评估改进效果。

一、加强金融市场优化和金融科技的应用

金融机构和金融市场种群对金融基础设施生态系统共生度值的贡献度具有下降

趋势，从 2010～2012 年的 45.869% 下降到 2016～2019 年的 12.373%。从三级指标看（表 6-2），这一下降趋势主要受金融机构（包括银行业和非银行业）密度和货币市场提升幅度下降的影响，但总体而言各三级指标均具有增长趋势，尤其是金融科技指数和金融市场建设的成效显著。

当前，互联网技术在金融和非金融领域的广泛应用，降低了社会活动主体对银行网点的需求，因此以银行营业网点等实体机构扩张对金融基础设施完善的驱动效应下降。如表 6-2 所示，银行网点密度指数值和银行机构密度值分别在 2016 和 2015 年达到最大值，随后趋于下降。同样伴随着中国经济增速的放缓和金融业监管的趋紧，尤其是 2018 年 P2P 平台的频繁暴雷，导致非银行金融机构受到很大冲击，正如表 6-2 所示，非银行金融机构密度在 2017 年达到顶峰后即开始急剧收缩，表明当前加快金融机构布局并不能提升非银行类金融机构在金融基础设施生态系统中的作用。从金融市场角度看，货币市场、保险市场和证券市场在 2016～2019 年均达到了最优水平，因此继续加强金融市场改革和优化能推动金融基础设施建设水平的提高。

此外，本书测算了在其他指数不变的条件下各指数变动的效应，并以近三年的增速均值作为预计增速。测算结果可知，相比 2019 年，金融机构的预计贡献度出现了小幅下降，其中银行网点密度值的贡献度下降了 0.251%、银行机构密度下降了 0.942%，非银行金融机构密度下降了 0.501%；金融市场的预计贡献度上升，其中货币市场提升幅度较小仅为 0.073%，保险密度和保险深度的提升幅度分别为 0.352% 和 0.222%、证券市场提升幅度为 0.201%；从金融市场和金融机构技术应用层面即金融科技指数贡献角度看，提升幅度为 0.846%，提升效果最好。从金融机构和金融市场种群整体角度看，在其他生态种群不变的条件下，金融机构与金融中介种群各三级指标按原增长速率变动，将驱动金融基础设施生态共生度指数提升 5.869%❶。

基于上述分析，作为中国金融资源集聚和金融科技最为发达的地区，应当着力规范并完善资本市场、货币市场和保险市场的发展，同时依托大数据、云计算等技术，改造传统商业银行等金融机构的经营模式、拓宽银行业的业务范围、革新金融监管技术，促进银行业和非银行类金融机构的良性化发展。

表 6-2 金融机构与金融中介种群改进的效果评估

年份	银行网点密度	银行机构密度	非银行金融机构密度	金融相关率	保险深度	保险密度	上市公司直接融资	金融科技指数
2010	0.000	0.000	0.000	0.000	0.296	0.000	0.181	0.000
2011	0.309	0.346	0.157	0.223	0.525	0.143	0.127	0.057

❶ 金融机构和金融市场种群在金融基础设施生态系统中重要性占比为 0.239，此处根据三级指标的变动和重要性占比核算得到优化效应。

续表

年份	银行网点密度	银行机构密度	非银行金融机构密度	金融相关率	保险深度	保险密度	上市公司直接融资	金融科技指数
2012	0.409	0.482	0.292	0.067	0.072	0.173	0.000	0.150
2013	0.392	0.361	0.494	0.243	0.049	0.273	0.037	0.429
2014	0.592	0.494	0.805	0.347	0.000	0.308	0.110	0.494
2015	0.851	1.000	0.829	0.365	0.142	0.187	0.627	0.504
2016	1.000	0.831	0.865	0.884	0.368	0.557	0.710	0.530
2017	0.943	0.797	1.000	0.959	0.797	0.748	0.441	0.770
2018	0.935	0.746	0.763	0.849	1.000	0.922	0.448	0.879
2019	0.946	0.618	0.731	1.000	0.828	1.000	1.000	1.000
权重	0.125	0.112	0.127	0.138	0.131	0.126	0.120	0.121
2019年贡献度(%)	11.376	6.870	8.584	12.849	14.358	14.939	15.792	15.233
预计贡献度（%）	11.125	5.928	8.083	12.922	14.580	15.291	15.993	16.079
金融机构与金融市场种群改善对金融基础设施生态系统共生度提升的贡献度								5.869%

二、加快引导中介服务机构完善和建设

近年来长三角中介服务机构规模逐步扩大，尤其是大数据、区块链和云计算等新技术在企业数据采集分析、信用服务、金融风险监控等生产服务领域的广泛应用，提高了社会信息的透明度、降低了金融部门信息获取的成本。

通过整理长三角四省市信用评估行业企业名录和IDC行业企业名录发现，这两类公司类型主要有私营有限责任公司、国有企业、港澳台商独资企业、外资独资、中外合资经营企业、股份有限公司和其他类型企业。近年来长三角征信企业和互联网大数据公司增长较快，但主要以私营企业为主，国有或公办性质的占比很低。此外，尽管行业规模扩大，但相对庞大的企业种群而言，其规模依然偏小、业务压力较大：计算发现2020年平均每家律师事务所需要为约19家规模以上工业企业服务，平均每家信用评估公司需要为近211家企业服务，平均每家互联网数据公司（IDC）需要为104家规模以上工业企业服务。

本书以中介服务部门数量变动分析了中介机构种群完善对长三角金融基础设施生态系统完善的贡献情况，结果呈现在表6-3中。

表 6-3 中介机构种群完善的效果评估

年份	律师事务所	每万家规模以上工业企业拥有信用评估机构数	每万家规模以上工业企业拥有 IDC 机构数
2010	0.000	0.000	0.000
2011	0.085	0.122	0.071
2012	0.161	0.153	0.118
2013	0.236	0.168	0.154
2014	0.357	0.196	0.206
2015	0.506	0.269	0.294
2016	0.616	0.428	0.438
2017	0.745	0.642	0.630
2018	0.881	0.852	0.823
2019	1.000	1.000	1.000
权重	0.338	0.330	0.332
2019 年贡献度（％）	33.812	33.010	33.178
预计贡献度（％）	32.104	34.350	33.546
中介机构种群完善对金融基础设施生态系统共生度提升的贡献度			**8.432%**

根据 2016～2019 年三年间律师事务所数、信用评估机构数和 IDC 机构数等数据增加律师事务所对中介机构种群完善的贡献度出现了小幅下降、加强信用评估机构和 IDC 机构建设能提高对中介机构种群完善的贡献度。此外，本书关注了在其他金融基础设施生态单元不变条件下，中介机构种群完善对金融基础设施生态系统共生度的提升作用。根据第二章中的测算，中介机构种群在长三角金融基础设施生态系统中的权重为 0.268，计算可得，若中介机构种群各三级指按原增长速率变动，将驱动金融基础设施生态共生度指数提升 8.432%。

上文分析表明，完善中介机构种群对长三角金融基础设施生态系统共生度的提升效应最强。因此加强中介机构的完善可从以下几个方面展开，一是由政府牵头搭建国有大型征信机构和数据服务公司，并组建不同的服务部门，针对性地为不同类型企业提供数据和决策服务；二是加强既有中介服务机构的规范化运营，提高服务能力；三是借助长三角征信链，推动更多的企业和数据征信服务机构上链，盘活数据、发挥数据价值。

三、提高企业种群在金融基础设施生态系统中的作用

企业种群既是金融基础设施生态系统的需求者，也是金融基础设施的供给者，因此企业在金融基础设施生态系统中处于核心地位。但测算表明，企业种群在金融基础设施生态系统中的权重为 0.190，低于其他三个生态种群，表明当前企业种群

还存在较大的优化空间。进一步，以企业种群创新投入、企业种群结构和企业效率 2016～2019 年的平均增长率预估贡献率，计算结果如表 6-4 所示。

表 6-4　企业种群优化的效果评估

年份	企业研发经费投入	非公有经济占公有经济比重	单位规模以上工业企业产值
2010	0.000	0.741	0.000
2011	0.287	0.515	0.558
2012	0.363	0.025	0.567
2013	0.418	0.000	0.593
2014	0.504	0.297	0.648
2015	0.587	0.386	0.668
2016	0.693	0.726	0.752
2017	0.849	0.520	0.906
2018	0.931	0.367	0.967
2019	1.000	1.000	1.000
权重	0.343	0.344	0.313
2019 年贡献度（%）	34.310	34.422	31.268
预计贡献度（%）	38.339	27.902	33.759
企业种群优化对金融基础设施生态系统共生度提升的贡献度			**6.437%**

计算结果显示，企业研发投入和单位规模以上工业企业产值对企业种群优化的贡献度提升，说明提高企业创新能力和企业生产效率对企业种群具有显著的优化效应。非公有制企业占经济比重预计贡献度下降，这与当前经济增速放缓、经济结构优化调整、需求侧与供给侧改革等背景下民营企业面临的困境较为符合，故需要提高民营企业的质量。进一步计算可知，若以企业种群各三级指标按原增长速度变动，企业总群优化对金融基础设施生态系统共生度提升的贡献度将提高 6.437%。

上述结果表明，可以从几个方面优化企业种群：一是提高企业的创新能力，加大企业研发经费投入，加快新技术在企业生产领域的赋能；二是优化企业种群结构，尤其是需要扶持高新技术企业和具有良好发展潜力的民营企业发展，同时提高国有企业的效率；三是在系统性金融风险可控条件下，加大对企业部门的金融供给，创新企业融资信息交互平台，允许企业参与金融创新，拓宽融资渠道。

四、提升政府部门服务效能

从某种意义上讲，政府是推进金融基础设施合作建设的倡议者和直接参与者，其在金融基础设施生态系统中扮演了举足轻重的角色，如制度设计、政策支持和参与多方监管等。计算结果表明，在长三角金融基础设施生态系统中政府部门种群的系统重要性最强，权重值为 0.303，远高于其他三个种群。表 6-5 报告了各年份政府部门三级指标的数据，并按照各指标近 3 年平均增长率预估了其对政府部门种群贡献率以及对整个金融基础设施生态系统的提升水平。

如表 6-5 所示，政府部门努力缓解企业融资约束水平，能一定程度上提升政府部门种群的优化水平。计算所示，企业融资约束水平降低在政府部门种群优化中的贡献度由 2019 年的 32.613% 提升至 2020 年的 33.217%；同样，政府努力降低企业税收负担水平对政府部门种群优化的贡献程度最大，提升幅度为 0.019；但专利执法结案数的提升对政府部门种群优化中的贡献度小幅下降。从金融基础设施生态系统优化角度看，若政府部门种群各三级指按 2016～2019 年的平均增长速率变动，将驱动金融基础设施生态共生度指数提升 8.035%。

完善长三角金融基础设施建设离不开政府部门政策和财政的支持，同时政府部门种群对金融基础设施生态系统的完善作用相对更大，故需要提高政府服务的效能。也即，政府部门一是可以根据地区金融发展水平和金融基础设施建设的现状，针对性地出台相关政策，引导金融机构、中介机构和企业开展业务往来，提高金融基础设施建设中各主体的联动性；二是发挥好政策性金融在金融基础设施建设中的作用，通过政策性投资，依托国家信用降低商业性金融机构、中介机构、民间金融机构以及企业等部门的投融资风险，推动金融基础设施建设的完善；三是加大对企业的保障力度，通过政策性投资、降低企业税收负担等方式，进一步推动企业的高质量发展；四是落实统筹监管，加强对重要金融基础设施的监管，提高金融服务实体经济和防控金融风险的能力。

表 6-5 政府部门种群优化的效果评估

年份	SA 指数	企业三项税收占税收比重倒数	专利执法结案数（起）
2010	0.005	0.029	0.000
2011	0.000	0.127	0.001
2012	0.044	0.000	0.001
2013	0.165	0.148	0.014
2014	0.405	0.206	0.037
2015	0.485	0.084	0.219
2016	0.672	0.445	0.541
2017	0.800	0.797	0.725
2018	0.864	1.000	0.896
2019	1.000	0.962	1.000
权重	0.321	0.334	0.345
2019 年贡献度（%）	32.613	32.527	34.860
预计贡献度（%）	33.217	34.465	32.218
政府部门种群优化对金融基础设施生态系统共生度提升的贡献度			**8.035%**

本节从金融基础设施生态系统生态单元角度分析了生态单元完善对金融生态系统共生度的提升效应。从影响权重上看，政府部门种群＞中介机构种群＞金融机构和金融市场种群＞企业种群；从贡献度上看，中介机构种群＞政府部门种群＞企业种群＞金融机构和金融市场种群。可见强化政府部门种群和中介机构种群在金融基础设施生态系统中的作用，并加快完善金融机构与金融市场种群以及企业种群对长三角金融基础设施建设水平的提升具有显著的促进作用。

第三节　促进金融基础设施建设主动合作的对策与效果模拟

演化博弈分析指出，{协同合作，协同合作}和{非协同合作，非协同合作}是动态演化博弈的两种稳定策略。根据图 6-2 所示的复制动态过程，双方演化博弈的具体路径和稳定状态取决于Ⅰ、Ⅱ区域（即四边形 $ADBC$ 面积）和Ⅲ、Ⅳ区域（四边形 $AOBD$ 面积）占总区域的面积（正方形 $AOBC$）相对大小之比。为便于分析，此处根据 $D(m^*,n^*)$ 位置，求解四边形 $AOBD$ 的面积进行具体分析。四边形 $AOBD$ 面积公式如下：

$$S_{AOBD} = S_{\triangle ADO} + S_{\triangle BDO} = \frac{1}{2}(m^* + n^*)$$

$$= \frac{1}{4}\left[\frac{(1-w_{FW})k_{FW}\varGamma_{FW}^2(t)}{p\kappa\varGamma(t) - (1-\varsigma_{FW})\psi_{FW}\varGamma_{FS}(t)} + \frac{(1-w_{FS})k_{FS}\varGamma_{FS}^2(t)}{(1-p)\kappa\varGamma(t) - (1-\varsigma_{FS})\psi_{FS}\varGamma_{FW}(t)}\right] \quad (6-59)$$

外部因素变化将对四边形 $AOBD$ 面积的产生影响，从而影响均衡的走向。具体而言：若 $S_{AOBD} > S_{ACBD}$，则双方动态博弈演化路径向非协同合作方向演化的概率要大于向协同合作方向演化的概率，此时双方的合作趋于瓦解，走向各自为政的状态；若 $S_{AOBD} < S_{ACBD}$，则向相反的方向演化，即双方将大概率走向协同合作的策略；若 $S_{AOBD} = S_{ACBD}$，则不确定双方是否选择合作，即稳定策略不确定。

由式（6-59）可知，演化博弈的具体路径和稳定状态受博弈双方在金融基础设施合作建设方面的努力程度 $\varGamma(t)$、双方协同合作收益率 κ、协同开销系数 k_{FS} 和 k_{FW}、合作成本补贴系数 w_{FS} 和 w_{FW}、违约罚系数 ς_{FS} 和 ς_{FW} 以及协同收益分成比例 p 六个要素影响。基于此，下文将提出改进政策措施，并在理论和实证上对措施实行的效果进行模拟分析。

一、合理引导金融基础设施合作双方共同努力

在促进基础设施合作共建方面，付出努力越大，则收获越大。当其他影响因素

不变时，对协同努力程度 $\Gamma(t)$ 求一阶偏导可得：

$$\frac{\partial S_{AOBD}}{\partial \Gamma(t)} = -\frac{1}{4} \left\{ \frac{p\kappa[(1-w_{FW})k_{FW}\Gamma_{FW}^2(t)]}{[p\kappa\Gamma(t) - (1-\varsigma_{FW})\psi_{FW}\Gamma_{FS}(t)]^2} + \frac{(1-p)\kappa[(1-w_{FS})k_{FS}\Gamma_{FS}^2(t)]}{[(1-p)\kappa\Gamma(t) - (1-\varsigma_{FS})\psi_{FS}\Gamma_{FW}(t)]^2} \right\} \quad (6-60)$$

显然 $\partial S_{AOBD}/\partial \Gamma(t) < 0$，表明努力程度越高，四边形 AOBD 的面积越小，双方动态博弈演化路径大概率朝着｛协同合作，协同合作｝的稳定策略演进。具体而言，如果金融基础设施合作建设的决策者预期对方合作努力程度越高，则更容易形成合作局面，从而提升整体金融体系收益率和金融基础设施建设水平。

当然，整体合作程度的提升也离不开合作双方的共同努力，因此还取决于双方在促成合作局面方面各自的努力程度。为直观体现协同努力合作程度对演化均衡的影响，我们借助 Matlab 数值模拟仿真技术得到动态演化图。其中为更好地刻画这一动态演化过程，避免更多的参数设定差异的影响，我们作出如下假设：一是均衡点受双方努力程度整体的影响，二是努力程度总值取决于双方努力程度。为了避免影响，此处设定总努力 $\Gamma(t)$ 为 1.5，即考虑双方会努力但并非完全努力。同时引入协同努力比例参数 δ，即金融基础设施建设较弱一方的努力占努力程度总值比例，即 $\Gamma_{FW} = \delta\Gamma(t)$、$\Gamma_{FS} = (1-\delta)\Gamma(t)$。其他参数方面，设定协同合作收益双方的分成比例 $p=0.5$；守约方从违约方获得收益系数为 0.3；违约方惩罚系数均为 0.2；双方协同合作收益率略高于惩罚系数，设定为 0.3；补贴系数 w_{FS} 和 w_{FW} 设定为 0.5；协同开销系数初始值设定为 0.2。具体如表 6-6 所示。

表 6-6 合作双方主动合作机制中的参数初始设置

参数	赋值	参数	赋值
p	0.5	κ	0.3
ς_{FW}	0.2	ς_{FS}	0.2
ψ_{FW}	0.3	ψ_{FS}	0.3
k_{FW}	0.2	k_{FS}	0.2
w_{FS}	0.5	w_{FW}	0.5
Γ	1.5	—	—

分析协同努力程度对均衡影响中，我们将协同努力比例 δ 取值区间设定为 [0.3, 0.8]，随着参数的变化，演化均衡点 $D(m^*, n^*)$ 的坐标变化以及四边形 AOBD 的面积变动如图 6-3 和图 6-4 所示。

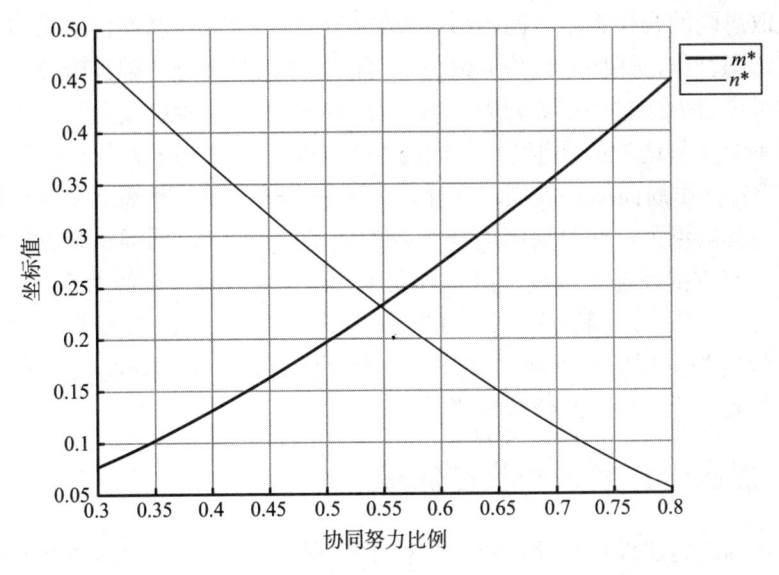

图 6-3　δ 变动与 D 点坐标动态关系

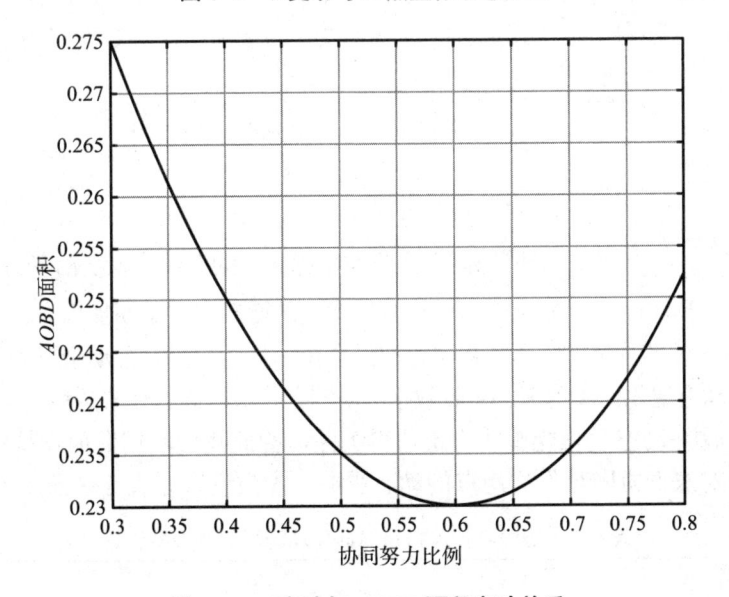

图 6-4　δ 变动与 $AOBD$ 面积变动关系

式（6-61）证明了当协同合作努力程度 $\Gamma(t)$ 越大,越容易形成合作局面。但 $\Gamma(t)$ 为双方的总努力程度,合作双方的相对努力程度也会影响到均衡点的走向。图 6-3 和图 6-4 清晰地展示了协同努力比例对系统稳定均衡的影响,可发现:当金融基础设施建设水平较低一方的努力占总努力程度的比重低于 0.6 时,努力程度的提高容易促成双方合作;当这一比例超过 0.6 时,若金融基础设施建设水平较低一方继续采取协同的合作策略,四边形 AOBD 的面积将增大,从而使动态演化博弈系统向{非协同合作,非协同合作}演化,可能的原因是金融基础设施建设水平相对较低一方付出努力超过一定极限时,继续努力带来的收益难以覆盖所付出的成本,此时选择不合作将成为最优策略,如当 δ 接近 0.8 时,局部均衡点 D 的纵坐标为接近 0,意味着合作局面彻底破裂。同样,当 δ 很小时,即金融基础设施建设水平较高一方努力程度更大,此时局部均衡点 D 的横坐标接近 0,同样也难以形成合作局面,只有当双方都在努力推进金融基础设施合作建设,即 δ 近似为 0.6 时,此时双方采取{协同合作,协同合作}策略的概率最大。由此可见,尽管提高整体的协同合作努力程度是重要的,但还需要注意协调合作双方在努力付出与收益之间的平衡,从而形成持续、高效的合作框架。

二、提高合作效率和收益保障

金融基础设施建设水平存在差异的双方之间能否合作,受合作效益的影响,当协同合作收益水平较高时,双方才能有序地展开合作。为分析双方协同合作收益率 κ 对演化均衡的影响,假定其他影响因素不变,对 κ 求一阶导数,可得:

$$\frac{\partial S_{AOBD}}{\partial \kappa} = -\frac{1}{2}\left\{\frac{p\Gamma(t)}{[p\kappa\Gamma(t) - (1-\varsigma_{FW})\psi_{FW}\Gamma_{FS}(t)]^2} + \frac{(1-p)\Gamma(t)}{[(1-p)\kappa\Gamma(t) - (1-\varsigma_{FS})\psi_{FS}\Gamma_{FW}(t)]^2}\right\} \quad (6-61)$$

显然 $\partial S_{AOBD}/\partial \kappa < 0$,表明协同合作收益率越高,动态演化系统沿着 DC 走向均衡的概率越大。具体而言,金融基础设施合作建设的博弈双方预期加强合作能够提高双方的合作收益率,则双方将会更有动力加强合作,从而更容易推动金融市场一体化发展,即最终动态演化博弈均衡点将收敛于{协同合作,协同合作}的稳定策略。

此外,这一动态过程能否实现也值得关注,为此我们利用数值模拟仿真方法分析收益率 κ 对双方协同合作均衡点的动态影响,参数设置如表6-7所示。

表6-7 协同合作收益率对演化均衡影响的参数设置

参数	赋值	参数	赋值
p	0.5	κ	[0.1, 0.9]
ς_{FW}	0.2	ς_{FS}	0.2
ψ_{FW}	0.3	ψ_{FS}	0.3
k_{FW}	0.2	k_{FS}	0.2
Γ	1.5	—	—

图 6-5 表明，当协同合作收益率 κ 在 [0.1, 0.9] 之间递增变动时，动态演化博弈系统将沿着 DC 走向 C(1,1) 稳定均衡点。如图 6-6 所示，随着合作收益率 κ 增大，四边形 AOBD 的面积呈现递减趋势，博弈双方采取｛协同合作，协同合作｝策略的概率增大。特别地，曲线符合经济学中经典的边际收益递减规律，即当 κ 值处于 [0.1, 0.3] 区间时，协同收益提升对合作概率提升效应最明显，当超过这一区间时，合作收益率提升对合作概率提升效果下降。从这一结论看，合作双方需要在效率和收益保障方面寻求均衡。

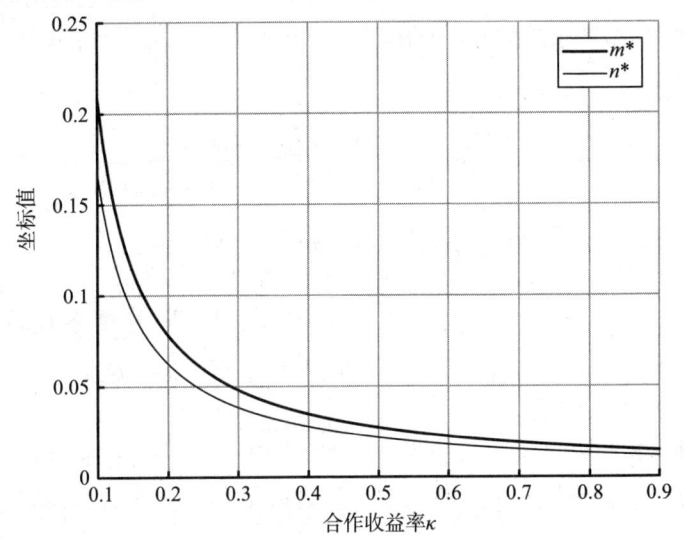

图 6-5 κ 与 D 点坐标动态关系

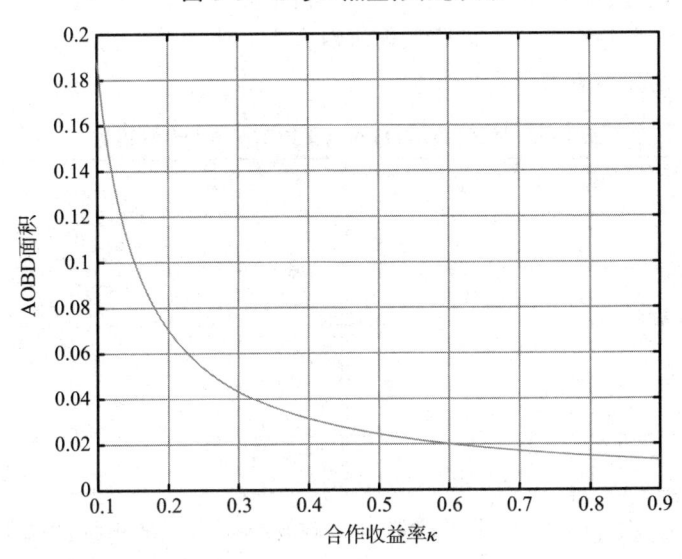

图 6-6 κ 与 AOBD 面积变动关系

那么，如何提高双方合作的收益率也是本章关注的重点，根据理论分析部分的阐述，下文的分析将从降低双方合作成本和加大财政对双方合作成本的补贴力度两个角度展开。

（一）降低双方合作成本

由于合作双方金融基础设施建设水平的初始情况不同，为实现金融协同融合发展，在金融基础设施合作共建过程中，必然存在着改革成本，从而影响双方合作的开展。也即，降低合作成本是双方收益的重要保障。故我们将分析协同开销系数 k_{FS} 和 k_{FW} 对演化均衡的影响，即在其他条件不变时，分别对协同开销系数 k_{FS} 和 k_{FW} 求一阶偏导数，得：

$$\frac{\partial S_{AOBD}}{\partial k_{FS}} = \frac{(1-w_{FS})\Gamma_{FS}^2(t)}{4[(1-p)\kappa\Gamma(t) - (1-\varsigma_{FS})\psi_{FS}\Gamma_{FW}(t)]} \quad (6-62)$$

$$\frac{\partial S_{AOBD}}{\partial k_{FW}} = \frac{(1-w_{FW})\Gamma_{FW}^2(t)}{4[p\kappa\Gamma(t) - (1-\varsigma_{FW})\psi_{FW}\Gamma_{FS}(t)]} \quad (6-63)$$

显然 $\partial S_{AOBD}/\partial k_{FS} > 0$、$\partial S_{AOBD}/\partial k_{FW} > 0$，表明协同开销系数越大，四边形 $AOBD$ 的面积越大，从而演化博弈走向协同合作策略的概率越低，动态演化博弈系统将会沿着 DO 走向均衡。

具体来讲，若金融基础设施建设合作双方预期为促进合作而进行改革的成本过高，那么双方将不会采取协同合作策略，因此降低双方合作成本将有助于促进双方合作的达成。

为验证理论分析部分的准确性，同时分析降低合作成本的效应，此处通过数值模拟仿真方法来分析合作成本的降低促进双方走向协同合作的动态变化趋势，为此将各参数调整为如表 6-8 所示的数值。

表 6-8　协同开销系数对演化均衡影响的参数设置

参数	赋值	参数	赋值
p	0.5	κ	0.3
ς_{FW}	0.2	ς_{FS}	0.2
ψ_{FW}	0.3	ψ_{FS}	0.3
w_{FS}	0.5	w_{FW}	0.5
Γ	1.5	k_{FS} 和 k_{FW}	[0.2, 0.9]

当 k_{FS} 和 k_{FW} 在 [0.2, 0.9] 上取值时，鞍点 $D(m^*, n^*)$ 的坐标和四边形 $AOBD$ 的面积变动如图 6-7 和图 6-8 所示。可见，当 k_{FS} 和 k_{FW} 增大时，鞍点 $D(m^*, n^*)$ 向右

上方偏移，此时四边形 $AOBD$ 的面积逐渐变大，表明如果双方合作的成本较高，合作将趋于瓦解，即｛非协同合作，非协同合作｝是系统稳定策略组合。故当 k_{FS} 和 k_{FW} 降低时，局部均衡点 $D(m^*, n^*)$ 向左下方偏移，四边形 $AOBD$ 面积占比下降，从而系统稳定策略组合为｛协同合作，协同合作｝。数值模拟仿真结果也表明，降低合作成本将有助于促成双方的合作。

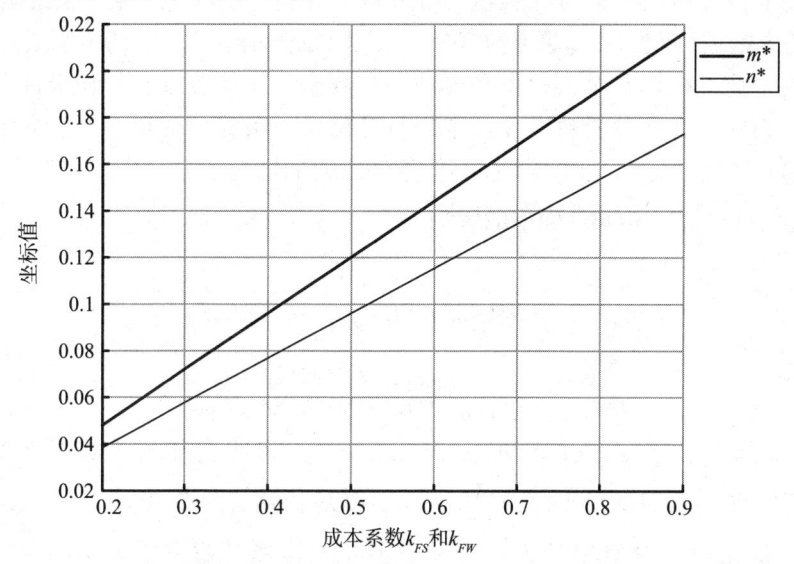

图 6-7 k_{FS} 和 k_{FW} 与 D 点坐标动态关系

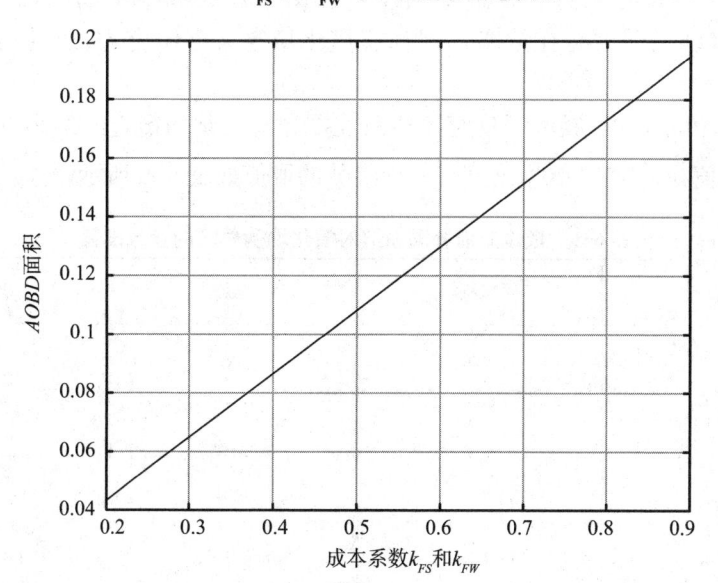

图 6-8 kFS 和 kFW 与 $AOBD$ 面积变动关系

（二）加大财政对合作成本的补贴

上文分析指出，降低合作双方在促进协同融合发展中的成本能显著地提高双方合作的概率。但在金融基础设施合作共建中如何降低各方合作的成本值得分析，根据第三章有关金融基础设施生态系统的分析，政府部门可以通过加大政策性金融投入、为商业性金融机构的合作提供担保和政策支持；中介机构部门如信用服务机构、网络大数据行业和律师事务所等机构可以加强合作，为金融基础设施合作建设过程中的企业、机构和个人提供必要的参考数据，提高各方参与积极性，降低合作成本。为此下文将分析对合作成本进行补贴这一策略对演化均衡走向的影响。式（6-64）和式（6-65）展示了在其他条件不变的情况下，合作成本补贴系数 w_{FS} 和 w_{FW} 变化对四边形 $AOBD$ 面积的影响。

$$\frac{\partial S_{AOBD}}{\partial w_{FS}} = -\frac{k_{FS}\Gamma_{FS}^2(t)}{4[(1-p)\kappa\Gamma(t) - (1-\varsigma_{FS})\psi_{FS}\Gamma_{FW}(t)]} \quad (6-64)$$

$$\frac{\partial S_{AOBD}}{\partial w_{FW}} = -\frac{k_{FW}\Gamma_{FW}^2(t)}{4[p\kappa\Gamma(t) - (1-\varsigma_{FW})\psi_{FW}\Gamma_{FS}(t)]} \quad (6-65)$$

显然，$\partial S_{AOBD}/\partial w_{FS} < 0$、$\partial S_{AOBD}/\partial w_{FW} < 0$，表明合作成本补贴系数 w_{FS} 和 w_{FW} 越高，四边形 $AOBD$ 的面积越小，动态演化博弈系统走向 {协同合作，协同合作} 稳定策略的概率越大，即动态演化博弈系统将会沿着 DC 走向均衡。具体而言，若政府部门对金融基础设施合作共建的成本予以补贴，那么博弈双方将会有动力采取合作策略，即动态演化稳定策略组合为 {协同合作，协同合作}。

图 6-9 和图 6-10 展示了政府补贴系数提高对演化均衡走向的影响，其中 w_{FS} 和 w_{FW} 的取值在 [0.3，1.0] 之间，其他参数的取值如表 6-9 所示。

表 6-9 成本政府补贴系数对演化均衡影响的参数设置

参数	赋值	参数	赋值
p	0.5	κ	0.3
ς_{FW}	0.2	ς_{FS}	0.2
ψ_{FW}	0.3	ψ_{FS}	0.3
Γ	1.5	w_{FW} 和 w_{FS}	[0.3，1]

数值模拟仿真结果显示，政府补贴系数 w_{FS} 和 w_{FW} 与四边形 $AOBD$ 面积和演化均衡点 $D(m^*,n^*)$ 的坐标之间为倒 U 形的影响关系。具体而言，当补贴系数位于 [0.3，0.55] 区间时，四边形 $AOBD$ 的面积增大，此时双方不合作的概率增大；当补贴系数大于 0.55 时，四边形 $AOBD$ 的面积逐渐减小，且小于初始值，此时双方协同合作是最优策略。

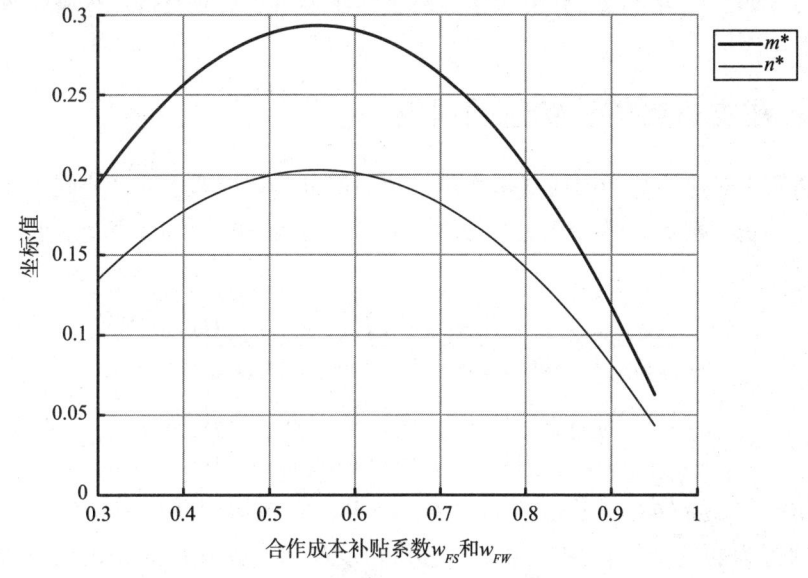

图 6-9　w_{FS} 和 w_{FW} 与 D 点坐标动态关系

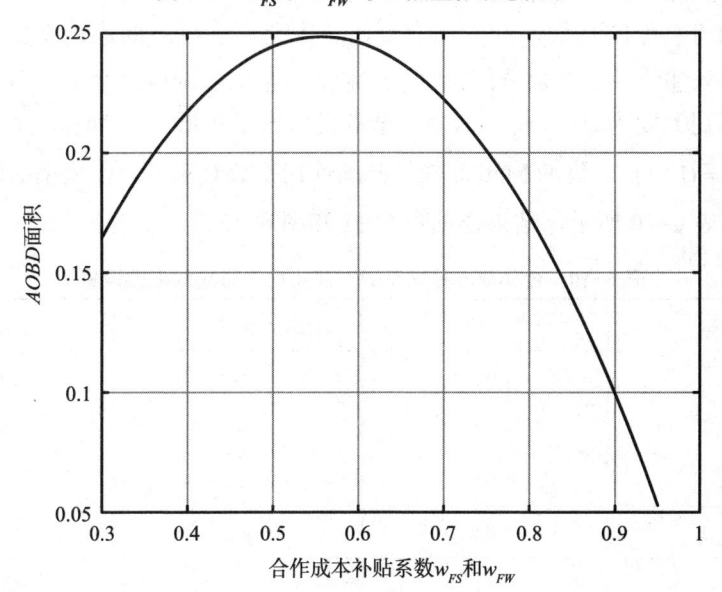

图 6-10　w_{FS} 和 w_{FW} 与 $AOBD$ 面积变动关系

上文分析说明，当补贴系数较小时，政府财政补贴远低于双方合作的成本，因此即便补贴系数有所提高也难以促成双方合作；当政府财政补贴系数较大时，对已经形成合作关系的主体而言，不存在停止合作的动机，对于未形成合作关系的主体而言，存在较强的合作激励，从而提高博弈双方合作的概率。因此政府部门在促进地区金融基础设施合作建设过程中，可以在政府内部建立专门服务机构或依托现有相关部门（如长三角区域合作办公室）对合作主体给予财政支持，提高财政资金使用的效能。

三、建立适当的违约惩罚机制

惩罚能否对违约行为形成威慑作用，从而促进演化博弈走向｛协同合作，协同合作｝的均衡？对此，假设其他影响因素不变，对惩罚系数 ς_{FS} 和 ς_{FW} 求一阶偏导数，可得：

$$\frac{\partial S_{AOBD}}{\partial \varsigma_{FS}} = \frac{-(1-w_{FS})k_{FS}\Gamma_{FS}^2(t)\psi_{FS}\Gamma_{FW}(t)}{4[(1-p)\kappa\Gamma(t) - (1-\varsigma_{FS})\psi_{FS}\Gamma_{FW}(t)]^2} \quad (6-66)$$

$$\frac{\partial S_{AOBD}}{\partial \varsigma_{FW}} = \frac{-(1-w_{FW})k_{FW}\Gamma_{FW}^2(t)\psi_{FW}\Gamma_{FS}(t)}{4[p\kappa\Gamma(t) - (1-\varsigma_{FW})\psi_{FW}\Gamma_{FS}(t)]^2} \quad (6-67)$$

显然，$\partial S_{AOBD}/\partial \varsigma_{FS} < 0$、$\partial S_{AOBD}/\partial \varsigma_{FW} < 0$，表明违约惩罚措施在一定程度上能对违约行为起到威慑作用，即违约惩罚力度越大，演化博弈系统沿着 DC 走向｛协同合作，协同合作｝均衡状态的概率越大。

博弈双方合作的瓦解，双方都有责任。于是，假设总的违约惩罚系数 ς 为定值，同时引入违约惩罚系数分配比例 ℓ。那么，金融基础设施水平较高一方违约需要承担的惩罚力度为 $\varsigma_{FS} = \ell\varsigma$，而金融基础设施水平较低一方违约需要承担的惩罚力度为 $\varsigma_{FW} = (1-\ell)\varsigma$。借助 Matlab 软件刻画惩罚系数对双方合作概率的影响，具体参数设置如表 6-10 所示，结果详见图 6-11 和图 6-12。

表 6-10 合作成本补贴系数对演化均衡影响的参数设置

参数	赋值	参数	赋值
p	0.5	κ	0.3
ψ_{FW}	0.3	ψ_{FS}	0.3
ς_{FW}	0.2	ς_{FS}	0.2
w_{FS}	0.5	w_{FW}	0.5
Γ	1.5	ℓ	[0.3, 0.8]

如数值模拟仿真结果所示,当违约惩罚系数分配比例 ℓ 较低时,金融基础设施建设水平较高一方承担较小违约惩罚,不存在较强的合作约束,那么双方的合作可能难以形成;当违约惩罚系数分配比例 ℓ 提高时,四边形 AOBD 的面积减小,表明双方采取协同合作的策略的概率提升。直观上看,当违约惩罚系数分配比例 ℓ 处于[0.65,0.70]某一水平时,四边形 AOBD 的面积达到最小值,此时协同合作的概率最大,此后随着这一分配比例提高,双方合作的概率降低。

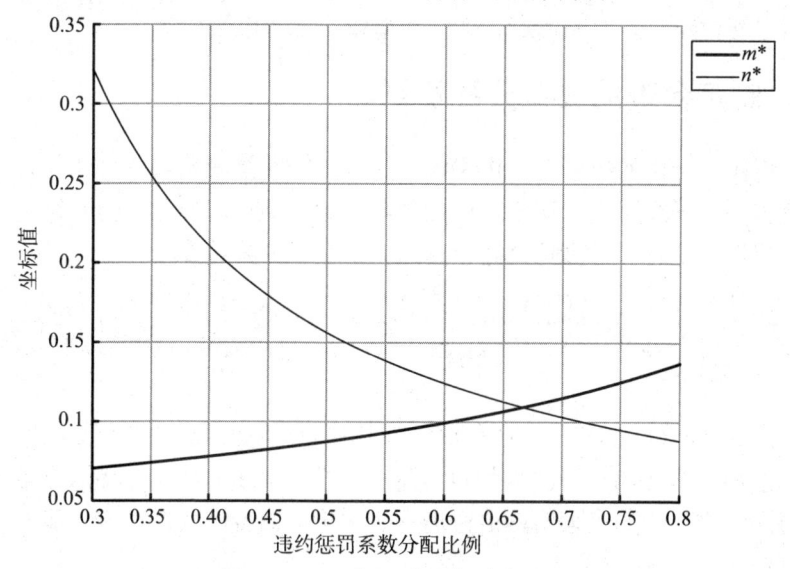

图 6-11　ℓ 与 D 点坐标动态关系

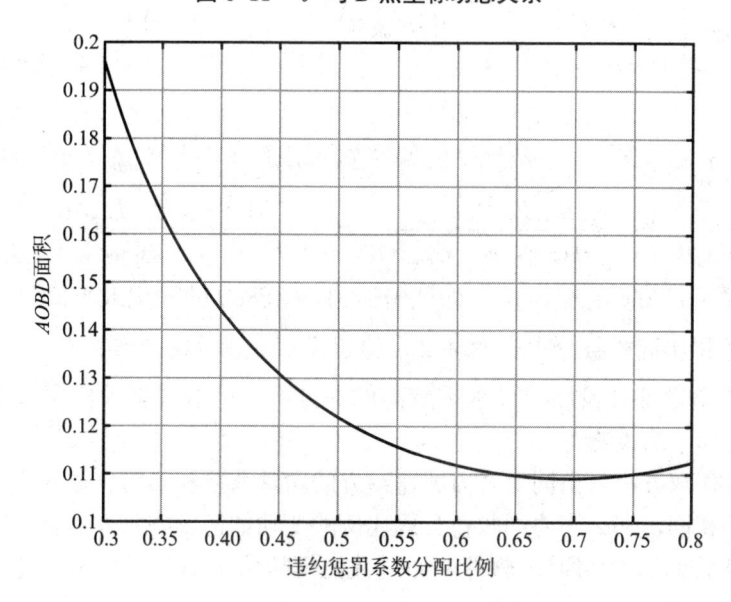

图 6-12　ℓ 与 AOBD 面积变动关系

因此，甄别合作双方违约成本负担水平能够有效降低单边机会主义行为，而这需要金融基础设施生态系统各生态单元之间的协同合作。例如：中介机构部门可以依托大数据平台搜集合作各方的数据，通过创新监测模型对双方的合作情况进行追踪，设立实时预警机制，同时对已经形成的违约行为进行责任认定，制定合理的惩罚系数，从而起到约束违约行为的效果；政府部门可以通过制定相关规章制度，规范合作各方的行为，并以明文形式确立对违约方的惩罚赔偿制度，使判罚有理有据，从而引导合作双方形成稳定、持续和高效的合作机制。

四、制定合理的收益分配机制

如何将协同合作的成果在合作主体之间进行分配是影响双方合作与否的重要因素，为分析利益分配比例对演化均衡的影响，此处通过求导方式得到结论，即假设其他影响因素不变时，对协同收益分成比例 p 求一阶偏导数，可得：

$$\frac{\partial S_{AOBD}}{\partial p} = \frac{1}{4}\left\{\frac{\kappa \Gamma(t)(1-w_{FS})k_{FS}\Gamma_{FS}^2(t)}{[(1-p)\kappa \Gamma(t) - (1-\varsigma_{FS})\psi_{FS}\Gamma_{FW}(t)]^2} - \frac{\kappa \Gamma(t)(1-w_{FW})k_{FW}\Gamma_{FW}^2(t)}{[p\kappa \Gamma(t) - (1-\varsigma_{FW})\psi_{FW}\Gamma_{FS}(t)]^2}\right\}$$

(6-68)

显然，式（6-68）的符号难以判断，即协同收益如何在合作双方之间进行分配将影响动态博弈演化路径。故如何设定这一分成比例 p，从而引导双方走向｛协同合作，协同合作｝的稳定策略是值得进一步讨论的内容。为此，进一步对 p 求二阶偏导数可得：

$$\frac{\partial^2 S_{AOBD}}{\partial p^2} = \frac{1}{2}\left\{\frac{\kappa^2 \Gamma^2(t)(1-w_{FS})k_{FS}\Gamma_{FS}^2(t)}{[(1-p)\kappa \Gamma(t) - (1-\varsigma_{FS})\psi_{FS}\Gamma_{FW}(t)]^3} + \frac{\kappa^2 \Gamma^2(t)(1-w_{FW})k_{FW}\Gamma_{FW}^2(t)}{[p\kappa \Gamma(t) - (1-\varsigma_{FW})\psi_{FW}\Gamma_{FS}(t)]^3}\right\}$$

(6-69)

可知 $\partial^2 S_{AOBD}/\partial p^2 > 0$，表明一阶偏导数单调递增，令 $\partial S_{AOBD}/\partial p = 0$ 可得：

$$\frac{(1-w_{FS})k_{FS}\Gamma_{FS}^2(t)}{[(1-p)\kappa \Gamma(t) - (1-\varsigma_{FS})\psi_{FS}\Gamma_{FW}(t)]^2} = \frac{(1-w_{FW})k_{FW}\Gamma_{FW}^2(t)}{[p\kappa \Gamma(t) - (1-\varsigma_{FW})\psi_{FW}\Gamma_{FS}(t)]^2}$$

(6-70)

设方程（6-70）的解为 p_0，即此时四边形 $AOBD$ 的面积最小值。具体而言，若以 p_0 比例将协同收益分给金融基础设施建设水平较低的一方、以 $1-p_0$ 比例将协同收益分给金融基础设施建设水平较高的一方，那么双方将大概率采取｛协同合作，协同合作｝的策略。

如果合作双方都付出同等努力、违约方的罚款系数和守约收益率相等，即初始条件双方均相同，那么当协同收益分成比例的变动如何影响双方的合作策略的稳定性呢？对此我们借助 Matlab 软件，通过数值模拟仿真动态刻画这一过程，分析中参数赋值详见表 6-11。

表 6-11 协同收益分成比例对演化均衡影响的参数设置

参数	赋值	参数	赋值
p	[0.2, 0.8]	κ	0.3
ς_{FW}	0.2	ς_{FS}	0.2
w_{FS}	0.5	w_{FW}	0.5
ψ_{FW}	0.2	ψ_{FS}	0.2
Γ	1.5	—	—

当协同收益分成比例 p 在区间 [0.2, 0.8] 之间变动时，图 6-13 表明演化均衡点沿着 DB 走向 $B(1,0)$ 非稳定均衡点，即双方之间不能形成协同合作局面。如图 6-14 所示，协同收益分成比例与四边形 $AOBD$ 面积之间为 U 形影响关系。当协同收益分成比例 p 处于 [0.20, 0.48] 时，随着比例的提高，双方合作的概率增大；当协同收益分成比例 p 约为 0.48 时，四边形 $AOBD$ 的面积达到最小值，此时双方协同合作的概率最大；当协同收益分成比例 p 大于 0.48 时，分成比例越高，四边形 $AOBD$ 面积越大，合作的概率下降。

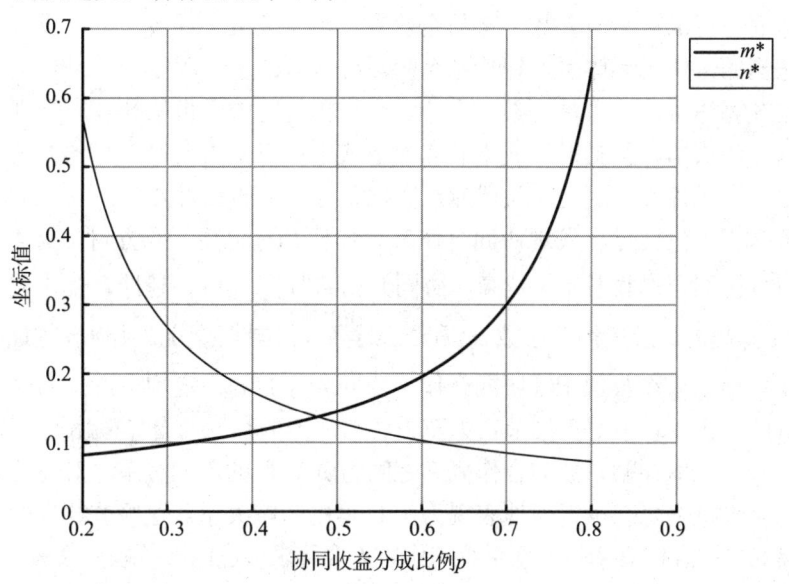

图 6-13 p 与 D 点坐标动态关系

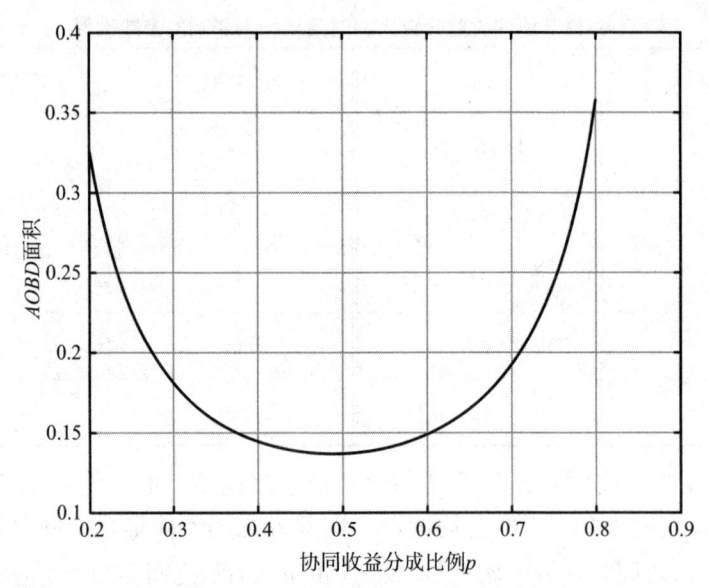

图 6-14　p 与 $AOBD$ 面积变动关系

上述分析表明合理的利益分配机制是双方持续开展合作的重要动力，如何对合作的收益进行分配才能够最大化的激励效果，需要多方共同努力。本书观点认为促进多方协同合作，一是要科学评价双方在推进金融基础设施合作建设中的努力程度，具体而言可以从参与人数、参与企业数、出台政策文件数、资金投入等多个方面建立适当的考核指标体系，评价各个阶段合作方的努力程度；二是要建立适当的合作成本核算体系，从人员、参与企业、金融机构、中介机构和政府管理等方面核算合作双方的成本，包括财务成本和非财务成本；三是需要对参与各方的资产状况进行评估，给予各方一定的收益保障，实现利益分配的相对公平。

本节基于理论推导，发现协同合作努力程度 $\Gamma(t)$ 越高、双方付出努力 δ 相对越合理、双方协同合作收益率 κ 越高、协同开销系数 k_{FS} 和 k_{FW} 越低、合作成本补贴系数 w_{FS} 和 w_{FW} 越高以及违约罚系数 ς_{FS} 和 ς_{FW} 越高、协同收益分成比例 p 越优，则动态演化博弈均衡结果将收敛于{协同合作，协同合作}的稳定均衡点。同时基于数值模拟仿真的分析发现了更多细节，如双方各自的努力程度与合作概率之间为 U 形影响关系、合作成本补贴系数与合作概率之间为倒 U 形的影响关系、对违约双方的惩罚力度与合作概率之间也近似地表现为倒 U 形的影响关系，这些非线性的影响关系说明提高双方的合作概率是一项系统工作，需要寻求最优的参数取值区间。

我们认为，引导合作双方提高协同合作努力程度，同时辅以财政补贴、降低改革创新开销等政策措施，促成主动合作局面形成，相对来讲是成本最低、效果较好的路径选择。

第四节 本章小结

本章基于博弈理论，从合作的效应即金融市场收益角度分析了合作双方策略选择的效果，旨在分析长三角金融基础设施合作建设的影响因素、合作效果和引导机制。研究发现双方能否达成合作共识取决于双方努力程度、为合作而做出改革的成本大小、合作收益的分配机制合理性、促进合作的激励机制和地方政府部门努力程度等。从统筹者角度看，合作是必要的，因为合作能带来金融体系整体收益的提高，但博弈个体更关注合作是否存在利润空间，即仅当合作获取的利润大于不合作时，合作局面才有可能形成，因此在推进各方合作中需要兼顾不同个体之间的利益诉求。对此本章基于纳什合作博弈模型和非合作博弈模型分析了影响博弈双方合作的因素，并给出了最优的收益分配比例范围。此外，博弈双方是否合作是一个动态决策过程，即便是达成合作意向，合作双方都有可能出现违约，因此需要建立适当的外部约束机制，如违约惩罚措施等。演化博弈分析发现，除了成本等因素影响外，双方最初的合作意向也是影响均衡走向的关键因素。

本章还从金融基础设施生态系统共生单元和主动合作引导策略角度提出了政策措施，并评估这些措施实行的可能效果。研究发现：从长三角金融基础设施生态系统共生单元对共生度影响的权重角度看，政府部门种群＞中介机构种群＞金融机构和金融市场种群＞企业种群；从贡献度方面看，中介机构种群＞政府部门种群＞企业种群＞金融机构和金融市场种群，因此需要继续强化政府部门和中介机构在金融基础设施生态系统中的作用，并完善金融机构和金融市场种群和企业种群。从主动合作引导措施角度看，协同合作努力程度越高、双方付出努力相对越合理、双方协同合作收益率越高、协同开销系数越低、合作成本补贴系数越高以及违约罚系数越高、协同收益分成比例越优，则动态演化博弈均衡结果将收敛于｛协同合作，协同合作｝的稳定均衡点。同时基于数值模拟仿真的分析发现了更多细节，即这些影响可能是非线性的，即参数取值存在最优区间。

总之，本章研究指出引导长三角各地区在金融基础设施领域合作将带来金融系统整体收益的提升，从而推动经济更高质量一体化发展，同时研究结论也表明合理化的引导策略是必要的。

第七章 结论与政策启示

第一节 结　论

本书旨在探究长三角金融基础设施建设对经济高质量一体化发展的影响，主要有三个核心内容：一是选择合理的方法对长三角金融基础设施建设水平和经济高质量一体化发展水平进行测算，并基于测算结果分析变动趋势、发掘存在的问题，为策略选择和效果评估奠定基础；二是利用基本计量模型分析加强金融基础设施对金融体系和经济高质量一体化发展影响，其中使用固定效应模型、滞后效应模型和非动态面板门限模型重点分析长三角经济高质量一体化发展的逻辑，并使用空间杜宾模型（SDM）对加强金融基础设施建设促进经济高质量一体化发展的"本地—邻地"效应进行检验，同时基于不同空间权重矩阵探究了溢出效应的影响因素；三是基于博弈理论分析了长三角四省市加强金融基础设施合作建设的影响因素及引导策略，并借助数值模拟仿真方法动态刻画各影响因素变动对均衡的影响。

一、指标测算与现状分析的主要结论

经济高质量一体化发展的测度的结果表明：长三角经济高质量一体化发展指数呈现上升趋势。首先，在比较了无约束、存在非期望产出以及存在环境与能源约束不同条件下经济增长质量测度值之间的差异后，发现当忽视能源约束、人力资本约束和环境污染等非期望产出时，经济增长的质量将被高估。于是重新选择了合理的方法，从有效性、创新性和可持续性等五个角度评价了经济增长的质量，结果表明，长三角经济增长质量指数不断上升，且基于省级层面的测算结果显示长三角四省市之间的经济增长质量逐渐趋于协调。其次，从经济发展条件、经济效率与经济稳定、自然资源与环境、经济成果与分配、社会发展状况五个方面对长三角经济发展质量进行了测算，结果发现长三角经济发展质量不断提高，指数值与经济增长质量指数变动趋势基本一致。最后，从市场同一化、产业一体化、信息一体化和制度一体化等7个角度分析了长江三角经济一体化发展水平，结果显示无论是从长三角整体还是从省级层面看，长三角经济一体化发展水平都呈现了显著的上升趋势，其中安徽省一体化指数提升速度更快，说明长三角一体化发展的进程正在加快。

长三角金融基础设施建设水平的测度结果表明：长三角金融基础设施建设水平均呈现上升趋势，且逐渐趋于协同发展。首先，基于共生理论从金融机构与金融市场种群、中介服务机构种群、政府部门种群和企业种群角度测算了金融基础设施生

态系统共生度值,结果表明,除 2012 年和 2013 年长三角金融基础设施建设水平略有下降外,其他年份均显著提升。其次,核算了省级层面的金融基础设施生态系统共生度值,从绝对值上看上海市＞江苏省＞浙江省＞安徽省;但近五年增速上表现为安徽省＞浙江省＞上海市＞江苏省,故总体看长三角四省市金融基础设施建设水平朝着均衡方向发展。最后,分析发现当前长三角金融基础设施生态系统各方面均存在完善空间,如提升企业种群投入产出效率、完善金融机构布局、扩大新技术运用范围等均能提高金融基础设施生态系统的共生水平。

变量之间的耦合协调度分析结果表明:当前长三角地区经济发展质量与经济一体化发展之间的耦合协调程度不高,且经济发展质量要滞后于经济一体化发展水平,结论契合长三角经济发展现状;金融基础设施建设水平与经济发展质量和经济一体化发展水平之间的耦合度、耦合协调度均较高,但他们之间的相对发展水平存在较大差异,即金融基础设施建设水平明显滞后于经济发展质量水平和经济一体化发展水平,故仍需要加强金融基础设施建设,引导经济发展质量和经济一体化发展水平同步提升。

二、金融基础设施建设对金融体系影响的主要结论

金融基础设施是金融市场重要的微观构成,故金融基础设施建设水平的提高必将对金融体系产生重要影响。从金融结构、金融功能和金融协同融合发展等角度展开的具体分析发现:①加强金融基础设施建设进一步促进了金融结构的完善,计量结果显示金融基础设施建设水平每提高 1 个单位,将推动金融结构优化度提高约 0.259 个单位,且加强金融基础设施建设对下一期金融结构的影响程度要强于当期水平,表明加强金融基础设施建设对金融结构的影响存在明显的滞后效应,同时存在以金融发展水平提升为渠道的间接实现机制。②本书从金融支付结算能力、资源配置能力和风险分散能力三个方面考察了加强金融基础设施建设对金融功能的影响,分析发现金融基础设施建设水平提高 1 个单位,将促进支付结算能力、资源配置能力和风险分散能力分别提高 1.230、0.092 和 0.488 个单位。因此从这一角度看,强化金融基础设施建设的效应将优先体现为支付效率的提升,这也与现实情况较为契合,进一步分析指出加强金融基础设施建设提升金融功能完善存在以金融发展水平提高为渠道的间接实现机制。③本书重点关注了金融基础设施建设实现地区金融协同融合发展的效应,实证结果表明提高金融基础设施建设水平能促进地区金融协同融合发展,即金融基础设施建设水平提高 1 个单位,将促进金融协同融合发展水平提高约 1.047 个单位。④在解决内生性问题、考虑城市异质性和省份异质性后,本书呈现的基本研究结论依然成立。

三、金融基础设施建设的经济发展效应研究结论

金融基础设施的经济效应检验部分，本书进行了如下工作：一是对长三角高质量一体化发展的逻辑进行了分析；二是从经济增长质量、经济发展质量和经济一体化发展水平三个角度，初步分析了金融基础设施建设的经济效应；三是以经济发展质量与经济一体化水平的交互项作为经济高质量一体化发展水平的代理变量，分析了金融基础设施建设水平的提高对经济高质量一体化发展的影响。具体而言：

首先，经济高质量一体化发展实现的逻辑分析指出：优先实现经济一体化，在一体化中谋求经济高质量发展的逻辑符合长三角经济高质量一体化发展的规律。具体而言：①将延后一期的经济发展质量和经济一体化发展水平作为重要的被解释变量加入基本回归模型，分析发现无论是高质量发展优先策略还是一体化发展优先策略，均能显著促进经济高质量一体化发展水平的提升，且从金融基础设施建设对经济高质量一体化发展的角度看，在经济一体化发展优先策略中，金融基础设施建设水平提高对经济高质量一体化发展的促进效应更强。②采用非动态面板门限模型，分别将经济发展质量和经济一体化发展水平作为门槛变量，分析在两种优先策略下实现经济高质量一体化发展的难易程度，结果表明经济一体化发展水平提高和经济发展质量提升均存在单一门限效应，且在经济一体化发展优先策略中经济高质量发展提升效应更显著。③采用非动态面板门限模型分别分析了经济一体化发展促进经济发展质量提升效应和经济发展质量提升促进经济一体化发展的效应，结果表明经济一体化发展优先策略中更易形成经济高质量一体化发展局面。④从金融基础设施建设水平提升角度的再检验也证实了经济一体化发展优先策略的优越性。

其次，加强金融基础设施建设对经济高质量一体化发展影响的计量结果表明：提升金融基础设施建设水平对经济高质量一体化发展具有长期的正向促进作用，且存在金融发展水平提升和金融体系完善的间接实现机制。具体而言：①基准回归结果表明加强金融基础设施建设对经济发展质量、经济一体化发展水平和经济高质量一体化发展水平均具有显著的正向促进作用；②滞后效应分析结果表明本期金融基础设施建设水平的提升，对下一期经济发展质量、经济一体化发展水平和经济高质量一体化发展水平均具有显著的提升作用；③从金融发展水平和金融体系完善角度的分析指出加强金融基础设施建设促进经济高质量一体化发展存在以金融发展水平提升、金融结构优化、金融功能完善和金融协同融合发展为路径的间接实现机制；④在考虑内生性问题和稳健性检验后的计量结果表明研究结论具有稳健性，即加强金融基础设施建设对经济高质量一体化发展具有显著的促进作用，同时都市圈层面的分析表明都市圈和都市圈中心城市的经济发展水平越高，加强金融基础设施建设对经济高质量一体化发展的促进效应越强。

四、溢出效应分析的主要结论

本书基于空间计量模型分析了加强金融基础设施建设促进经济高质量一体化发展的"本地—邻地"效应,研究发现加强金融基础设施建设的经济效应不仅与本地金融基础设施建设水平和经济高质量一体化发展水平有关,也与其他地区的金融基础设施建设水平和经济高质量一体化发展水平显著相关。具体而言:①全局空间相关性分析和局域空间相关性分析表明长三角地区金融基础设施建设水平和经济高质量一体化发展水平的空间关联程度呈现增强趋势。②空间杜宾模型(SDM)计量结果表明,在地理邻接、经济距离、地理距离和经济与地理距离嵌套四种空间影响关系下,加强长三角金融基础设施建设对经济高质量一体化发展的影响具有显著的空间溢出效应。此外空间溢出效应分解结果表明,加强金融基础设施建设促进经济高质量一体化发展的直接效应、间接效应和总效应均显著,说明加强金融基础设施建设在一定程度上能促进本地区和空间邻近地区金融基础设施建设水平的提高,进而通过乘数效应和规模效应提升全域经济高质量一体化发展水平。③基于长三角都市圈层面的空间溢出效应分析表明都市圈之间的空间关联更多地取决于都市圈中心城市的经济发展水平。④基于与长三角四省市相邻省份和长江经济带沿线省份的分析同样证实了加强长三角金融基础设施建设对经济高质量一体化发展的影响存在溢出效应,这一"邻地"效应说明研究结论具有稳健性。

五、基于博弈理论和策略评估分析的主要结论

长三角金融基础设施合作共建的必要性以及达成合作的主要影响因素有哪些?如何制定政策引导长三角地区不同主体开展合作,以及这些政策实施后的效应如何?针对上述问题本书通过构建微分博弈模型和演化博弈模型进行分析,并通过数值模拟仿真方法检验引导措施对均衡点的影响。同时基于金融基础设施生态系统共生度测算部分的结果,分析了种群优化的措施及对金融基础设施生态系统共生度值的提升效应,主要结论如下:

基于博弈理论的分析结果表明,金融基础设施合作建设的稳定均衡状态受众多因素影响。首先,基于纳什非合作博弈模型和协同合作博弈模型的分析结果表明:无论是考虑长三角整体金融体系收益还是考虑各自金融市场的收益情况,协同合作情境下的收益都要显著高于非合作情境下的收益,说明合作具有优越性;但合作成果(金融体系收益)在双方之间的分配机制决定了双方能否形成长期的合作框架,即必须保证双方在协同合作情境下的收益不低于纳什非合作博弈情境下的收益合作才能形成,因此合理的分配机制能在一定程度上能促进双方合作。此外,双方合作的努力程度、双方合作的成本以及成本补贴等都将影响到双方合作的形成。其次,

演化博弈分析指出合作双方初始状态、鞍点的相对位置和动态演化稳定策略的选择受博弈双方努力程度、成本因素、收益分配机制、激励机制以及政府部门努力等因素的影响，只有各方共同努力才能促进双方合作。

从金融基础设施生态系统完善角度的分析指出促进生态单元完善有助于提高金融基础设施建设水平。首先，从各生态单元对金融基础设施共生度影响权重角度看政府部门种群＞中介机构种群＞金融机构和金融市场种群＞企业种群；其次，以各生态单元近三年平均提升速度预测了各生态单元完善对共生指数值的提升程度。结果表明，金融机构与金融中介种群、中介服务机构种群、企业种群和政府部门种群优化将驱动金融基础设施生态共生度指数分别提升 5.869%、8.432%、6.437% 和 8.035%。

基于演化博弈理论的分析结果，本书提出引导合作双方共同努力、提高合作效率与收益保障、建立适当违约惩罚机制和制定合理收益分配机制的建议。在此基础上：一是通过模型推导在理论上对完善策略的效果进行了评估，发现协同合作努力程度越高、双方付出努力相对越合理、双方协同合作收益率越高、协同开销系数越低、合作成本补贴系数越高以及违约罚系数越高、协同收益分成比例越优，则动态演化博弈均衡结果将收敛于｛协同合作，协同合作｝的均衡策略；二是借助 Matlab 软件进行数值模拟仿真分析，发现这些影响因素对动态演化博弈均衡结果的影响并不都是线性的，这些 U 形或倒 U 形的非线性影响关系说明提高双方的合作概率是一项系统工作，需要寻求最优的区间。

研究认为，引导合作双方提高协同合作努力程度，同时辅以财政补贴、降低改革创新开销等政策措施，促成主动合作局面形成，相对来讲是成本最低、效果较好的路径选择。

第二节　政策启示

作为中国经济最为发达、经济协调发展程度最高和经济活力最强的地区之一，新时代下，长三角的经济发展需要紧扣高质量和一体化两个关键词，形成高质量发展的区域集群，从而在推动自身经济高质量一体化程度提升的同时通过辐射效应和样板效应为其他地区的经济高质量发展提供动力和经验借鉴，这对我国实现双循环新发展格局至关重要。金融是长三角经济发展的重要的生产要素，也是竞争力所在，加强金融领域的建设无疑能对高质量一体化发展产生促进作用。正如前面章节的研究结论所述：提高长三角金融基础设施建设水平不仅能促进长三角本地经济高质量一体化发展，也能促进邻地（经济关联地区）经济高质量一体化发展水平的提升,故本书从完善长三角金融基础设施建设角度提出政策建议,同时根据实证部分的结论,从城市(省份)空间联系角度提出加强合作的相关政策建议。

一、优化金融基础设施建设的政策建议

要实现金融基础设施促进经济高质量一体化发展的作用,就需要长三角各省市在金融基础设施领域的合作,提升金融基础设施生态系统的完善。这一过程中涉及金融机构合理布局、金融市场完善、金融机构和中介机构多样化发展、政府政策引导与支持以及畅通金融服务经济发展的渠道等多个方面。本书根据金融基础设施生态系统共生指数测算部分和博弈分析部分的研究结论,提出以下建议。

首先,加快传统金融机构业务和服务模式转型,以匹配新经济发展模式。数字技术的发展对传统金融行业带来了不小的冲击,金融机构和金融市场种群对金融基础设施生态系统共生度的贡献率下降。然而经济发展离不开传统金融机构如商业银行、保险公司和证券公司等金融机构的支持,即便是与传统金融机构具有竞争关系、使用范围更广和便利程度更高的第三方支付平台,其背后依然需要依托于强大的金融机构实体,因此传统金融机构的数字化转型势在必行。现实中,不少金融机构和管理部门已经开展了数字化转型,如主动利用数字技术促进服务模式的智能化转变、利用大数据等基础设施进行风险控制、利用金融科技监管沙盒平衡金融创新与金融稳定等。然而,传统金融机构数字化思维并未真正形成,如机构内部不同部门间的协同机制缺乏、不同金融机构数字化运作能力存在差异(黄益平,2021)。因此从商业银行等金融机构角度看需要积极利用数字金融技术开展商业模式和服务群体差异化转型,这一过程中,需要引导不同规模、不同类型的金融机构开展差异化的服务和业务合作,从而优化金融业的布局、提高服务的效率和包容性。

其次,加快金融中介服务机构的建设、加大数字金融基础设施建设投入力度。研究认为:一是要以实现金融普惠为导向做强省属、市属金融机构,优化网点布局、创新金融产品、提供专业化服务;同时培育新型金融机构,支持小额贷款公司、融资担保公司健康发展,利用多层次资本市场拓展资金来源,形成对传统金融机构的有益补充。二是加快完善中介服务机构,一方面需要加大吸引专业化的金融服务机构如信用评级机构、资产评估机构、会计师事务所、律师事务所等机构落户的力度;另一方面需要推动国内中介服务机构服务能力提升,如加强与国际知名中介服务机构在人才培养、管理经济共享等方面的合作,提升服务效率。三是要鼓励符合相关条件的数据公司依法申请征信业务许可,发挥在数据挖掘、存储和共享等领域的比较优势,解决数据质量低劣且治理困难和信息不对称等问题,从而降低金

融机构信用风险和经营成本，同时在保证数据安全的条件下盘活数据资产、激发数据价值。此外，需要鼓励有条件的中介服务机构（如互联网企业等）申请业务向金融领域延伸拓展，增加金融产品和服务的供给。

最后，政府和金融监管部门需要创新金融监管工具、改革监管框架，引导金融机构和金融中介服务机构的规范化发展，保障金融基础设施体系的安全稳健。在金融科技创新井喷的当下，中央银行和银保监会地方分支机构需要积极开展监管创新工作，依托大数据、人工智能、云计算等技术，加快建设地方金融监管沙箱，实现由机构监管向功能监管转变，提升地方金融监管能力和服务水平。政府部门还需要加强顶层设计，深化长三角四省市在金融领域的合作，根据不同地区的经济发展水平和产业发展现状，通过政策和制度创新，引导金融资源有效整合，并加快一体化示范区内金融机构跨区经营的试点工作，形成可推广的经验借鉴。此外，地方政府应联合金融监管部门、金融机构和征信机构完善金融基础设施，如建立区域性金融合作交流平台、区域性支付结算系统和区域性监管信息共享与服务平台等。

二、促进长三角城市群内部合作的建议

伴随着长三角经济一体化发展战略上升为国家战略，长三角地区四省市、都市圈和各城市之间的经济联系日趋紧密，如何加强长三角内部各城市的合作成为学界和业界共同关注的焦点。本书的研究指出推动长三角经济高质量一体化发展的可行路径为"在一体化中寻求高质量发展"，且区域中心城市的发展对实现全域经济高质量一体化发展起到关键作用，对此提出如下建议：

一是引导经济发达城市对欠发达地区的帮助与扶持，推动联动发展。近期，国家发展改革委印发《沪苏浙城市结对合作帮扶皖北城市实施方案》（发改地区〔2021〕1744号），旨在深入推进长三角一体化发展，毫无疑问，这一方案的发布与具体措施的实施将促进安徽省跟上长三角一体化建设的步伐。然而，根据第二章的测算，除安徽省北部城市外，安徽中部、江苏省中北部、浙江省西南部也同样处于经济高质量一体化发展水平的洼地，在推进长三角高质量一体化发展中同样值得关注。本书认为，一方面需要政府在税收减免、产业扶持和城市建设等方面努力，提升产业结构优化度、营造良好的营商环境；另一方面，各经济主体需要在产业、资本和人才方面进一步加强与周边城市的合作，如加强产业合作、引进高水平技术人才、学习先进的管理经验等。

二是以区域中心城市建设为突破口，加快都市圈建设和发展。都市圈是地级市之间合作形成的区域集群，在推动公共服务均等化、社会生态协同治理、生产要素集聚与合理配置和效率提升方面都具有优势，对推进城市化、实现共同富裕

目标和推动区域高质量协调发展具有重要的现实意义。当前长三角地区较为发达的城市均打造了都市圈，如南京都市圈、苏锡常都市圈、杭州都市圈、宁波都市圈、合肥都市圈和上海大都市圈，但江苏北部、浙江西部和安徽北部都没有形成都市圈，甚至没有任何城市被现有六大都市圈覆盖，因此都市圈建设的步伐需要进一步加快。根据第五章的研究结论，都市圈中心城市的发展水平对溢出效应的影响较大，故在打造新都市圈时还需要综合考虑地理位置、产业状况、经济发展水平等因素。

　　三是注重公平、绿色与协调。首先，城市之间的合作必然是互惠互利的，于是在加强经济合作过程中要注重经济发展的普惠性和合作成果分配的公平性，因此地方政府之间可以通过签订区域互惠合作协议，形成互利互惠和长期合作的局面。其次，长三角地区各城市间的合作需要注重绿色可持续发展，在合作过程中，欠发达地区应有序承接发达地区的产业转移，同时促进不同经济主体在信息、技术、资本和人才等要素方面的合作互补，通过革新生产技术，淘汰、改善产能落后和污染密集型的企业，注重生态环境与经济发展的协调。

参考文献

[1] Acemoglu D, Jackson M O. History, Expectations, and Leadership in the Evolution of Social Norms [J]. NBER Working Papers, 2011, 82 (2): 423-456.

[2] Aghion L, Howitt P, Levine R. Financial Development and Innovation-led growth [M] //Handbook of Finance and Development. Massachusetts: Edward Elgar Publishing, 2018.

[3] Aghion P, Howitt P. A Model of Growth Through Creative Destruction [J]. Econometrica, 1992, 60 (2): 323-351.

[4] Allen F, Bartiloro L, Gu X, et al. Does Economic Structure Determine Financial Structure? [J]. Journal of International Economics, 2018, 114 (SEP.): 389-409.

[5] Allen F, Gale D. Comparative Financial Systems: A Survey [R]. Wharton School Center for Financial Institutions, University of Pennsylvania, 2001.

[6] Allen F, Gu X, Kowalewski O. Financial Structure, Economic Growth and Development [M] //Handbook of Finance and Development. Edward Elgar Publishing, 2018.

[7] Amable B, Chatelain J B. Can Financial Infrastructures Foster Economic Development? [J]. Journal of Development Economics, 2001, 64 (2): 481-498.

[8] Ananchotikul N, Piao S, Zoli M E. Drivers of Financial Integration-implications for Asia [M]. Washington DC: International Monetary Fund, 2015.

[9] Andries A, Marcu N, Oprea F, et al. Financial Infrastructure and Access to Finance for European SMEs [J]. Sustainability, 2018, 10 (10): 1-15.

[10] Ansar A, Flyvbjerg B, Budzier A, et al. Does Infrastructure Investment Lead to Economic Growth or Economic Fragility? Evidence from China [J]. Social

Science Electronic Publishing, 2016, 32 (3): 360-390.

[11] Anselin L, Florax R, Rey S J. Advances in Spatial Econometrics: Methodology, Tools and Applications [M]. New York: Springer Science & Business Media, 2013.

[12] Anselin L. A Test for Spatial Autocorrelation in Seemingly Unrelated Regressions [J]. Economics Letters, 1988, 28 (4): 335-341.

[13] Arrow K J, Dasgupta P, Goul De R L H, et al. Sustainability and the Measurement of Wealth [J]. National Institute of Economic and Social Research (NIESR) Discussion Papers, 2010, 3 (2): 226-234.

[14] Bagehot W. Lombard Street: A General View of Lombard Street [M]. London: Cambridge University Press, 2011.

[15] Battese G E, Coelli T J. A model for technical inefficiency effects in a stochastic frontier production function for panel data [J]. Empirical economics, 1995, 20 (2): 325-332.

[16] Beck T H L, Demirgüç-Kunt A, Levine R, et al. Financial Structure and Economic Development: Firm, Industry, and Country Evidence [J]. Financial structure and economic growth, 2001: 189-241.

[17] Beck T. Finance and Oil: Is There a Resource Curse in Financial Development? [J]. Ssrn Electronic Journal, 2011 (4): 81-106.

[18] Bencivenga V R, Smith B D. Financial Intermediation and Endogenous Growth [J]. Review of Economic Studies, 1991, 58 (2): 195-209.

[19] Benston G J, Smith C W. A Transactions Cost Approach to The Theory of Financial Intermediation [J]. The Journal of finance, 1976, 31 (2): 215-231.

[20] Bilal S, Dan L. Financing Infrastructure in Africa: The Regional Challenge [C] // Paper Prepared for the Africa Day 2015 Conference Organised by the European Investment Bank (EIB). 2015.

[21] Bong A, Premaratne G. The Impact of Financial Integration on Economic Growth in Southeast Asia [J]. The Journal of Asian Finance, Economics and Business, 2019, 6 (1): 107-119.

[22] Boskov T. Level of Deepening Financial Infrastructure, Fintech Companies and Financial Inclusion: Theory and Evidence [J]. International Journal of Information, 2018, 10 (4): 23-31.

[23] Boyd J H, Prescott E C. Financial Intermediary-coalitions [J]. Journal of Economic Theory, 1986, 38 (2): 211-232.

[24] Byrska D. Endogenous Growth Model With Financial Intermediation [J].

Studia Humana, 2021, 10 (2): 49-57.

[25] Caballero R J, Jaffe A B. How High are the Giants' Shoulders: An Empirical Assessment of Knowledge Spillovers and Creative Destruction in a Model of Economic Growth [J]. NBER Macroeconomics Annual, 1993, 8: 85-86.

[26] Candian G, Dmitriev M. Default Recovery Rates and Aggregate Fluctuations [J]. Journal of Economic Dynamics and Control, 2020, 121 (C): 104011.

[27] Chakraborty S. Financial Infrastructure and Economic Growth [M] //Foreign Direct Investments: Concepts, Methodologies, Tools, and Applications. IGI Global, 2020: 329-358.

[28] Christaller W. Grundsatzliches zu einer Neugliedrung des Deutschen Reiches und seiner Verwaltungsbezirke [J]. Geographische Wochenschrift, 1933, 1: 913-919.

[29] Christian G, Poul S. Can Nonrenewable Resources Alleviate the Knife-edge Character of Endogenous Growth [J]. Oxford Economic Papers, 2002 (3): 386-411.

[30] Clark G L. Financial Intermediation, Infrastructure Investment and Regional Growth [J]. Area Development and Policy, 2017, 2 (3): 217-236.

[31] Cliff A D, Ord J K. Spatial Autocorrelation [M]. London: Pion Press, 1973

[32] Coase R H. The Problem of Social Cost [J]. Journal of Law and Economics, 1960, 3 (4): 1-44.

[33] Collin S O. Financial Intermediation Through Markets and Organizations: An Information-boundary Argument For Financial Organizations [J]. Scandinavian Journal of Management, 1997, 13 (2): 175-189.

[34] Cormier D, Ledoux M J, Magnan M, et al. Corporate Governance and Information Asymmetry Between Managers and Investors [J]. Corporate Governance International Journal of Business in Society, 2010, 10 (5): 574-589.

[35] D'Silva D, Filková Z, Packer F, et al. The Design of Digital Financial Infrastructure: Lessons From India [J]. BIS Paper, 2019 (106).

[36] Demirgü-Kunt A, Maksimovic V. Law, Finance, and Firm Growth [J]. The Journal of Finance, 1998, 53 (6): 2107-2137.

[37] Diamond D W, Dybvig P H. Bank Runs, Deposit Insurance, and Liquidity Motivation [J]. Journal of Political Economy, 2017, 91 (3): 401-419.

[38] D'Silva D, Filkova Z, Packer F, et al. The Design of Digital Financial Infrastructure: Lessons from India [J]. BIS Papers (No: 106), 2019.

[39] Dutta J, Kapur S. Liquidity Preference and Financial Intermediation [J]. Review of Economic Studies, 1998, 65 (3): 551-572.

[40] Edlin A S, Stiglitz J E. Discouraging Rivals: Managerial Rent-seeking and Economic Inefficiencies [J]. The American Economic Review, 1995, 85 (5): 1301-1312.

[41] Eisenbach T M. Running the World's Markets: The Governance of Financial Infrastructure [J]. Journal of Economic Literature, 2011, 49 (4): 1281-1282.

[42] Esen O, Ensar A, Zcan M. Effect of Financial Development on Economic Growth in Turkey on the Road to Becoming a Regional Power [C]. International Symposium on Regional Cooperation and Development. 2012.

[43] Evans P. Using Cross-country Variances to Evaluate Growth Theories [J]. Journal of Economic Dynamics and Control, 1996, 20 (6-7): 1027-1049.

[44] Fry M J. Money and Capital or Financial Deepening in Economic Development? [J]. Journal of Money Credit and Banking, 1978, 10 (4): 464-475.

[45] Fry M J. Saving, Investment, Growth and the Cost of Financial Repression [J]. World Development, 1980, 4 (8): 317-327.

[46] Galbis V. Financial Intermediation and Economic Growth in Less-Developed Countries: A Theoretical Approach [J]. Journal of Development Studies, 1977, 13 (2): 58-72.

[47] Goldsmith R W. Financial Structure and Development [M]. New Haven: Yale University Press, 1969.

[48] Greenwood J, Smith B D. Financial Markets in Development, and the Development of Financial Markets [J]. Journal of Economic Dynamics and Control, 1997, 21 (1): 145.

[49] Gupta J, Gregoriou A, Healy J. Forecasting Bankruptcy for SMEs Using Hazard Function: To What Extent Does Size Matter? [J]. Review of Quantitative Finance & Accounting, 2015, 45 (4): 845-869.

[50] Gurley J G, Shaw E S. Financial Aspects of Economic Development [J]. American Economic Review, 1955, 45 (4): 515-538.

[51] Gurley J G, Shaw E S. Financial Intermediaries and the Saving-Investment Process [J]. Journal of Finance, 1956, 11 (2): 257-276.

[52] Hadlock C, Pierce J R. New Evidence on Measuring Financial Constraints: Moving Beyond the KZ Index [J]. Review of Financial Studies, 2010, 23 (5): 1909-1940.

[53] Hellmann T, Murdock K, Stiglitz J. Financial Restraint: Toward a New Paradigm [M]. New York: Oxford University, 1996.

[54] Hendriks P. Why share knowledge? The Influence of ICT on the Motivation for Knowledge Sharing [J]. Knowledge and Process Management, 2005, 6 (2): 91-100.

[55] Hirschman A O. The Strategy of Economic Development [M]. New Haven, Conn.: Yale University Press, 1958.

[56] Holmstrom B, Tirole J. Financial Intermediation, Loanable Funds, and the Real Sector [J].the Quarterly Journal of Economics, 1997, 112 (3): 663-691.

[57] Allen W A. Monetary policy and financial repression in Britain, 1951-59 [J]. New York: Palgrave Macmillan, 2014.

[58] Jonas R. The Importance of the Development Banks for the Financial Infrastructure [J]. Intereconomics, 1975, 10 (9): 277-281.

[59] Jones C. Time Series Tests of Endogenous Growth Models [J]. The Quarterly Journal of Economics, 1995, 110 (2): 495-525.

[60] Kapur B K. Alternative Stabilization Policies for Less-developed Economies [J]. Journal of Political Economy, 1976, 84 (4): 777-796.

[61] Kelejian H H, Prucha I R. On the asymptotic distribution of the Moran I test statistic with applications [J]. Journal of Econometrics, 2001, 104 (2): 219-257.

[62] Keynes J M. A Treatise on Money [M]. Harcourt, Brace and Company, New York, 1930.

[63] Kinda T. Increasing Private Capital Flows To Developing Countries: The Role Of Physical And Financial Infrastructure In 58 Countries, 1970-2003 [J]. Applied Econometrics and International Development, 2010, 10 (2): 57-72.

[64] King R G, Levine R. Financial Indicators and Growth in a Cross Section of Countries [J]. Policy Research Working Paper, 1992, 106 (2): 407-443.

[65] King R G, Levine R. Finance and Growth: Schumpeter May Be Right [J]. Quarterly Journal of Economics, 1993, 108 (3): 713-737.

[66] King R G, Levine R. Finance, Entrepreneurship and Growth [J]. Journal of Monetary Economics, 1993, 32 (3): 513-542.

[67] Knight E, Sharma R. Infrastructure as A Traded Product: A relational Approach to Finance in Practice [J]. Journal of Economic Geography, 2016, 16 (4): 897-916.

[68] Krarup T. Economic Discourse and the European Integration of Financial Infrastructures and Financial Markets [J]. MaxPo Discussion Paper Series (No.16/2), 2016.

[69] Krebs T, Wilson B. Asset Returns in An Endogenous Growth Model With Incomplete Markets [J]. Journal of Economic Dynamics and Control, 2004, 28 (4): 817-839.

[70] Kroszner R S, Laeven L, Klingebiel D. Banking Crises, Financial Dependence, and Growth [J]. Journal of Financial Economics, 2007, 84 (1): 187-228.

[71] Krugman P. On the Number and Location of Cities [J]. European Economic Review, 1993, 37 (2-3): 293-298.

[72] Laeven L, Levine R, Michalopoulos S. Financial Innovation and Endogenous Growth [J]. Journal of Financial Intermediation, 2015, 24 (1): 1-24.

[73] Lawless M, O'Connell B, O'Toole C. Financial Structure and Diversification of European Firms [J]. Applied Economics, 2015, 47 (23): 2379-2398.

[74] LeSage J P, Pace R K. Spatial Econometric Models [M] //Handbook of Applied Spatial Analysis. Springer, Berlin, Heidelberg, 2010: 355-376.

[75] Levine R. Are Bank-based or Market-based Financial Systems Better? [J]. Journal Economía Chilena, 2007, 3 (3): 25-55.

[76] Levine R. Bank-based or Market-based Financial Systems: Which is Better? [J]. Journal of Financial Intermediation, 2002, 11 (4): 398-428.

[77] Levine R. Financial Development And Economic Growth: Views And Agenda [J]. Journal of Economic Literature, 1997, 35 (2): 688-726.

[78] Lewis W. Economic Development with Unlimted Supplies of Labour. The Manchester School, 1954, 22 (2): 139-191.

[79] Li F, Perez-Saiz H. Measuring Systemic Risk Across Financial Market Infrastructures [J]. Journal of Financial Stability, 2018, 34: 1-11.

[80] Lin L, Geng X, Whinston A. A New Perspective to Finance and Competition and Challenges For Financial Institutions in the Internet Era [J]. Electronic Finance: a New Perspective and Challenges, 2001, 7 (11): 13-25.

[81] Lu H P, Wung Y S. Applying Transaction Cost Theory and Push-Pull-Mooring Model to Investigate Mobile Payment Switching Behaviors with Well-Established Traditional Financial Infrastructure [J]. Journal of Theoretical and Applied Electronic Commerce Research, 2021, 16 (2): 1-21.

[82] Lucas R. On the Mechanics of Economic Development [J]. Journal of Monetary Economics, 1988, 22 (1): 3-42.

[83] Luintel K B, Khan M, Arestis P, et al. Financial Structure and Economic Growth [J]. Journal of Development Economics, 2008, 86 (1): 181-200.

[84] Maliar L, Maliar S. Endogenous Growth and Endogenous Business Cycles [J]. Macroeconomic Dynamics, 2004, 8 (5): 559-581.

[85] Mankiw N G, Romer D, Weil D. A Contribution to the Empirics of Economic Growth [J]. The Quarterly Journal of Economics, 1992, 107 (2): 407-437.

[86] Martinez-Jaramillo S, Molina-Borboa J L, Bravo-Benitez B. The Role of Financial Market Infrastructures in Financial Stability: An Overview [J]. Analyzing the Economics of Financial Market Infrastructures, 2016: 20-40.

[87] Marty A L. Gurley and Shaw on Money in a Theory of Finance [J]. Journal of Political Economy, 1961, 69 (1): 56-62.

[88] Mbowe W E, Shirima F R, Kimolo D. Role of Financial Innovation in Enhancing MSMES Access to Credit: An Empirical Investigation on Tanzania [J]. Applied Economics and Finance, 2020, 7 (3): 126-144.

[89] Mckinnon R I. Money and Capital in Economic Development [J]. American Journal of Agricultural Economics, 1973, 56 (1): 1822-1824.

[90] Merton R C, Bodie Z. Deposit Insurance Reform: A Functional Approach [J]. Carnegie-Rochester Conference Series on Public Policy, Elsevier, 1993, 38: 1-34.

[91] Miller M, Mylenko N, Sankaranarayanan S. Financial Infrastructure: Building Access Through Transparent and Stable Financial Systems [J]. The World Bank, 2009.

[92] Mishra S, Dasgupta R. Cross-impact of Leverage and Firm Performance: Developed vs Frontier Bank-Based Economies [J]. Managerial Finance, 2019, 45 (8): 982-1000.

[93] Morgan P J, Lamberte M B. Strengthening Financial Infrastructure [J]. ADBI Working Papers, 2012 (18).

[94] Morkovkin D, Shmanev S, Shmaneva L. Problems and Trends in Innovative Transformation of Russian Economy and Infrastructure Development [C] // Proceedings of the 3rd International Conference on Economics, Management, Law and Education (EMLE 2017). 2017, 32: 10.

[95] Muhammad J, Sundas A, Mishal-e-Noor. The Impact of Social, Physical,

and Financial Infrastructure on Economic Growth: A Panel Data Analysis of Developed And Developing Countries. Pakistan Society of Development Economists, 2018-12-12, https://www.pide.org.pk/psde/pdf/AGM34/papers/Dr.Muhammad-Jamil.pdf.

[96] Myrdal G. The Economic Theory and the Under-developed Regions [M]. New York: Harper & Row, 1957.

[97] Olweny T, Chiluwe M. The Effect of Monetary Policy on Private Sector Investment in Kenya [J]. Journal of Applied Finance and Banking, 2012, 2 (2): 239.

[98] Omar M A, Inaba K. Does Financial Inclusion Reduce Poverty and Income Inequality in Developing Countries? A Panel Data Analysis [J]. Journal of Economic Structures, 2020, 9 (1): 1-25.

[99] Oshikoya T. Monetary and Financial Integration in West Africa [M]. London: Routledge, 2013.

[100] Papageorgiou G J. Spatial Externalities II: Applications [J]. Annals of the Association of American Geographers, 1978, 68 (4): 477-492.

[101] Pathan S. Strong boards, CEO Power and Bank Risk-taking [J]. Journal of banking & finance, 2009, 33 (7): 1340-1350.

[102] Patrick H T. Financial Development and Economic Growth in Underdeveloped Countries [J]. Economic Development and Cultural Change, 1966, 14 (2): 174-189.

[103] Patrick H. The Relevance of Japanese Finance and Its Main Bank System [J]. The Japanese Main Bank System: Its Relevance for Developing and Transforming Economies, 1994: 359-360.

[104] Perroux F. Economic Space: Theory and Applications [J]. Quarterly Journal of Economics, 1950, 64 (1): 89-104.

[105] Pigou A C, Aslanbeigui N. The Economics of Welfare [M]. London: Routledge, 2017.

[106] Pradhan R P, Arvin M B, Norman N R. The Dynamics of Information and Communications Technologies Infrastructure, Economic Growth, and Financial Development: Evidence from Asian Countries [J]. Technology in Society, 2015, 42 (AUG): 135-149.

[107] Rajan R G, Zingales L. Financial Dependence and Growth [J]. American Economic Review, 1999, 88 (3): 559-586.

[108] Rajan R G, Zingales L. The Firm as a Dedicated Hierarchy: A Theory of the

Origin and Growth of Firms [J].Quarterly Journal of Economics, 2001, 116 (3): 805-851.

[109] Robinson J. The Rate of Interest, and Other Essays [M]. London: MacMillan, 1952.

[110] Rocha R R, Árvai, Zsófia, Farazi S. Financial Access and Stability: A Road Map for the Middle East and North Africa [M]. Palgrave Macmillan: The World Bank, 2011.

[111] Romer, Paul M. Increasing Returns and Long-Run Growth [J]. Journal of Political Economy, 1986, 94 (5): 1002-1037.

[112] Saygl H, Zdemir K A. Regional Economic Growth in Turkey: The Effects of Physical, Social and Financial Infrastructure Investment [J]. Empirical Economics, 2021, 60 (2): 2039-2061.

[113] Schreft S L, Smith B D. The Effect of Open Market Operations in a Model of Intermediation and Growth [J]. Review of Economic Studies, 1998, 65 (3): 519-550.

[114] Selvarajan S K, Ab-Rahim R. Financial Integration and Economic Growth [J]. Journal of Economic Integration, 2020, 35 (1): 191-213.

[115] Shaw E S. Financial Deepening in Economic Development [M]. New York: Oxford University Press, 1973.

[116] Shaw W M. Housing Improvements.Financial Implications [J]. Royal Society of Health journal, 1973, 93 (2): 77-81.

[117] Shihadeh F H. Individual's Behavior and Access to Finance: Evidence from Palestine [J]. The Singapore Economic Review, 2019 (8): 1-21.

[118] Sibbons J L H, Boudeville J R. Problems of Regional Economic Planning [J]. Geographical Journal, 1967, 133 (4): 556-557.

[119] Solow R M. A Contribution to the Theory of Economic Growth [J]. The Quarterly Journal of Economics, 1956, 70 (1): 65-94.

[120] Solow R M. Technical Change and the Aggregate Production Function [J]. Review of Economics and Statistics, 1957, 39 (3): 312-320.

[121] Stolper W F, Samuelson P A. Protection and Real Wages [J]. Review of Economic Studies, 1941, 9 (1): 58-73.

[122] Stulz R M, Williamson R. Culture, Openness, and Finance [J]. Journal of Financial Economics, 2003, 70 (3): 313-349.

[123] Tekin P, Cengiz O. Nexus between Financial Development and Inequality: An Empirical Investigation of Financial Kuznets Curve for Selected EU Countries

[J]. The Empirical Economics Letters, 2017, 16 (7): 687-696.

[124] Thomas, Postel-Vinay G. Classics: Kuznets, Simon. "Economic Growth and Income Inequality." American Economic Review, 1955, 45 (1): 1-28.

[125] Tupe S. An Empirical Investigation of the Nexus Between Financial Infrastructure and Economic Development in India [J]. Finance India, 2011, 25 (1): 117-130.

[126] Wicksell K. Interest and Prices: A Study of the Causes Regulating the Value of Money, Jena, Sweden. Stuttgart: Gustav Fischer Press, 1898.

[127] Worthington A C, Higgs H. Assessing Financial Integration in the European Union Equity Markets: Panel Unit Root and Multivariate Cointegration and Causality Evidence [J]. Journal of Economic Integration, 2010: 457-479.

[128] Zavalko N A, Matyunina O E, Izmailova S A, et al. Key Components of the Financial Infrastructure of the Digital Economy Within the Fuel and Energy Complex [J]. International Journal of Engineering and Technology (UAE), 2018, 7 (4.38): 672-675.

[129] 阿尔弗雷德·韦伯. 工业区位论 [M]. 李刚剑, 译. 北京: 商务印书馆, 2011.

[130] 安虎森, 彭桂娥. 区域金融一体化战略研究: 以京津冀为例 [J]. 天津社会科学, 2008 (6): 65-71.

[131] 安孟, 张诚, 朱冠平. 环境规制强度提升了中国经济增长质量吗 [J]. 统计与信息论坛, 2021, 36 (7): 87-96.

[132] 白俊红, 刘宇英. 金融市场化与企业技术创新: 机制与证据 [J]. 经济管理, 2021, 43 (4): 39-54.

[133] 白俊红, 王钺, 蒋伏心, 等. 研发要素流动、空间知识溢出与经济增长 [J]. 经济研究, 2017, 52 (7): 109-123.

[134] 白钦先, 谭庆华. 论金融功能演进与金融发展 [J]. 金融研究, 2006 (7): 41-52.

[135] 蔡跃洲, 牛新星. 中国数字经济增加值规模测算及结构分析 [J]. 中国社会科学, 2021 (11): 4-30+204.

[136] 钞小静, 沈坤荣. 城乡收入差距、劳动力质量与中国经济增长 [J]. 经济研究, 2014, 49 (6): 30-43.

[137] 陈福中, 蒋国海. 金融协同对区域产业布局的影响研究——兼论京津冀与长江经济带产业布局的金融协同效应 [J]. 兰州学刊, 2020 (1): 90-108.

[138] 陈建华. 京津冀金融协同发展研究 [M]. 北京: 中国金融出版社, 2015.

[139] 陈清, 张海军, 胡星. 利率风险、违约风险与净利差——基于门限回归的实

证分析[J].南京审计大学学报,2017(5):89-101.

[140] 陈若愚,霍伟东,张莹.金融集聚视角下区域技术扩散的机制与成效——基于长三角六大都市圈的实证及比较[J].经济与管理研究,2021,42(9):112-129.

[141] 邓大才.改造传统农业:经典理论与中国经验[J].学术月刊,2013(3):14-25.

[142] 邓宏图,宋高燕.学历分布、制度质量与地区经济增长路径的分岔[J].经济研究,2016,51(9):89-103.

[143] 邓晓卓.论金融体系的风险管理功能[D].成都:西南财经大学,2005.

[144] 邓子来,李岩松.功能金融理论与我国金融体系的稳定性和效率性[J].金融论坛,2004,9(6):16-20+62.

[145] 董晓林,徐虹.我国农村金融排斥影响因素的实证分析——基于县域金融机构网点分布的视角[J].金融研究,2012(9):115-126.

[146] 杜德斌.世界经济地理[M].北京:高等教育出版社,2009.

[147] 杜能.孤立国同农业和国民经济的关系[M].北京:商务印书馆,1986.

[148] 封思贤,徐卓.数字金融,金融中介与资本配置效率[J].改革,2021,(3):40-55.

[149] 冯文芳,刘晓星,许从宝.货币政策传导的银行风险承担渠道研究——基于杠杆机制的分析[J].兰州大学学报:社会科学版,2017,45(1):161-171.

[150] 付一婷,刘金全,刘子玉.论宏观经济调控向宏观经济治理的战略转换[J].经济学家,2021(7):83-91.

[151] 傅晓霞,吴利学.前沿分析方法在中国经济增长核算中的适用性[J].世界经济,2007,30(7):56-66.

[152] 高超,蒋为.中小银行、金融结构与居民创业[J].南开经济研究,2021(3):17-32.

[153] 高康,原毅军.生产性服务业空间集聚如何推动制造业升级?[J].经济评论,2020(4):20-36.

[154] 高培勇,袁富华,胡怀国,刘霞辉.高质量发展的动力、机制与治理[J].经济研究,2020,55(4):4-19.

[155] 高培勇.理解、把握和推动经济高质量发展[J].经济学动态,2019(8):3-9.

[156] 耿楠.多边开发金融体系新成员:创新与合作——新开发银行与亚投行机制研究[J].国际经济合作,2016(1):90-95.

[157] 龚强,张一林,林毅夫.产业结构、风险特性与最优金融结构[J].经济研

究，2014，49（4）：13.

[158] 郭峰，王靖一，王芳，等.测度中国数字普惠金融发展：指数编制与空间特征［J］.经济学（季刊），2020，19（4）：1401-1418.

[159] 郭克莎.论经济增长的速度与质量［J］.经济研究，1996（1）：36-42.

[160] 郭克莎.所有制结构变动与工业增长质量［J］.管理世界，1998（1）：133-146.

[161] 郭克莎.总量问题还是结构问题？——产业结构偏差对我国经济增长的制约及调整思路［J］.经济研究，1999（9）：15-21.

[162] 郭卫军，黄繁华.产业集聚与经济增长质量——基于全球82个国家和地区面板数据的实证分析［J］.经济理论与经济管理，2021（1）：37-51.

[163] 郭玉坤，白云升，洪舒蔓.城市化与生态环境耦合协调时空分异特征及动力因素——以四川省为例［J］.城市问题，2021（12）：48-57.

[164] 海本禄，杨君笑，尹西明，等.外源融资如何影响企业技术创新——基于融资约束和技术密集度视角［J］.中国软科学，2021（3）：183-192.

[165] 韩永辉，黄亮雄，王贤彬.产业政策推动地方产业结构升级了吗？——基于发展型地方政府的理论解释与实证检验［J］.经济研究，2017，52（8）：33-48.

[166] 郝颖，辛清泉，刘星.地区差异、企业投资与经济增长质量［J］.经济研究，2014，49（3）：101-114+189.

[167] 何娟，沈迎红.基于第三方电子交易平台的供应链金融服务创新——云仓及其运作模式初探［J］.商业经济与管理，2012（7）：5-13.

[168] 洪正，张琳，肖锐.产业跃升、金融结构与中国经济增长［J］.管理世界，2021，37（8）：58-88.

[169] 胡朝举.区域经济一体化背景下粤东金融一体化问题研究——基于与珠三角差距的比较分析［J］.兰州学刊，2018（6）：159-171.

[170] 胡鹏，覃成林.空间外部性、空间依赖与空间外溢之辨析［J］.地域研究与开发，2011，30（1）：5-9.

[171] 黄国平，方龙，徐玄.高质量发展下长三角金融一体化研究［J］.宏观经济管理，2020（10）：48-71.

[172] 黄群慧.论新时期中国实体经济的发展［J］.中国工业经济，2017（9）：5-24.

[173] 黄尹旭.区块链应用技术的金融市场基础设施之治理——以数字货币为例［J］.东方法学，2020（5）：56-65.

[174] 蒋水冰.我国金融发展的影响因素研究：理论与实证［D］.上海：复旦大学，2012.

[175] 鞠晓生，卢荻，虞义华.融资约束、营运资本管理与企业创新可持续性[J].经济研究，2013（1）：13.

[176] 康梅.投资增长模式下经济增长因素分解与经济增长质量[J].数量经济技术经济研究，2006，23（2）：153-160.

[177] 库兹涅茨，戴睿，易诚.现代经济增长：速度、结构与扩展[M].北京：北京经济学院出版社，1989.

[178] 莱斯特·R.布朗.建设一个持续发展的社会[M].北京：科技文献出版社，1984.

[179] 李博雅.长三角城市群空间结构演化与溢出效应研究[J].宏观经济研究，2020（5）：68-81.

[180] 李稻葵，刘淳，庞家任.金融基础设施对经济发展的推动作用研究——以我国征信系统为例[J].金融研究，2016（2）：180-188.

[181] 李方.长三角经济一体化与金融资源配置优化[J].社会科学，2006（8）：48-51.

[182] 李富强，董直庆，王林辉.制度主导、要素贡献和我国经济增长动力的分类检验[J].经济研究，2008（4）：53-65.

[183] 李红，谢娟娟.金融发展、企业融资约束与投资效率——基于2002—2013年上市企业面板数据的经验研究[J].南开经济研究，2018（4）：36-52.

[184] 李嘉图.政治经济学及赋税原理[M].北京：北京联合出版公司，2013.

[185] 李健，范祚军，谢巧燕.差异性金融结构"互嵌"式"耦合"效应——基于泛北部湾区域金融合作的实证[J].经济研究，2012，47（12）：69-82.

[186] 李丽芳，谭政勋，叶礼贤.改进的效率测算模型、影子银行与中国商业银行效率[J].金融研究，2021，496（10）：98-116.

[187] 李满春，姚梦汝，汪侠，等.基于引文分析法的"点—轴系统"理论研究述评[J].地理科学进展，2019，38（2）：164-174.

[188] 李强，王琰.环境规制与经济增长质量的U型关系：理论机理与实证检验[J].江海学刊，2019（4）：102-108.

[189] 李青原，章尹赛楠.金融开放与资源配置效率——来自外资银行进入中国的证据[J].中国工业经济，2021（5）：95-113.

[190] 李伟军.地区行政层级、信息基础与金融集聚的路径选择——基于长三角城市群面板数据的实证分析[J].财经研究，2011，37（11）：80-90.

[191] 李晓娣，张小燕.我国区域创新生态系统共生及其进化研究——基于共生度模型，融合速度特征进化动量模型的实证分析[J].科学学与科学技术管理，2019，40（4）：48-64.

[192] 李晓楠.区块链金融基础设施监管研究[J].金融监管研究，2020（10）：

85-97.

[193] 李扬. "金融服务实体经济"辨[J]. 经济研究，2017，52（6）：4-16.

[194] 李泽广，常嵘. 金融制度会显著地影响银行流动性创造吗？——基于跨国银行数据的研究[J]. 经济社会体制比较，2015（6）：77-87.

[195] 李周为，钟文余. 经济增长方式与增长质量测度评价指标体系研究[J]. 中国软科学，1999（6）：37-42.

[196] 林键，范从来，蔡欣磊. 长三角金融一体化：实践、绩效与推进路径——基于银行信贷聚合视角[J]. 江海学刊，2020（2）：89-97+254.

[197] 林毅夫，孙希芳，姜烨. 经济发展中的最优金融结构理论初探[J]. 经济研究，2009，44（8）：4-17.

[198] 蔺鹏，孟娜娜. 环境约束下京津冀区域经济发展质量测度与动力解构——基于绿色全要素生产率视角[J]. 经济地理，2020，40（9）：36-45.

[199] 刘东民，宋爽. 数字货币、跨境支付与国际货币体系变革[J]. 金融论坛，2020，25（11）：3-10.

[200] 刘戈非，任保平. 地方经济高质量发展新动能培育的路径选择[J]. 财经科学，2020（5）：52-64.

[201] 刘海英. 人力资本"均化"与中国经济增长质量关系研究[J]. 管理世界，2004（11）：15-21.

[202] 刘凯. 中国特色的土地制度如何影响中国经济增长——基于多部门动态一般均衡框架的分析[J]. 中国工业经济，2018（10）：80-98.

[203] 刘伟. 博弈论视角下新时代金融体系协同融合机制研究——兼论对金融创新与监管的启示[J]. 制度经济学研究，2020（1）：156-178.

[204] 刘伟. 金融自由化对金融稳定的影响研究[D]. 济南：山东大学，2020.

[205] 刘锡良，文书洋. 中国的金融机构应当承担环境责任吗？——基本事实、理论模型与实证检验[J]. 经济研究，2019，54（3）：38-54.

[206] 刘心怡，金山，张伟. 金融科技对农村居民的收入增长效应及其传导机制[J]. 财贸研究，2020，31（8）：65-76.

[207] 刘哲希，王兆瑞，刘玲君，等. 降低间接融资占比有助于去杠杆吗——金融结构与杠杆率关系的检验[J]. 财贸经济，2020，41（2）：84-98.

[208] 卢太平，张东旭. 融资需求、融资约束与盈余管理[J]. 会计研究，2014（1）：35-41.

[209] 陆军，毛文峰. 城市网络外部性的崛起：区域经济高质量一体化发展的新机制[J]. 经济学家，2020，5（12）：62-70.

[210] 陆岷峰，周军煜. 区域金融一体化动因、现状与对策研究——以长三角为例[J]. 广西经济管理干部学院学报，2019，31（04）：15-21.

[211] 罗利勇，谢元态.市场主导型和银行主导型金融体系比较分析以及我国的选择［J］.海南金融，2008（12）：21-23.

[212] 罗能生，彭郁.中国城市工业用地利用效率时空差异及地方政府竞争影响［J］.中国土地科学，2016（5）：62-70.

[213] 罗斯托.经济增长的阶段：非共产党宣言［M］.北京：商务印书馆，1962.

[214] 罗煜，曾恋云.数字金融能力与相对贫困［J］.经济理论与经济管理，2021，41（12）：11-29.

[215] 马丁·迪尔.金融基础设施经济学分析［M］.北京：中国金融出版社，2019.

[216] 马尔萨斯，朱泱.人口原理［M］.北京：商务印书馆，1992.

[217] 马翔，李雪艳."一带一路"战略背景下的资金融通问题研究［J］.内蒙古社会科学，2016（1）：14-19.

[218] 马歇尔.经济学原理［M］.北京：北京联合出版公司，2015.

[219] 毛盛志，张一林.金融发展、产业升级与跨越中等收入陷阱——基于新结构经济学的视角［J］.金融研究，2020（12）：1-19.

[220] 孟静，徐琴.城市群现代化的动力机制与路径——兼论长三角城市群的区域现代化［J］.现代经济探讨，2021（12）：126-132.

[221] 苗峻玮，冯华.区域高质量发展评价体系的构建与测度［J］.经济问题，2020（11）：111-118.

[222] 讷克斯，谨斋.不发达国家的资本形成问题［M］.北京：商务印书馆，1966.

[223] 聂秀华，江萍，郑晓佳，吴青.数字金融与区域技术创新水平研究［J］.金融研究，2021（3）：132-150.

[224] 欧忠辉，朱祖平，夏敏，等.创新生态系统共生演化模型及仿真研究［J］.科研管理，2017，38（12）：49-57.

[225] 庞敏，邱代坤.互联网金融风险产生的路径与防范对策分析［J］.理论探讨，2017（4）：116-120.

[226] 千慧雄，安同良.中国金融结构与创新结构的适应性研究［J］.经济学家，2020（2）：88-98.

[227] 钱小安.金融民营化与金融基础设施建设—兼论发展民营金融的定位与对策［J］.金融研究，2003（2）：1-11.

[228] 钱宗鑫，王芳，孙挺.金融周期对房地产价格的影响——基于SV-TVP-VAR模型的实证研究［J］.金融研究，2021，489（3）：58-76.

[229] 屈锡华，王海忠.经济增长中的社会福利指数模型［J］.经济研究，1995（5）：70-73+33.

[230] 任保平，王蓉.经济增长质量价值判断体系的逻辑探究及其构建[J].学术月刊，2013，45（3）：88-94.

[231] 任保平，赵通.高质量发展的核心要义与政策取向[J].红旗文稿，2019（13）：23-25.

[232] 任保平，邹起浩.新经济背景下我国高质量发展的新增长体系重塑研究[J].经济纵横，2021（5）：74-84+2.

[233] 任保平.经济增长质量：经济增长理论框架的扩展[J].经济学动态，2013（11）：45-51.

[234] 任保平.新时代中国经济从高速增长转向高质量发展：理论阐释与实践取向[J].学术月刊，2018，50（3）：66-74+86.

[235] 任保平.中国经济增长质量报告 2012 中国经济增长质量指数及省区排名[M].北京：中国经济出版社，2012.

[236] 任宏，李振坤.中国三大城市群经济增长的影响因素及其空间效应[J].城市问题，2019（10）：63-68.

[237] 邵帅，李欣，曹建华，等.中国雾霾污染治理的经济政策选择——基于空间溢出效应的视角[J].经济研究，2016，51（9）：73-88.

[238] 沈晓艳，王广洪，黄贤金.1997-2013年中国绿色GDP核算及时空格局研究[J].自然资源学报，2017，32（10）：1639-1650.

[239] 沈悦，郭品.互联网金融、技术溢出与商业银行全要素生产率[J].金融研究，2015（3）：160-175.

[240] 盛斌，景光正.汇率波动、金融结构与技术创新[J].财贸经济，42（10）：132-146.

[241] 师博，任保平.中国省际经济高质量发展的测度与分析[J].经济问题，2018（4）：1-6.

[242] 苏治，徐淑丹.中国技术进步与经济增长收敛性测度——基于创新与效率的视角[J].中国社会科学，2015（7）：4-25+205.

[243] 孙国峰.共建金融科技新生态[J].中国金融，2017（13）：24-26.

[244] 谭小芬，李源，王可心.金融结构与非金融企业"去杠杆"[J].中国工业经济，2019（2）：23-41.

[245] 唐晓华，张欣珏，李阳.中国制造业与生产性服务业动态协调发展实证研究[J].经济研究，2018，53（3）：79-93.

[246] 田相辉，张秀生.空间外部性的识别问题[J].统计研究，2013，30（9）：94-100.

[247] 田园.金融信用信息基础数据库接入机构征信合规管理问题研究[J].宏观经济研究，2019（4）：171-175.

[248] 佟孟华，李慧，张国建．金融结构影响产业结构变迁的内在机理研究［J］．财贸研究，2021，32（7）：1-13．

[249] 汪莉，邵雨卉，陈登科．地方寻租与区域绿色经济增长效率［J］．世界经济文汇，2019（3）：85-103．

[250] 汪万明，孔迪．金融机构发展规模、效率、贷款流向对收入分配的影响——基于重庆市的实证分析［J］．金融研究，2011（3）：207-224．

[251] 汪侠，徐晓红．长江经济带经济高质量发展的时空演变与区域差距［J］．经济地理，2020，40（3）：5-15．

[252] 王欢芳，张幸，贺正楚，等．战略性新兴产业全要素生产率测度及影响因素研究［J］．中国软科学，2020（11）：143-153．

[253] 王景武．金融发展与经济增长：基于中国区域金融发展的实证分析［J］．财贸经济，2005（10）：23-26+96．

[254] 王军，付莎．金融一体化与城市群经济协调发展［J］．财经科学，2020（10）：80-92．

[255] 王林辉，王辉，董直庆．经济增长和环境质量相容性政策条件——环境技术进步方向视角下的政策偏向效应检验［J］．管理世界，2020，36（3）：39-60．

[256] 王猛，宣烨，陈启斐．创意阶层集聚、知识外部性与城市创新——来自20个大城市的证据［J］．经济理论与经济管理，2016（1）：59-70．

[257] 王双，陈柳钦．内生经济增长理论的演进和最新发展［J］．经济与管理评论，2012，28（4）：20-24．

[258] 王文汇，何德旭．现代金融基础设施体系建设的着力点［J］．中国经济报告，2019（6）：118-125．

[259] 王晓慧．中国经济高质量发展研究［博士学位论文］．吉林长春：吉林大学，2019．

[260] 王晓青，李涛．后危机时代金融体系的完善与创新——银行主导型和市场主导型金融体系的比较研究［J］．审计与经济研究，2011（4）：94-101．

[261] 王鑫，史永东．科技金融反哺银行业的异质性研究——来自区域性银行的经验证据［J］．科学学研究，2017，35（12）：1821-1831．

[262] 王一鸣，杨洁．加快产业技术进步提高经济增长质量［J］．管理世界，1995（6）：56-62+214．

[263] 王艺明，刘一鸣．马克思主义两大部类经济增长模型的理论与实证研究［J］．经济研究，2018，53（9）：37-51．

[264] 王永瑜，郭立平．绿色GDP核算理论与方法研究［J］．统计研究，2010，27（11）：77-84．

[265] 王玉,张占斌.数字经济、要素配置与区域一体化水平[J].东南学术,2021(05):129-138.

[266] 王钟,刘扬,周清波.上海的GDP一般增长核算与绿色GDP核算[J].地理研究,2006,025(002):185-192.

[267] 王志成,熊启跃.我国金融基础设施的发展[J].中国金融,2020(12):86-88.

[268] 魏文江,钟春平.金融结构优化、产业结构升级与经济高质量发展[J].甘肃社会科学,2021(5):205-212.

[269] 魏志华,曾爱民,李博.金融生态环境与企业融资约束——基于中国上市公司的实证研究[J].会计研究,2014(5):73-80.

[270] 沃尔特·艾萨德.区位与空间经济:关于产业区位、市场区、土地利用、贸易和城市结构的一般理论[M].北京:北京大学出版社,2011.

[271] 吴永钢,李政.我国保险业发展的经济增长效应:基于金融协同的视角[J].南开经济研究,2013(4):82-94.

[272] 武翠,谭清美.长三角一体化区域创新生态系统动态演化研究——基于创新种群异质性与共生性视角[J].科技进步与对策,2021,38(5):38-47.

[273] 肖红叶,李腊生.我国经济增长质量的实证分析[J].统计研究,1998(4):8-14.

[274] 肖文,薛天航.劳动力成本上升、融资约束与企业全要素生产率变动[J].世界经济,2019(1):76-94.

[275] 谢呈阳,胡汉辉.中国土地资源配置与城市创新:机制讨论与经验证据[J].中国工业经济,2020(12):83-101.

[276] 熊彼特,邹建平.熊彼特:经济发展理论[M].北京:中国画报出版社,2012.

[277] 徐徕.金融发展影响中国经济潜在增长率的机制、效应与政策研究[博士学位论文].上海:华东师范大学,2019.

[278] 徐鹏程.新常态下地方投融资平台转型发展及对策建议[J].管理世界,2017(8):8-13.

[279] 晏龙旭,王德,张尚武.城市中心体系研究的理论基础与分析框架[J].地理科学进展,2020,39(9):1576-1586.

[280] 杨朝远,张学良,杨羊.双循环发展的改革开放空间试验场——我国开发区的缘起、演进和趋势[J].重庆大学学报:社会科学版,2021,27(4):171-183.

[281] 杨丹辉,李红莉.基于损害和成本的环境污染损失核算——以山东省为例[J].中国工业经济,2010(7):125-135.

[282] 杨东.互联网金融的法律规制——基于信息工具的视角[J].中国社会科学,2015(4):107-126+206.

[283] 杨树旺,刘荣.中国经济转轨中的金融发展特征研究[J].金融研究,2003(12):97-104.

[284] 杨耀武,张平.中国经济高质量发展的逻辑、测度与治理[J].经济研究,2021,56(1):26-42.

[285] 姚丽.区域经济一体化的经济增长效应空间计量研究[D].长春:东北师范大学,2015.

[286] 姚耀军,董钢锋.中小企业融资约束缓解:金融发展水平重要抑或金融结构重要?——来自中小企业板上市公司的经验证据[J].金融研究,2015(4):148-161.

[287] 叶德珠,王梓峰,李鑫.经济政策不确定性与企业多元化程度选择[J].产经评论,2020,11(2):34-54.

[288] 叶林.金融基础设施的金融法解读[J].社会科学,2019(11):100-108.

[289] 尹向飞.新框架核算下中国省级绿色GDP增长时空演变及驱动[J].经济地理,2021,41(1):49-57+180.

[290] 约翰·罗.论货币和贸易:兼向国家供应货币的建议[M].北京:商务印书馆,2009.

[291] 约翰·梅纳德·凯恩斯,宋韵声.就业、利息和货币通论[M].北京:华夏出版社,2005.

[292] 岳华,张海军.金融发展、资源诅咒与经济增长[J].华东师范大学学报:哲学社会科学版,2019,51(6):138-150+179.

[293] 尹振涛,潘拥军.我国金融基础设施发展态势及其统筹监管[J].改革,2020(8):92-101.

[294] 张承惠.金融改革须重视金融基础设施建设[J].重庆理工大学学报:社会科学,2013,27(10):1-4.

[295] 张海军,黄峰.金融科技缓解民营企业融资约束的效应与机制[J].技术经济与管理研究,2023(3):66-71.

[296] 张海军,黄峰.数字普惠金融、要素流动效率与经济协调发展[J].统计与决策,2023(4):132-137.

[297] 张海军,岳华.金融开放的区域经济协调发展效应——以长江三角洲城市群为例[J].会计与经济研究,2019(4):110-126.

[298] 张海军,岳华.金融开放、要素流动效率与经济增长追赶效应[J].统计与决策,2022(17):145-149.

[299] 张海军,黄峰.金融科技与区域经济协调发展研究[J].经济经纬,2022

(5): 131-139.

[300] 张海军, 岳华. 科技创新投入、金融发展与经济增长——基于门槛模型的实证分析 [J]. 贵州社会科学, 2019 (3): 133-139.

[301] 张海军. 资源诅咒、要素流动与经济协调发展 [J]. 统计与决策, 2022 (24): 93-96.

[302] 张海军, 张志明. 金融开放、产业结构升级与经济一体化发展——基于长三角城市群的实证研究 [J]. 经济问题探索, 2020 (5): 122-133.

[303] 张杰, 吴迪. 银行与企业的关系: 共生抑或掠夺 [J]. 经济理论与经济管理, 2013 (6): 77-90.

[304] 张捷, 陈皓. 金融基础设施创新与经济发展 [J]. 中国软科学, 2001 (11): 45-47.

[305] 张景波. 城市经济高质量发展的空间差异及收敛性研究 [博士学位论文]. 辽宁大连: 东北财经大学, 2019.

[306] 张军, 章元. 对中国资本存量K的再估计 [J]. 经济研究, 2003 (7): 35-43+90.

[307] 张礼卿, 吴桐. 区块链在金融领域的应用: 理论依据、现实困境与破解策略 [J]. 改革, 2019 (12): 65-75.

[308] 张丽伟. 中国经济高质量发展方略与制度建设 [D]. 北京: 中共中央党校, 2019.

[309] 张慕濒, 孙亚琼. 金融资源配置效率与经济金融化的成因——基于中国上市公司的经验分析 [J]. 经济学家, 2014 (4): 81-90.

[310] 张衔春, 刘泉, 陈守强, 等. 城市区域经济一体化水平测度: 基于深莞惠次区域的实证研究 [J]. 城市发展研究, 2019, 26 (7): 18-28.

[311] 张一林, 龚强, 荣昭. 技术创新、股权融资与金融结构转型 [J]. 管理世界, 2016 (11): 65-80.

[312] 郑彧. 金融市场基础设施内部规则的法律保护: 现状、冲突与改进 [J]. 华东政法大学学报, 2020, 23 (1): 136-147.

[313] 张玉喜, 刘栾云峤. 共生视角下科技金融生态系统对科技创新的影响 [J]. 系统工程, 2021, 39 (3): 25-36.

[314] 赵瑞政, 王文汇, 王朝阳. 金融供给侧的结构性问题及改革建议——基于金融结构视角的比较分析 [J]. 经济学动态, 2020 (4): 15-32.

[315] 赵宇杰. 中国金融体系型态演进: 以金融市场为驱动力 [J]. 金融研究, 2006 (7): 65-70.

[316] 赵治辉, 金雪军. 金融功能理论研究述评 [J]. 金融理论与实践, 2007 (9): 16-18.

[317] 周虹. 手机支付—我国支付领域金融科技发展策略选择［J］. 中央财经大学学报, 2009（7）: 36-39.

[318] 周立群, 夏良科. 区域经济一体化的测度与比较: 来自京津冀、长三角和珠三角的证据［J］. 江海学刊, 2010（4）: 81-87.

[319] 朱承亮, 师萍, 岳宏志, 等. 人力资本、人力资本结构与区域经济增长效率［J］. 中国软科学, 2011（2）: 110-119.

[320] 朱子云. 中国经济增长质量的变动趋势与提升动能分析［J］. 数量经济技术经济研究, 2019, 36（5）: 23-43.

[321] 邹传伟. 区块链与金融基础设施——兼论 Libra 项目的风险与监管［J］. 金融监管研究, 2019（7）: 18-33.

[322] 吴晓求, 赵锡军. 现代金融: 理论探索与中国实践（第Ⅲ辑）［M］. 北京: 中国人民大学出版社, 2003.

附　　录

附录1　长三角地区绿色 GDP 效率测算

一、效率测算模型

绿色经济增长（绿色 GDP，GeGDP）能近似地反映经济发展可持续发展水平。在过往追求高 GDP 增长率的过程中，环境破坏问题始终处在风口浪尖，因此将资源和环境纳入经济增长研究范畴成为学界关注的焦点，并形成了绿色经济增长的研究分支。

绿色 GDP 核算方法主要有两类：一是直接核算法。即借助索洛经济增长模型，从经济增加值中扣除物质资本折旧、人力资本折旧、能源损耗以及治理环境破坏产生的净损耗和社会成本得到；二是间接核算法。经济学研究者们发现直接核算法存在多种弊端，譬如社会成本如何量化、人力资本折旧如何得到等，为此探索形成了多种间接核算方法，如社会福利测算法、投入产出法、生产率测算法、外部性分析法、指标体系测算法等。尽管这些方法各异，但测算结果大多指出绿色 GDP 核算结果要显著地低于 GDP 值，如王铮等学者基于上海市的研究指出 GDP 值是绿色 GDP 值的两倍以上；汪莉的研究表明，如果忽略环境污染的负面效应，则会造成地区经济增长效率的高估。

为了较为准确地评估长三角地区绿色 GDP 增长效率，此处借鉴张海军和岳华（2019）、陈清和张海军以及汪莉等学者的研究，运用 SBM-DEA 模型进行测算得到，模型如下：

$$\text{GeGDP}^{t}_{SBM}(x_t, y_t, b_t) = \min \left[\frac{\dfrac{1}{m} \sum\limits_{t=1}^{m} \dfrac{x_t}{x_{t_0}}}{\dfrac{1}{s_1+s_2} \left(\sum\limits_{r=1}^{s_1} \dfrac{y_r^g}{y_{r_0}^g} + \sum\limits_{r=1}^{s_2} \dfrac{y_r^b}{y_{r_0}^b} \right)} \right]$$

$$\text{s.t.} \begin{cases} x \geq \sum_{n=1,n\neq i}^{N} x_n \cdot \lambda_n \ ; \ \sum_{n=1,n\neq i}^{N} \lambda_n = 1 \\ y^g \leq \sum_{n=1,n\neq i}^{N} y_n^g \cdot \lambda_n \ ; \ y^g \leq \sum_{n=1,n\neq i}^{N} y_n^g \cdot \lambda_n \\ x \geq x_0, y^g \leq y_0^g, y^b \leq y_0^b, \lambda \geq 0 \end{cases} \quad (\text{附} 1\text{-}1)$$

其中，GeGDP 为考虑非期望产出绿色 GDP 的非径向、非导向的效率差值指标，m 为投入指标的总数，x 为投入变量数，y^g 和 y^b 表示期望产出项和非期望产出项；s_1 和 s_2 为期望产出和非期望产出的项数，λ 为权重向量。此外需要说明的是：与上文一致，非期望产出为年度环境污染物排放量，包括：工业二氧化硫排放量、工业废水排放量、工业固体废物排放量。

同时，为了分析能源损耗和环境破坏对经济增长效率的影响，此处设计三个模型（见附表 1-1）：模型 1 为只考虑物质资本要素投入（K）和人力资本要素投入（HC）的产出效率，即为名义经济增长效率；模型 2 在模型 1 基础上加入能源（N）这一指标作为投入变量，从而考察能源约束下的经济增长效率；模型 3 在模型 2 基础上将环境污染排放物（P）作为非期望产出，从而分析在能源和生态环境双重约束条件下的经济增长率，且这一增长率即上文所述的绿色 GDP 增长效率。

附表 1-1　绿色 GDP 效率评价不同模型设定

模型	投入变量	期望产出	非期望产出	模型属性
模型 1	人力资本、物资资本	GDP	无	对照模型
模型 2	人力资本、物资资本、能源	GDP	无	对照模型
模型 3	人力资本、物资资本、能源	GDP	环境污染物排放	基础模型

二、指标选取与数据来源

1. 指标选取

（1）期望产出指标

显然，此处的期望产出指标为地区经济增加值（GDP），同时为了排除价格因素的影响，我们以 2001 年为基期，根据当地 GDP 价格指数调整得到地区实际 GDP 水平，并进行对数化处理，以此表征地区经济发展情况。

（2）投入指标

根据研究目的，此处设定的投入指标为人力资本、能源损耗和物质资本。

①人力资本（HC）。借鉴朱承亮等学者的研究，采用平均受教育年限与劳动人口的乘积的对数值作为地区人力资本存量指标，计算公式为：

$$HC_{it} = \lg(labor_{it} \times edu_{it}) \quad \text{(附 1-2)}$$

其中，HC_{it} 为当年地区人力资本存量；$labor_{it}$ 为当年地区从业人员数；edu_{it} 为当年地区人均受教育年限，计算公式为[与第三章式（3-5）一致]：

$$edu_{it} = \frac{\sum_i E_{it} \times y_i}{\sum_i E_{it}} \quad \text{(附 1-3)}$$

②能源投入（N）。通常存在多种量化某一地区能源投入指标，如能源禀赋和消费结构、煤炭和石油产量的经济价值（岳华和张海军，2019）、全年工业用电量（汪莉等，2019）等，但考虑到能源的多样性，此处选取各省市能源消费总量作为代理变量。

③物质资本投入（K）。通常资本是以存量的形式参与经济运行，故单一以固定资产投资当年值作为代理变量显然不合适，因此借鉴张军和章元（2003）的做法，以 2001 年为基期采用永续盘存法得到，并进行对数化处理。

（3）非期望产出指标

此处将经济发展中的环境污染问题作为经济发展的非期望产出。与前文一致，选取地区年度工业废水排放量（DW）、工业废气排放量（DG）和工业固体废物排放量（DS）三个指标作为非期望产出，并进行对数化处理，指标数值越大，表明环境破坏问题越严重。

三、数据来源与说明

鉴于指标来源特征，此处将考察区间设定为 2001 年至 2018 年。数据来源于长三角 41 座城市的《统计年鉴》（2001～2020）、《中国统计年鉴》（2001～2020）、国泰安数据库（CSMAR）和国家统计局网站，部分年限存在缺损数据，我们采用同类均值插补法处理，样本数共计 738 个。变量的描述性统计与相关性分析结果如附表 1-2 所示。其中，此处重点关注其他变量与 GDP 的相关性分析结果，可见非期望产出与 GDP 之间存在显著的正相关关系，与第二章表 2-1 描述的趋势基本一致，即说明经济增长过程中环境破坏问题伴随而生。

附表 1-2 变量的描述性统计与相关性分析结果

描述性统计	GDP	K	HC	N	DW	DG	DS
最大值	4.139	5.313	4.656	4.500	5.666	2.213	4.117
最小值	3.467	3.951	3.843	3.709	4.464	-0.041	3.203
均值	3.823	4.625	4.401	4.057	5.090	1.618	3.644
标准差	0.189	0.320	0.230	0.208	0.381	0.386	0.298
相关性分析	GDP	K	HC	N	DW	DG	DS
GDP	1						

续表

相关性分析	GDP	K	HC	N	DW	DG	DS
K	0.747***	1					
HC	0.434***	0.561***	1				
N	0.776***	0.799***	0.549***	1			
DW	0.693***	0.441***	0.574***	0.263**	1		
DG	0.309***	0.027	0.448***	0.165	0.608***	1	
DS	0.235**	0.571***	0.833***	0.623***	0.208*	0.358***	1

四、效率评估结果分析

借助 MaxDEA 软件对三个模型进行效率测算，结果呈现在附图 1-1 中。如图所示，模型 1 和模型 2 所测算的经济效率在 2008 年之前都表现出显著的增长趋势，但 2010 年后出现了显著的"U"形特征，即经济效率在 2010 年之后连续多年下降，并于 2013 年到达谷底，随后即出现了显著上升趋势，但最高点始终没有达到 2008 年的峰值水平。对比模型 1 和模型 2，可以发现，除 2011 年～2014 年这一时间段内，能源约束下的经济增长效率要高于无约束下的经济增长效率外，其他年限均要显著低于无约束下的经济增长效率。模型 3 是考虑能源和环境破坏双重约束下的经济增长效率，可以发现经济效率"U"形变化特征十分明显，近年来越来越逼近模型 1 和模型 2 测算的效率水平，但整体效率依然偏低。对比模型 1、模型 2 和模型 3 可以发现，包含非期望产出下的经济效率要显著低于同一时点上模型 1 和模型 2 的测算效率，表明忽略资源损耗约束和环境破坏影响将显著高估经济增长效率。

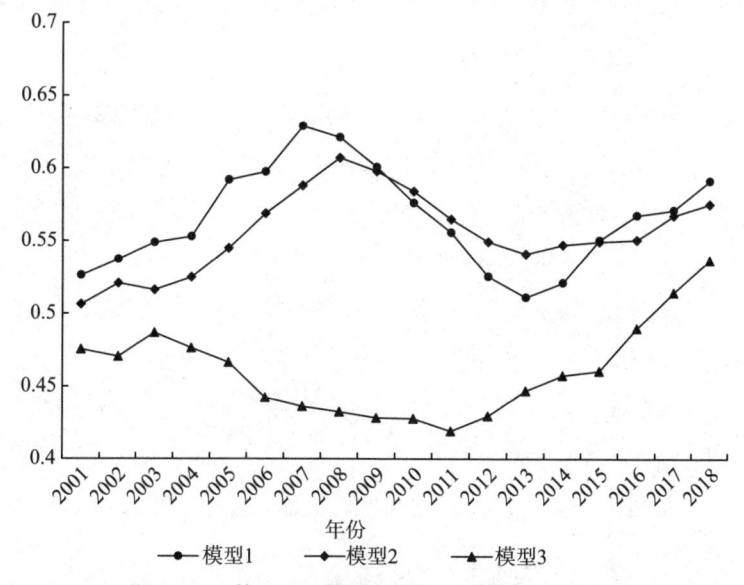

附图 1-1 基于不同模型的经济增长效率变化趋势

模型 3 测算的经济效率可以视作为绿色 GDP（GeGDP）增长效率，同时这一效率变化趋势符合我国生态发展理念转变和绿色经济发展的现实情况，即大致以 2012 年为界限。基于模型 3 测算得到的经济增长效率趋势与汪莉等学者的测算结果基本一致，尤其是 2012 年之前持续下降这一趋势，表明我国过去粗犷式经济增长并没有促进绿色经济效率的提升。

附录 2 长三角地区经济增长质量指数测算

采用与第三章经济增长质量测算部分相同的计算方法和赋权，测算省级和地级市层面的经济增长质量指数，具体结果呈现在附表 2-1 中。其中测算上海市人均 GDP 偏离系数时，根据《中国县域统计年鉴》整理得到各县区的数据，将其视作地级市进行运算。同时由于地级市统计年鉴中部分指标存在差异，尤其是对地方规模以上工业企业经营数据的统计存在差距，故一些地市相关指标难以搜集，此处采用所在省份统计年鉴中相关指标之间的比例关系进行计算。

附表 2-1 长三角四省市经济增长质量指数

江苏省	2010	2011	2012	2013	2014	2015	2016	2017	2018	2019
全省	0.484	0.497	0.523	0.556	0.580	0.641	0.704	0.793	0.850	0.902
南京	0.570	0.625	0.636	0.617	0.639	0.678	0.730	0.812	0.885	0.917
无锡	0.580	0.636	0.634	0.683	0.612	0.632	0.692	0.713	0.822	0.918
徐州	0.508	0.561	0.585	0.613	0.621	0.635	0.702	0.731	0.809	0.872
常州	0.546	0.607	0.663	0.723	0.714	0.755	0.801	0.818	0.868	0.918
苏州	0.628	0.651	0.672	0.670	0.649	0.677	0.737	0.790	0.863	0.947
南通	0.564	0.554	0.676	0.641	0.615	0.671	0.696	0.763	0.862	0.886
连云港	0.555	0.575	0.637	0.752	0.658	0.739	0.793	0.774	0.759	0.811
淮安	0.530	0.498	0.584	0.608	0.636	0.654	0.689	0.648	0.602	0.626
盐城	0.483	0.478	0.534	0.553	0.574	0.620	0.629	0.678	0.695	0.812
扬州	0.705	0.693	0.693	0.718	0.751	0.766	0.762	0.762	0.784	0.722
镇江	0.572	0.588	0.595	0.621	0.614	0.660	0.683	0.685	0.809	0.910
泰州	0.524	0.516	0.605	0.597	0.595	0.646	0.663	0.721	0.779	0.849
宿迁	0.444	0.405	0.433	0.465	0.496	0.536	0.571	0.611	0.739	0.808
浙江省	2010	2011	2012	2013	2014	2015	2016	2017	2018	2019
全省	0.482	0.668	0.523	0.557	0.581	0.642	0.711	0.801	0.857	0.908
杭州	0.528	0.586	0.614	0.619	0.740	0.751	0.714	0.858	0.861	0.943
宁波	0.567	0.615	0.649	0.676	0.636	0.657	0.722	0.804	0.821	0.936
湖州	0.580	0.626	0.663	0.725	0.712	0.781	0.775	0.798	0.815	0.882
嘉兴	0.500	0.519	0.503	0.538	0.556	0.597	0.650	0.683	0.757	0.915
绍兴	0.446	0.427	0.445	0.442	0.464	0.510	0.674	0.767	0.815	0.918
温州	0.453	0.496	0.631	0.619	0.608	0.600	0.682	0.794	0.807	0.835

续表

浙江省	2010	2011	2012	2013	2014	2015	2016	2017	2018	2019
衢州	0.504	0.392	0.410	0.446	0.495	0.542	0.597	0.630	0.723	0.850
丽水	0.434	0.502	0.564	0.635	0.731	0.720	0.788	0.812	0.769	0.859
台州	0.414	0.497	0.559	0.612	0.619	0.651	0.765	0.781	0.863	0.853
金华	0.459	0.432	0.498	0.503	0.564	0.689	0.711	0.792	0.801	0.848
舟山	0.432	0.489	0.569	0.603	0.724	0.667	0.701	0.733	0.768	0.831
安徽省	2010	2011	2012	2013	2014	2015	2016	2017	2018	2019
全省	0.488	0.498	0.516	0.518	0.542	0.586	0.630	0.667	0.851	0.882
合肥	0.618	0.614	0.666	0.635	0.657	0.714	0.760	0.764	0.882	0.931
淮北	0.393	0.419	0.407	0.445	0.559	0.495	0.557	0.568	0.606	0.704
亳州	0.459	0.586	0.594	0.598	0.589	0.592	0.583	0.587	0.630	0.715
宿州	0.505	0.529	0.516	0.542	0.640	0.554	0.616	0.610	0.686	0.736
蚌埠	0.523	0.558	0.560	0.527	0.618	0.636	0.630	0.673	0.687	0.723
阜阳	0.562	0.594	0.591	0.566	0.646	0.660	0.680	0.692	0.859	0.922
淮南	0.401	0.417	0.041	0.430	0.565	0.510	0.554	0.554	0.617	0.711
滁州	0.538	0.561	0.580	0.565	0.598	0.612	0.662	0.692	0.833	0.916
六安	0.445	0.584	0.060	0.578	0.595	0.610	0.580	0.573	0.641	0.733
马鞍山	0.537	0.572	0.552	0.583	0.615	0.601	0.624	0.674	0.867	0.918
芜湖	0.578	0.597	0.612	0.607	0.626	0.635	0.682	0.705	0.878	0.923
宣城	0.473	0.496	0.052	0.500	0.547	0.604	0.639	0.683	0.866	0.893
铜陵	0.378	0.404	0.393	0.432	0.544	0.483	0.545	0.558	0.597	0.695
池州	0.374	0.400	0.389	0.427	0.538	0.478	0.539	0.552	0.590	0.688
安庆	0.559	0.593	0.569	0.599	0.628	0.613	0.633	0.679	0.855	0.901
黄山	0.397	0.417	0.042	0.430	0.587	0.505	0.537	0.565	0.622	0.744
上海市	2010	2011	2012	2013	2014	2015	2016	2017	2018	2019
	0.628	0.648	0.647	0.636	0.684	0.701	0.784	0.846	0.897	0.952

　　长三角四省市的经济质量增长演进趋势如附图2-1所示。可见，四省市的经济增长质量处于不断提升阶段，2013年之后更为显著；从绝对值上看，上海市＞浙江省＞江苏省＞安徽省；尤其是在全面纳入长三角一体化发展战略后，安徽省经济增长质量指数提升显著。

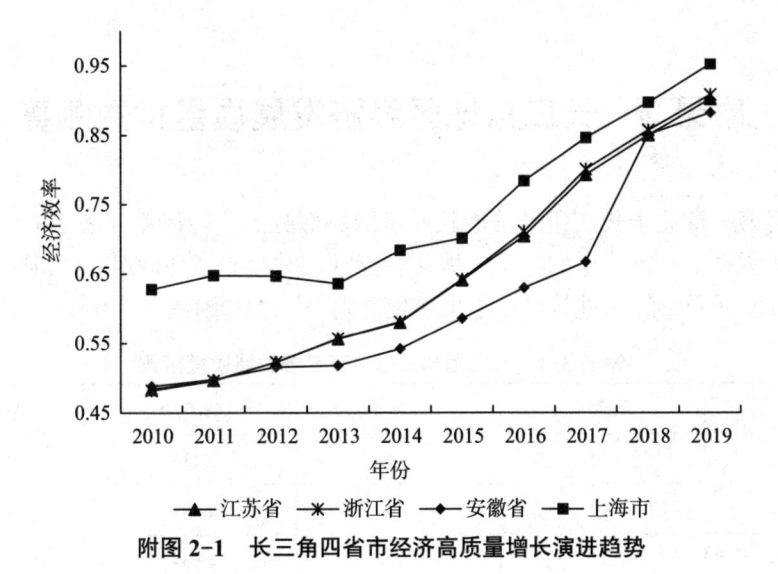

附图 2-1　长三角四省市经济高质量增长演进趋势

附录3 长三角地区经济发展质量指数测算

利用第三章关于长三角经济增长质量测算部分的指标体系（表3-6）和测算方法，此处测算了三省一市的经济发展质量指数，并绘制了2000年~2019年间三省一市经济发展质量的演进趋势，结果呈现在附表3-1和附图3-1中。

附表3-1 长三角和三省一市经济发展质量指数

年份	上海市	江苏省	浙江省	安徽省
2000	2.277	2.147	2.136	1.795
2001	2.092	1.996	2.087	1.847
2002	2.215	1.917	1.864	1.731
2003	1.967	1.643	1.577	1.542
2004	2.066	1.859	1.809	1.410
2005	2.113	2.081	2.117	1.308
2006	2.430	2.024	2.124	1.523
2007	2.293	1.939	2.040	1.592
2008	1.985	1.921	2.131	1.602
2009	2.580	2.394	2.413	1.942
2010	2.546	2.457	2.357	2.122
2011	2.904	2.862	2.782	2.197
2012	3.229	2.990	2.999	2.380
2013	2.953	2.805	3.252	2.236
2014	3.317	3.095	3.353	2.591
2015	3.573	3.321	3.382	2.832
2016	4.157	3.537	3.634	3.327
2017	4.283	3.786	3.738	3.505
2018	4.429	3.996	4.084	3.753
2019	4.556	3.985	4.144	3.765

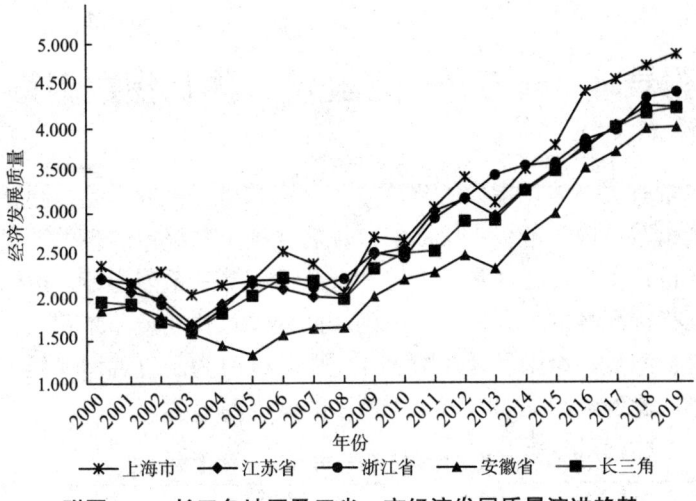

附图3-1　长三角地区及三省一市经济发展质量演进趋势

附录4 长三角地区经济一体化指数测算

根据第二章有关一体化指数的测算方法介绍和指标选取，此处测算了三省一市的一体化发展指数。由于地级市层面的核算需要搜集县级市的各类消费品的价格指数、固定资产价格指数、各区县的人口和行政面积等一系列指标，指标获取难度较大，故为保证指标测算的顺利进行和准确，此处仅对长三角总体和三省一市的一体化发展指数进行测算，结果呈现在附表4-1中。同时为了直观体现长三角一体化发展的演进趋势，此处绘制了如附图4-1所示的演进趋势图。

附表4-1 长三角和三省一市经济一体化发展指数

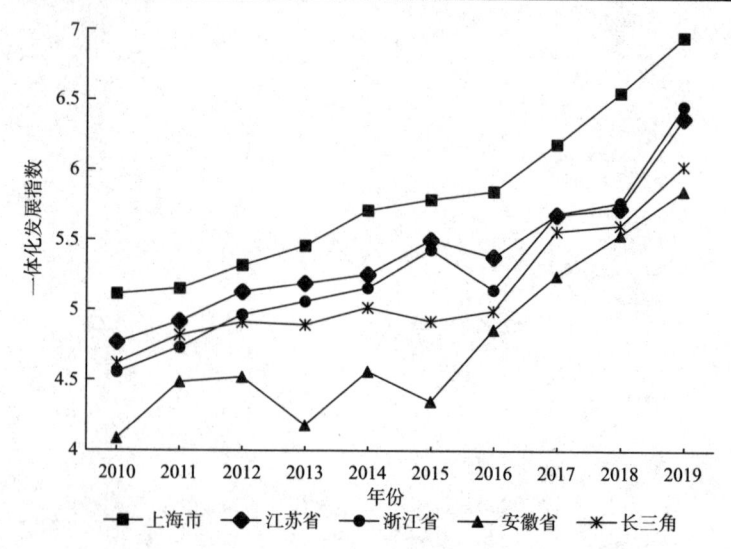

年份	上海市	江苏省	浙江省	安徽省	长三角
2010	5.114	4.770	4.558	4.086	4.622
2011	5.154	4.919	4.733	4.488	4.822
2012	5.32	5.128	4.966	4.522	4.912
2013	5.459	5.191	5.06	4.18	4.895
2014	5.711	5.255	5.157	4.564	5.018
2015	5.787	5.500	5.433	4.351	4.922
2016	5.847	5.381	5.144	4.862	4.995
2017	6.185	5.682	5.687	5.246	5.565
2018	6.551	5.728	5.770	5.539	5.608
2019	6.945	6.369	6.457	5.852	6.028

附图4-1 长三角地区及三省一市经济一体化发展演进趋势

后　记

本书是在我博士学位论文基础上修改完善而成的，该博士学位论文荣获2022年华东师范大学优秀博士学位论文。首先由衷感谢我的导师，华东师范大学经济与管理学院岳华教授，得益于导师在论文选题、研究规范、行文逻辑和分析框架方面的悉心指导，使本人得以顺利完成这一项颇有难度的任务。

同时，非常感谢华东师范大学经济学院殷德生教授和周延教授对博士学位论文的评阅和提出的宝贵意见。本书的行文逻辑也得益于华东师范大学的周延教授、吴信如教授、陈琳教授、张玉鹏副教授、杨连星副教授、葛劲峰研究员和张伊丽老师提出的宝贵意见，他们解答了我很多困惑，使我受益匪浅。本书的完善还要感谢复旦大学经济学院罗长远教授、上海财经大学金融学院李曜教授以及华东师范大学经济学院的蓝发钦教授、李巍教授和吴信如教授，他们在我博士论文答辩阶段提出的意见对本书的完善提供了极大的帮助。

还要感谢我的同学、师门和朋友们的无私帮助。他们是河南行政学院经济学教研部王海燕老师、西北大学经济与管理学院谭玉松老师、合肥工业大学经济学院胡晟明老师、湖北工业大学经济与管理学院孙吉老师、湖南科技学院经济与管理学院张志明老师和福建商学院国际经贸学院黄峰老师。当然，也要感谢我的硕士阶段的导师、福建师范大学经济学院陈清教授一直以来的关心。

此外，还要感谢我的家人在我博士论文撰写、书稿修改和生活工作中给予了最为坚定的力量，无论多么华丽的辞藻也难以描述我对你们的感激之情，但愿此生不负所望！

最后，本书涉及金融学、区域经济学、空间地理学、系统科学等多学科的理论与方法，本人在一些力所不及的专门领域受惠于众多专家学者的研究成果，在此一并致以谢忱。对于书中提出的一些个人思考与想法有欠缺考虑的地方，也请各方专家学者不吝赐教。

当然，我也要感谢巢湖学院高层次人才科研启动金项目提供的资金支持以及编辑老师在书稿修改过程中的耐心指导与帮助。